Bauwelt Fundamente 129

Herausgegeben von
Ulrich Conrads und Peter Neitzke

Beirat:
Gerd Albers
Hildegard Barz-Malfatti
Elisabeth Blum
Werner Durth
Eduard Führ
Werner Sewing
Thomas Sieverts
Jörn Walter

Hermann Sturm

Alltag & Kult

Gottfried Semper
Richard Wagner
Friedrich Theodor Vischer
Gottfried Keller

Bertelsmann Fachzeitschriften Birkhäuser – Verlag für Architektur
Gütersloh · Berlin Basel · Boston · Berlin

Herausgeber und Verlag danken der Merckschen Gesellschaft für Wissenschaft und Kunst, Darmstadt, für die Förderung dieser Publikation.

Umschlagvorderseite: Ein Knoten, gezeichnet von Gottfried Semper, aus: Gottfried Semper, Der Stil in den tektonischen Künsten oder praktische Ästhetik. Ein Handbuch für Techniker, Künstler und Kunstfreunde, Frankfurt 1860, Bd. 1, S. 181

Umschlagrückseite: Ausblick vom „Rietberg" auf Zürich, um 1860, links die Villa Wesendonck, aus: Langer/Walton, Minne, Muse und Mäzen. Otto und Mathilde Wesendonck und ihre Zürcher Künstlerzirkel, Museum Rietberg, Zürich 2002, S. 54

Bibliographische Information der Deutschen Bibliothek
Die Deutsche Bibliothek verzeichnet diese Publikation in der Deutschen Nationalbibliographie; detaillierte bibliographische Daten sind im Internet über http://dnb.ddb.de abrufbar.

Dieses Werk ist urheberrechtlich geschützt. Die dadurch begründeten Rechte, insbesondere die der Übersetzung, des Nachdrucks, des Vortrags, der Entnahme von Abbildungen und Tabellen, der Funksendung, der Mikroverfilmung oder der Vervielfältigung auf anderen Wegen und der Speicherung in Datenverarbeitungsanlagen, bleiben, auch bei nur auszugsweiser Verwertung, vorbehalten. Eine Vervielfältigung dieses Werkes oder von Teilen dieses Werkes ist auch im Einzelfall nur in den Grenzen der gesetzlichen Bestimmungen des Urheberrechtsgesetzes in der jeweils geltenden Fassung zulässig. Sie ist grundsätzlich vergütungspflichtig. Zuwiderhandlungen unterliegen den Strafbestimmungen des Urheberrechts.

Der Vertrieb über den Buchhandel erfolgt ausschließlich über den Birkhäuser Verlag.

© 2003 Birkhäuser – Verlag für Architektur, Postfach 133, CH-4010 Basel, Schweiz
und
Bertelsmann Fachzeitschriften GmbH, Gütersloh, Berlin

Eine Kooperation im Rahmen der Fachverlagsgruppe Springer Science+Business Media

Gedruckt auf säurefreiem Papier, hergestellt aus chlorfrei gebleichtem Zellstoff. TCF ∞

Printed in Switzerland
ISBN 3-7643-6366-5

9 8 7 6 5 4 3 2 1   http://www.birkhauser.ch

Inhalt

Vorwort 7

1 Gleichzeitig – ungleichzeitig 10
Zürich: Am selben Ort zur gleichen Zeit 10
Projekte, Pläne und die Mühen ihrer Verwirklichung 10
Revolution und Reaktion – Zürich: Exil und Zufluchtsort 12
Richard Wagner und Gottfried Semper in Dresden 12
Gottfried Semper in Paris und London 16
Friedrich Theodor Vischer – Flucht aus der Enge 20
Gottfried Keller – Rückkehr aus Illusionen 23
Zürich: Wartesaal, Post- und Reisestation 26
Wartesaal 26
Post- und Reisestationen 27

2 Ästhetische Projektions- und Denkräume 32
Denkraum 32
Gottfried Keller 33
Richard Wagner 41
Gottfried Semper 49
Friedrich Theodor Vischer 59
Gleichzeitig – ungleichzeitig 68

3 Theorie soll praktisch werden 86
Publikationen, Vorträge, Vorlesungen 86
Körper und Mode 87
Politisches Engagement zwischen Fortschritt und Reaktion ... 90
Kunstkritik 91
Kunstindustrie 93
Sempers Arbeiten zur *Praktischen Ästhetik* 95
Arbeiten zum Kunsthandwerk 96
Theater-Architektur 107
Das Kunsthandwerk der Inszenierung 111

Ludwig II. als Bühnenkünstler 117
Dampfmaschine und Elektrizität setzen Illusionen in Bewegung . 118
Kunst und Künstler im Dunstkreis des Kunstwerks der Zukunft . 120
Malerei der Vergangenheit als Theatermalerei 124

4 Alltag & Kult 129
Korrespondenz, Begegnung, Hofhaltung 129
Erinnerung und Denkmal-Kult 134
Parodie und Karikatur 138
Rezeption als Kult 144
Das *Kunstwerk der Zukunft* als synästhetisches und mediales
Ereignis 146
Frauen.. 150
Kultobjekt, Bagatelle, Tücke des Objekts 157

5 Gegenwart des Vergangenen 164
Der hohe Ton und die Gegenstände – Pathos und Bagatelle 164
Die Künste vom Theater her zu denken 166
Dionysos und Ariadne 169
„Zum Raum wird hier die Zeit" 170
Tagträume – surreal 172
Das „untere" und das „obere Stockwerk" 173
Gegenwart des Vergangenen 175
Gottfried Semper.. 175
Richard Wagner 178
Friedrich Theodor Vischer 179
Gottfried Keller 180

Anmerkungen 182

Literatur 195

Quellentexte 203

Bildnachweise 212

Vorwort

Daß Architekten, Künstler, Musiker, Dichter und Philosophen zur gleichen Zeit am selben Ort anzutreffen sind – zum Beispiel in Zürich in der Mitte des 19. Jahrhunderts –, besagt nichts, solange es darüber hinaus nichts gibt, das unsere Aufmerksamkeit auf sich zieht. Die Geschichte kennt genügend solche Orte. Zürich wird zu Beginn des 20. Jahrhunderts wiederum ein solcher Ort sein. Das Zusammentreffen hier und die persönlichen Begegnungen bedeuten nicht zwangsläufig, daß daraus besonders helle Funken geschlagen werden können. Gemeinsamkeiten und Widersprüche tun ihre Wirkung. Gerade in den Widersprüchen zwischen den alltäglichen Dingen und Handlungen und den Formen kultureller Aktivitäten und Rezeptionsweisen und persönlicher Inszenierungen im Zusammenhang mit ihren ästhetischen Aufladungen im jeweiligen gesellschaftlichen und geselligen Kontext, liegt ein Potential ihrer Aktualität.[1]
Zürich in der Mitte des 19. Jahrhunderts ist ein Ort der Zuflucht, auch des Exils. Kein Zufall, daß hier um diese Zeit ganz unterschiedliche Charaktere aufeinandertreffen. Neben Gottfried Semper und Friedrich Theodor Vischer Richard Wagner und Gottfried Keller. Was führte sie nach Zürich? Was verbindet, was trennt sie? Welche wechselseitigen Wirkungen haben ihre Begegnungen auf ihre Arbeit? Wo Vorstellungen und Konzeptionen zur Vereinigung aller Künste unter dem Begriff Gesamtkunstwerk ausgedacht und formuliert werden, richtet sich der Blick auf die Personen auch als Vertreter einzelner Künste.
Semper, Vischer und Wagner arbeiten in den Zürcher Jahren nach 1850 an ästhetischen Theorien, in denen sie die Erfahrungen und Vorarbeiten, die sie mitbringen, weiterentwickeln und ausformulieren. Ihre Wege dahin sind verschieden, nicht nur vom jeweiligen Arbeitsfeld her, sondern durch unterschiedliche Lebenserfahrungen, aber auch gemeinsame Interessen gekennzeichnet. Die Wege kreuzen und überlagern sich eine Zeitlang am selben Ort, bilden dort einen Raum für Kreativität, berühren Wegstrecken anderer, die Denken und Handeln beeinflussen, zu Reaktion und Konfrontation oder zur Abkehr herausfordern, und schließlich laufen die Wege wieder auseinander.

Solche Knotenpunkte werden hier als Denkräume bezeichnet, ihr Revers, die Räume banaler Alltäglichkeit, ihre dingliche Ausstattung und die Wegstrecken der Protagonisten darin, aufgezeichnet. Wesentlich für diese Zeit sind die Versuche und Anstrengungen zu umfassenden Systemen und Klassifizierungen in ästhetischen Theorien (Semper, Vischer, Wagner). Einen Kontrapunkt dazu bilden die Erzählungen vom Eigensinn der Dinge in den Wunderkammern des Lebens (Keller, Vischer). Das Interesse richtet sich dabei auch auf Kippsituationen, Situationen, in denen das Erhebende und Erhabene im Sprechen und Schreiben, im Denken und Handeln, ins Banale, Alltägliche, ja Komische, das Pathetische vom Zufälligen durchkreuzt ins Lächerliche kippt. Dinge und ihre Erscheinung übernehmen in diesem Spiel eine eigensinnige Rolle.

Mittelbar führt das zum Problem des Umgangs mit der Geschichtlichkeit der Sprachformen. Dafür ist hier die Authentizität des Sprechens und Schreibens über größere Strecken als Zitat unerläßlich. Um dies anschaulich werden zu lassen, rechtfertigt sich die gewählte Form. Denn für einen Eindruck von den unterschiedlichen Sprachebenen und Sprachformen, auf denen und in denen in theoretischen Schriften und literarischen Werken, in Briefen und Kommentaren Anschauungen und Intentionen dargestellt werden, bedarf es der parallelen Lektüre. So bricht über die Sprache das Spannungsfeld auf, das sich im Denken und Schreiben zwischen ästhetischen Theorien und ästhetischer Praxis, ihrer Ausformulierung und ihrer Umsetzung im Werk und den Bedingungen, Herausforderungen und Belanglosigkeiten alltäglicher Lebensumstände bildet. In der Sprache, in den Texten selbst werden unterschiedliche Denkstrukturen offenbar. Um diese parallele Lektüre zu ermöglichen, finden sich einzelne Passagen als Lesestücke im Anhang.

Eine Schwierigkeit für die Rekonstruktion von unmittelbaren Wechselwirkungen zwischen den Personen liegt darin, daß die häufigen regelmäßigen Begegnungen am Ort schriftlich fixierte Auseinandersetzungen überflüssig machten. Für das Schreiben hier, bei dem es ja auch gilt, Gleichzeitiges und Ungleichzeitiges zu zeigen, führt diese Absicht zwangsläufig zum Neben- und Nacheinander und damit zu einer Struktur, die theoretische Ansprüche, zum Beispiel der in dieser Zeit am Ort formulierten ästhetischen Theorien, in den Zusammenhang der trivialen Lebensumstände am Ort stellt. Bedarf es dafür einer Legitimation, so bietet sie Friedrich Theodor Vischer: „Ich weiß", schreibt er, „daß mancher zwischen Gängen im wissenschaftlichen, humanistischen Felde mit Befremden einem solchen Schritt ins gemein praktische Gebiet begegnen wird. Man soll aber nur wissen, daß unseres Gleichen sich auch um das Leben kümmert." [2]

Daß die „wissenschaftlichen Gänge" und die Schritte „ins gemein praktische Gebiet" stets eine hilfreiche und vor Stolpersteinen warnende Begleitung zur Seite hatten, dafür danke ich Marion Sturm.

Editorische Notiz:
Die in Klammern gesetzten Hinweise (T1 etc.) verweisen auf die Quellentexte im Anhang.

1 Gleichzeitig – ungleichzeitig

Zürich: Am selben Ort zur gleichen Zeit

„Nicht alle sind im selben Jetzt da. Sie sind es nur äußerlich, dadurch, daß sie heute zu sehen sind. Damit aber leben sie noch nicht mit den anderen zugleich. Sie tragen vielmehr Früheres mit; das mischt sich ein. Je nachdem, wo einer leiblich, vor allem klassenhaft steht, hat er seine Zeiten. Ältere Zeiten als die heutigen wirken in älteren Schichten nach; leicht geht oder träumt es sich hier in ältere zurück."[1] Diese Sätze von Ernst Bloch aus seiner Schrift *Erbschaft dieser Zeit* kennzeichnen den Fragehorizont für das leitende Interesse an den Begegnungen. Der Architekt Gottfried Semper, der Komponist Richard Wagner, der Ästhetiker Friedrich Theodor Vischer und der Dichter Gottfried Keller begegnen sich am selben Ort, Zürich, zur gleichen Zeit in gesellschaftlichen, zuweilen geselligen Kreisen unterschiedlicher Besetzung. Ihre je besondere intellektuelle und künstlerische Haltung und Prägung, ihre Ansichten und Einsichten überschneiden sich und sind doch zugleich verschieden und unterscheidbar. Und dies gilt gleichermaßen für ihre Begegnungen in ihrem gesellschaftlichen Umfeld, das zwischen demokratisch-republikanischen Überzeugungen und feudalaristokratischen Gewohnheiten und Sehnsüchten oszilliert.

Projekte, Pläne und die Mühen ihrer Verwirklichung

Wie stark das gegenseitige Interesse an den Arbeiten und Vorhaben, und wie groß die Mühen der Verwirklichung von Plänen und Projekten jeweils gewesen ist, wird auch aus der Korrespondenz deutlich. Wir gewinnen Einblicke in die intensiven Auseinandersetzungen und nicht zuletzt in die gegenseitigen Ratschläge und strategischen Hinweise für den Umgang mit Auftraggebern und Verlegern. Besonders eindrucksvoll ist die stetige Bereitschaft zum Austausch über die Werke. Man schickt sich Belegexemplare, achtet darauf, wer, wo, von wem besprochen und kritisiert wird. Dabei fallen die Rezensionen zumeist sehr ausführlich und gründlich aus – besonders die von Vischer. Zu all dem gehen Berichte und Einschätzungen über existentielle Sicherungsmöglichkeiten und das jeweilige Fortkommen hin und her.

Durch ausführliche Besprechungen, auch noch in späteren Jahren, hat Vischer entscheidend zur Förderung Kellers beigetragen, ihn auch Verlegern empfohlen und ihn selbst immer wieder als Autor gefordert. Wagner hatte sich anfangs eher von oben herab über Keller geäußert als einen „auffallend unbehilflichen und spröd erscheinenden" Menschen, der den Eindruck erwecke, als müsse man ihm helfen, der zwar über originelle Anlagen und Pläne verfüge, „von denen aber bei näherem Besehen nichts von einiger Konsistenz zu gewahren war." Und gönnerhaft fährt er fort: „Glücklicherweise wußte man ihn, wie es scheint schon aus patriotischen Rücksichten, mit der Zeit endlich im Staatsdienste unterzubringen, wo er als redlicher Mensch und tüchtiger Kopf jedenfalls gute Dienste leistete, wenn auch eine schriftstellerische Tätigkeit von jetzt an, nach jenen ersten Ansätzen, für immer zu ruhen schien."[2]

Keller hatte sich um das Amt des 1. Staatsschreibers der Zürcher Regierung beworben. Am 23. September 1861 tritt er die Stelle an, allerdings verspätet. In der Nacht zuvor hatte er an einem Gelage zu Ehren von Ferdinand Lassalle, der unterwegs nach Italien war, teilgenommen. Große Gesellschaft, einige Damen trugen zur weißen Krinoline die rote Garibaldibluse, tranken Champagner und rauchten Havannas. Keller war stumm geblieben, er braust erst auf und bedroht Lassalle mit einem Stuhl, als dieser anfängt, Herwegh zu hypnotisieren. Magnetisieren, Hypnotisieren, Tischrücken war gerade in Mode gekommen. „Jetzt ist's mir zu dick, ihr Lumpenpack, ihr Gauner", schreit Keller und wird prompt vor die Tür gesetzt. Am nächsten Morgen wird er mit zwei Stunden Verspätung von einem Regierungsrat zum Dienstantritt aus dem Bett geholt.[3]

Richard Wagner ist in dieser Zeit mit zahlreichen und umfangreichen Projekten, Bemühungen um Lizenzen, Verträgen, Verhandlungen mit Verlegern und Aufführungsrechten beschäftigt. In Zürich entstehen daneben seine wichtigsten ästhetischen Schriften. Gerade hatte er die Dichtung *Ring des Nibelungen* abgeschlossen und seine Schrift *Das Kunstwerk der Zukunft* verfaßt. Visionen von Aufführungen bilden sich. Es geht dabei auch um die Vollendung des *Siegfried*. Da entwirft er im September 1850 in zwei Briefen einen Plan. Würde man ihm „10.000 Thaler" geben, so würde er auf einer Wiese bei Zürich „von Bret und balken ein rohes theater nach meinem plane herstellen und lediglich bloß mit der ausstattung an decorationen und maschinerie versehen lassen, die zu der aufführung des Siegfried nöthig sind." Er würde Sänger seiner Wahl, einen Chor und

ein Orchester zusammenstellen, eine Ankündigung in alle „Zeitungen Deutschland's" setzen, „mit der Aufforderung zum Besuche des dramatischen Musikfestes. Drei Aufführungen des Siegfried sollen in einer woche stattfinden: nach der dritten wird das theater eingerissen und meine partitur verbrannt. Den leuten, denen die sache gefallen hat, sage ich dann: ‚nun machts auch so!' Wollen sie auch von mir einmal wieder etwas Neues hören, so sage ich aber: ‚schießt ihr das Geld zusammen!' [...] dieß noch zu erreichen ist die Hoffnung meines Lebens, die Aussicht - die mich einzig reizen kann, ein kunstwerk in angriff zu nehmen."[4]
Der entschiedene und aufrechte Republikaner Gottfried Semper macht in der freien Schweiz die für ihn bittere Erfahrung einer am wirtschaftlichen Denken ausgerichteten Gesellschaft, die die Entscheidungsprozesse seiner Pläne und Projekte nicht vereinfacht. Auch Vischer hat im Rückblick auf seine Zürcher Jahre das dortige „gefährliche Fortschreiten des Geldgeistes" notiert.

Revolution und Reaktion – Zürich: Exil und Zufluchtsort

Richard Wagner und Gottfried Semper in Dresden
Politische Ereignisse und Veränderungen, in die Wagner, Semper, Vischer, Keller und andere auf unterschiedliche Weise verwickelt waren, hatten sie in Zürich nach 1850 zusammengeführt. Für Wagner und Semper waren Steckbrief und Flucht die Folgen ihrer aktiven Beteiligung an der Revolution von 1849 in Dresden. Beide hatten sich in den auch in Dresden stark gewordenen demokratisch-republikanischen Bewegungen engagiert. Semper war in den *Vaterlandsverein* gewählt worden. Er vertrat gegenüber dem konstitutionell orientierten Flügel eine entschieden republikanische Position. Richard Wagner hatte sich demgegenüber für eine konstitutionelle Monarchie stark gemacht, zwar im Vaterlandsverein gegen den „Aristokratismus" und für ein allgemeines Wahlrecht ausgesprochen, nicht aber für die Beseitigung der Monarchie. Er verteidigt seine Position in einem anonymen Artikel im *Dresdner Anzeiger*: Der König sollte „der erste und allerechteste Republikaner sein. Und ist einer mehr berufen, der wahreste, getreueste Republikaner zu sein, als gerade der Fürst? Res publica heißt: die Volkssache. Welcher Einzelne kann mehr dazu bestimmt sein als der Fürst, mit seinem ganzen Fühlen, Sinnen und Trachten, lediglich nur der Volkssache anzugehören? Was sollte ihn, bei gewonnener Überzeugung von seinem herrlichen Berufe, bewegen können, sich selbst

zu verkleinern und nur einem besonderen kleineren Teile des Volkes angehören zu wollen?"[5] Auf Drängen des mit ihm befreundeten Musikdirektors am Dresdner Hoftheater, August Röckel, verliest Wagner dann seinen Artikel im *Vaterländischen Verein* vor „ungefähr 3000 Menschen mit energischer Betonung." Das verursacht Aufregung am Hof. Wagner reist ab nach Wien. Es wird nicht das letzte Mal gewesen sein, daß er den Ort der Unruhe fluchtartig verläßt. Nach seiner Rückkehr hatte sich die Situation beruhigt.

Seine ausführliche Darstellung der nachfolgenden Ereignisse in *Mein Leben* liest sich so, als wohnte er einer Theateraufführung bei, in die er partiell mit einigen Regieanweisungen eingegriffen hätte. In den revolutionären Aktionen agierten mit Wagner befreundete Personen, die später, im Zürcher Exil, wieder eine Rolle spielen werden. Wagner hatte durch August Röckel und Georg Herwegh die politischen Theorien von Proudhon kennengelernt.[6] Georg Herwegh war als Theologiestudent wie Vischer *Stiftler* in Tübingen gewesen, wird dort wegen Beleidigung eines *Repetenten* relegiert.[7] Später mußte Herwegh aus ähnlichen Gründen den Militärdienst verlassen. Er flieht in die Schweiz, kehrt nach der erfolgreichen Veröffentlichung seiner *Gedichte eines Lebendigen* nach Deutschland zurück, trifft Marx und auch Bakunin, wird nach einem Eklat beim preußischen König ausgewiesen, geht wieder in die Schweiz, erhält dort das Bürgerrecht. Von Paris aus beteiligt er sich 1848 mit seiner Frau als Führer einer Freischärlerlegion am *Badischen Aufstand*. Nach dessen Scheitern läßt sich das Paar wieder in der Schweiz nieder. Lassalle macht Herwegh zum Bevollmächtigten des *Allgemeinen Deutschen Arbeitervereins* in der Schweiz. Im Salon der Herweghs in Zürich verkehren außer Keller, Semper und Wagner auch der Physiologe Moleschott, der am Polytechnikum lehrt. Herwegh flieht 1866 vor seinen Gläubigern nach Baden-Baden. Er stirbt dort 1875.

Wagners Dresdner Freund Röckel macht ihn mit Bakunin bekannt. Über Michail Alexandrowitsch Bakunin und seine Bekanntschaft mit ihm in der Dresdner Revolutionszeit berichtet Wagner ausführlich in seiner Autobiographie. Wagner war offensichtlich vom reisenden anarchischen Revolutionär Bakunin einerseits fasziniert, andererseits um Abstand bemüht.[8] In Bakunin erkennt er „einen liebenswürdigen, zartfühlenden Menschen" – und bringt ihn eines Tages dazu, sich von ihm Szenen des *Fliegenden Holländer* „vorspielen und vorsingen zu lassen. Ungeheuer schön" sei das, so Bakunin, und Wagner schließt daraus: „Keine meiner tief verzweifelten Besorgnisse für die ewige Gefährdung meiner idealen

Wünsche für die Kunst schien ihm unverständlich zu bleiben."[9] Aber ihn schrecken Bakunins rabiate Zerstörungsphantasien: Die ganze europäische Welt, St. Petersburg, Paris, London sollte man sich in einen Schutthaufen verwandelt denken. Nicht die sogenannten Tyrannen seien das Furchtbare, „sondern die behaglichen Philister, unter denen er als Typus den protestantischen Pfarrer aufstellte, an dessen Menschwerdung er nicht eher glauben wollte, als bis er selbst sein Pfarrhaus mit Weib und Kind den Flammen übergeben hätte". Wagners Sorge gilt allein seinen Vorstellungen von einer künftigen Kunst in einer künftigen Gesellschaft. Er bleibt Bakunin gegenüber „schwankend zwischen unwillkürlichem Schrecken und unwiderstehlicher Angezogenheit"[10].

Der Versuch, die vom Frankfurter Parlament verabschiedete Reichsverfassung durchzusetzen und dem Königreich Sachsen eine Verfassung zu geben, war am Widerstand König Friedrich Augusts II. in Dresden gescheitert und führte am 30. April 1849 zum bewaffneten Aufstand. Schließlich werden Barrikaden errichtet, Hof und Regierung fliehen auf der Elbe nach der Festung Königstein. Preußische Truppen werden auf Ersuchen der Regierung nach Dresden in Marsch gesetzt und besetzen Dresden. Am 9. Mai müssen die Revolutionäre den Kampf gegen die militärische Übermacht verloren geben. Sie versuchen, sich andernorts wieder zu sammeln, ziehen ab nach Freiberg und schließlich nach Chemnitz. Dort werden die Anführer, unter ihnen Bakunin, verraten und verhaftet. Damit ist der Aufstand endgültig gescheitert. Bakunin wird an Rußland ausgeliefert, entkommt schließlich und betätigt sich weiter als Revolutionär. Man konnte ihm später am Lago Maggiore bei den Lebensreformern auf dem Monte Verità begegnen. Röckel wurde zum Tode verurteilt, dann zu lebenslänglichem Zuchthaus begnadigt. Elf Jahre verbüßte er im Zuchthaus. Wagner hatte Glück, er war verspätet in Chemnitz angekommen, gewarnt worden und konnte fliehen.

Angesichts der Toten und Verwundeten erscheinen die Ereignisse in der Darstellung durch Wagner im nachhinein so, als spielten sie für ihn auf einer Bühne, wie auch das Pathos seiner Schrift *Die Revolution* von 1849 angesichts der konkreten Erfahrungen des Scheiterns der Revolution denkwürdig hohl und phrasenhaft bleibt. (T 1)

Er beschreibt eine Szene so: „Die verbarrikadierte Altstadt Dresdens bot für den Beobachter genug des Interessanten, und mir, der ich nur immer verwunderungsvoll der Bewegung zu wirklichem Widerstand folgte, war es einzig zerstreuend, plötzlich Bakunin aus seinem bisherigen sorgsam gewahrten Versteck im schwarzen Frack über diese Hindernisse des Stra-

ßenverkehrs daherwandeln zu sehen. Gar sehr irritierte ich mich aber, da ich glaubte, das von ihm Wahrgenommene müsse ihn unterhalten; er gewahrte in allen anzutreffenden Verteidigungsmaßregeln bloß die kindische Unvollkommenheit derselben und erklärte, in dem gegenwärtigen Zustande der Dinge in Dresden für sich nur das einzige Angenehme zu erkennen, daß er sich jetzt vor der Polizei nicht mehr zu hüten habe und ungestört an sein Weiterkommen denken könne; denn hier, so vermeinte er, sei unter so schlaffen Verhältnissen jedenfalls keine Verlockung für eine Beteiligung für ihn vorhanden. Während er sich mit der Zigarre herumtrieb, um über den naiven Stand der Dresdner Revolution sich lustig zu machen, fesselte mich der Anblick der vor dem Rathaus auf den Appell ihres Kommandanten im Gewehr versammelten Kommunal-Garde."[11]
Wenig später, nachdem ihm „die Bedenken des immer umherschweifenden Bakunin über die Nichtigkeit all dieser Dinge immer verständlicher wurden, als zu meinem lächelnden Erstaunen Semper, in voller Uniform als Bürgerschütze mit dem Bannerhute" ihn über die mangelhaften Zustände der Barrikaden informiert, schreibt er, als gebe er eine Regieanweisung: „Um sein artistisches Gewissen als Ingenieur zu beruhigen, wies ich ihn an, in das Kabinett der für die Verteidigungsarbeiten ernannten militärischen Kommission einzutreten. Er folgte meiner Empfehlung wie im Gefühle einer zu erfüllenden Pflicht; [...] Ich habe ihn seitdem in Dresden nicht wiedergesehen, muß aber annehmen, daß er mit dem künstlerischen Pflichtgefühl eines Michelangelo oder Leonardo da Vinci den in jenem Komitee ihm aufgetragenen strategischen Arbeiten als gewissenhafter Architekt nachgekommen ist." [12]
Schließlich bezieht Wagner einen Beobachtungsposten: Er besteigt den Turm der Kreuzkirche, „um immer den größtmöglichen Überblick über die Gesamtheit der Vorgänge zu haben". Für die Nacht läßt er vom Gehilfen des Türmers Proviant herbeischaffen. Am nächsten Morgen weckt ihn der Gesang einer Nachtigall. Leichtes Kanonenfeuer wird abgelöst von einem „ungleich bedeutungsvolleren Eindruck". Er sieht das alte Opernhaus, in dem er noch vor kurzem die Neunte Symphonie dirigiert hatte, „in hellem Brand aufgehen". Es war aus strategischen Gründen in Brand gesteckt worden, woraus Wagner den Schluß zieht, „daß derlei Gründe in der Welt ein für allemal mächtiger als ästhetische Motive bleiben." [13]
Am folgenden Morgen begegnet Wagner auf dem Weg in die Stadt beim Übersteigen einer Barrikade einem Kommunalgardisten, der ihm zurief: „,Herr Kapellmeister, der Freude schöner Götterfunken hat gezündet, das morsche Gebäude ist in Grund und Boden verbrannt.' Offenbar war dies

ein begeisterter Zuhörer der letzten Aufführung der Neunten Symphonie gewesen. Auf mich wirkte dieses Pathos, welches so unerwartet mich betraf, seltsam kräftigend und befreiend" – so Wagners Kommentar.[14] Man mag darüber spekulieren, ob der Anblick des brennenden Theaters in Dresden ihn später zu der Idee vom Abbrennen des Theaters aus „Brett und Balken" auf der Wiese vor Zürich angeregt hat. Die Realität zwingt ihn wie Semper zur Flucht. Am 29. Mai 1849 kommt Richard Wagner auf Umwegen und mit falschem Paß in Zürich an.

Gottfried Semper in Paris und London
Gottfried Semper wird gleichfalls steckbrieflich gesucht. Noch am 9. Mai war er über Karlsruhe und Straßburg nach Paris geflohen. Einen Monat später trifft er dort ein und kommt unter beim künstlerischen Leiter der Porzellanmanufaktur in Sèvres bei Paris, Diéterle. Er trifft dort auch Séchan und Despléchin, die er in Dresden mit der Innenausstattung seines ersten Hoftheaters beauftragt hatte.
Schon einmal, 1826/1827, war Semper in Paris. Nach mathematischen, historischen, archäologischen und militärwissenschaftlichen Studien in Göttingen war er kurze Zeit in München gewesen. Dort setzt er sich mit Friedrich von Gärtner und Leo von Klenze auseinander. In Paris dann studiert er im Atelier von Franz Christian Gau, dem gebürtigen Kölner und Absolventen der Pariser École des Beaux-Arts. Über ihn kommt er in Kontakt mit einem Kreis von Wissenschaftlern und Künstlern. Semper erhält Anregungen zur antiken Polychromie durch die Forschungen von Christian Gau und Jakob Ignaz Hittorff. Reisen unterbrechen die Studien. Zurück in Paris wird die Juli-Revolution 1830 für ihn zu einer nachdrücklichen Erfahrung, die seine politische Haltung bleibend prägt. In den folgenden Jahren unternimmt er eine ausgedehnte Studienreise nach Italien und Griechenland, sie erweist sich als bedeutsam für seine weitere Arbeit und insbesondere seine theoretischen Anschauungen. In Altona, seine Familie lebt hier, legt er 1834 ein erstes Ergebnis dieser Studien vor: *Vorläufige Bemerkungen über bemalte Architektur und Plastik bei den Alten*, die er seinem verehrten Lehrer und Freund Gau widmet. Im selben Jahr erreicht ihn die Berufung als *Vorstand der Bauschule und Erster Professor für Architektur an der Akademie der Künste* in Dresden. Sein Lehrer Gau hatte ihn von Paris aus nachdrücklich empfohlen.
Als Gottfried Semper 1834 die Arbeit in Dresden aufnimmt, ist er 31 Jahre alt. Er reformiert die Ausbildung, engagiert sich in der Denkmalpflege, ist als Gutachter in diversen baulichen Angelegenheiten tätig,

macht Vorschläge zu städtebaulichen Veränderungen und zu Formen musealer Präsentationen. Er ist aktiv in republikanischen Kreisen, schließt Freundschaft mit dem Bildhauer Ernst Rietschel und mit dem seit 1843 in Dresden als Hofkapellmeister und Komponist tätigen Richard Wagner. Semper pflegt auch freundschaftlichen Umgang mit Carl Gustav Carus. Der hochrangige Mediziner, Naturwissenschaftler, Schriftsteller und Maler war Vorstand des Sächsischen Kunstvereins, in dem sich auch Semper aktiv beteiligte.[15]
Und Semper baut. Er entwirft die erste Synagoge, als ein Dokument der erkämpften gesellschaftlichen Stellung der kleinen jüdischen Gemeinde in Dresden. Einhundert Jahre später werden die Nazis nicht nur diese Synagoge niederbrennen. Ab 1838 entsteht sein erstes Hoftheater, es wird 1841 eröffnet. Semper realisiert die Villa Rosa und das Stadtpalais für den Bankier Oppenheim. Den Bau der Gemäldegalerie (ab 1847) als Abschluß der Elbseite des Zwingers kann er selbst nicht mehr vollenden. Seine letzte Aktion in Dresden besteht in der fachmännischen Beratung und handgreiflichen Unterstützung beim Bau der Barrikaden, die mit Beginn des Aufstandes in Dresden errichtet werden. Als „Mitglied der Umsturzpartei", „Haupträdelsführer" und „Demokrat I. Klasse" – so der Steckbrief – muß er Dresden verlassen. Die Fahndung wird erst vierzehn Jahre später, am 8. Mai 1863, aufgehoben. Semper wurde in England und später noch in Zürich von der sächsischen Polizei bespitzelt. Er war in London anfänglich im Kreis der deutschen Emigranten aktiv, neben Kinkel, dem Revolutionär, Kunsthistoriker und Freund Jacob Burckhardts, der später, wie Semper, nach Zürich berufen werden wird. Marx und Engels haben sich übrigens über dieses aus ihrer Sicht bürgerliche Komitee pikiert geäußert. Aber auch Semper selbst äußerte sich erbost über einige „Mittelklasse-Revolutionäre".
Sempers Jahre des Exils in Paris und London bis zu seiner Berufung nach Zürich 1855 sind gekennzeichnet von angestrengten Bemühungen, im Ausland eine einigermaßen gesicherte Existenz aufzubauen. In Paris zerschlagen sich alle Versuche, einen Bauauftrag zu erhalten. Mit einigen wenigen kleineren Auftragsarbeiten eher dekorativer Art versucht er sich über Wasser zu halten. Er verhandelt mit seinem Verleger Vieweg in Braunschweig und beginnt am Manuskript zur *Baulehre* zu arbeiten. Seine Versuche, in London Fuß zu fassen, erscheinen aussichtslos, er sieht nur noch die Möglichkeit, nach Amerika auszuwandern. „Vorstellungen von dem, was er drüben unternehmen werde, sind entweder vage: eine Architekten- und Ingenieurschule, Partnership mit einem dort schon

niedergelassenen Architekten – oder phantastisch, zugeschnitten auf das Land aller Möglichkeiten: spekulativer Häuserbau, eine Stearinfabrik, Bade- und Waschanstalten!"[16] Am 18. September 1850 geht er in Le Havre an Bord der *Wilhelm Tell*, die am nächsten Tag auslaufen soll. Am 18. September abends erreicht ihn ein Brief aus London, in dem ihm der Sekretär des Archäologischen Instituts, Emil Braun, in Rom mit Beziehungen nach London, vage Hoffnungen auf ein berufliches Weiterkommen in London macht. Daraufhin verläßt Semper das Schiff und kehrt zurück nach Paris, um dort Braun zu treffen, der aber nicht erscheint und Semper statt dessen nach London einlädt. Semper ist zunächst entschlossen, die Reise nach New York anzutreten, fährt dann aber doch nach London zum verabredeten Treffen mit Braun und Edwin Chadwick. Chadwick arbeitet aktiv an politischen und sozialen Reformen und hatte, auch als Folge der grassierenden Cholera, die politische Öffentlichkeit davon überzeugt, daß gerade auch im Bestattungswesen Reformen dringen nötig seien. Dazu sollte nun Semper mit Entwürfen für Friedhofsanlagen großen Stils beitragen. Semper sieht seine Chance und begeistert schreibt er dem Bruder nach Hamburg von der „ runden Kapelle, in welcher täglich hundert Leichen in drei Abteilungen, also stets 30 bis 35 Leichen zugleich eingeweiht werden sollen", von den in die unterirdischen Gänge hinabgelassenen Särgen, „die dann mit den verschiedenen Etagen der Terrassen des Kirchhofs correspondiren, auf denen sich die Gräber befinden. An den Eingängen […] sollen […] Säale zur Feier der Todtenmäler angelegt werden, natürlich mit allem Zubehör an Vorsäalen, Küchen etc."[17] Semper hatte inzwischen sein nach New York vorausgeschicktes Gepäck mit seinen Unterlagen (Zeichnungen, Plänen) nach London zurückbeordert, um mit den Arbeiten auch seiner Qualifikation Nachdruck zu verleihen. Aber sein Optimismus weicht bald erheblicher Frustration. Das große Projekt gerät in die Mühlen politischer Interessen, und nach Wochen und Monaten ist sein Einsatz wieder einmal vergeblich gewesen.

Neben all den Versuchen, als Architekt in England beziehungsweise in London Fuß zu fassen, widmet sich Semper intensiv seinen theoretischen Studien. Eine durch Chadwick vermittelte Begegnung mit Henry Cole, dem Vorsitzenden der *Royal Society of Arts* und *leading member of the Commission which directs the works of the ‚crystal palace'*, läßt Semper auf Unterstützung bei der Veröffentlichung seiner Schrift über Polychromie hoffen. Parallel dazu trägt er sich mit dem Gedanken an die Gründung einer Architekturschule nach Dresdner Vorbild. Auch dieser Plan zerschlägt sich. Eine Assistentenstelle bei Joseph Paxton, dem Erbauer

des Kristallpalastes, lehnt er ab. Er muß dies als Zumutung empfunden haben. Auf Empfehlung Coles erhält Semper dann den Auftrag, die relativ bescheidenen Abteilungen Kanadas, der Türkei, Ägyptens, Schwedens und Dänemarks im Kristallpalast der Weltausstellung einzurichten. Dieser unmittelbare Kontakt mit der Produktwelt war für Semper eine wichtige Erfahrung.
Nach dem endgültigen Scheitern der Friedhofspläne des *Board of Health* setzt er wiederholt auf Auswanderung. Von besonderem Interesse für ihn scheint der Brief eines ehemaligen Kollegen zu sein, der ihm schreibt: „Man fängt hier an sehr reich zu bauen und zwar im Renaissance Styl. [...] New York wäre gewiß der Ort wo Sie in pecuniärer Hinsicht Ihre Rechnung finden." Auch in Wagners Kopf rumorten Auswanderungspläne. Er hat mehrfach mit dem Gedanken gespielt und mit Auswanderung gedroht – nicht zuletzt um damit Deckung für seine Schulden zu erreichen. Der erschreckte König Ludwig II. schreibt nach einer neuerlichen Ankündigung Wagners im Juni 1877: „Ich beschwöre Sie bei der Liebe und Freundschaft, die Uns seit schon so vielen Jahren verbindet, geben Sie diesem entsetzlichen Gedanken keinen Raum mehr; eine nie zu tilgende Schmach wäre es für alle Deutschen, wenn sie ihren größten Geist aus ihrer Mitte scheiden ließen."[18] Noch im Februar 1880 gibt Wagner einem amerikanischen Bekannten brieflich zu verstehen, daß er zwar für eine „sogenannte Kunstreise" nicht zur Verfügung stehe, wohl aber für eine endgültige Niederlassung in Amerika, vorausgesetzt man bezahlt ihm eine Million Dollar, wobei damit die Aufführungsrechte abgegolten wären. „Hiermit hätte mich Amerika Europa für alle Zeiten abgekauft."[19]
Semper konnte endlich, nach mancherlei Anläufen, Auflagen und Verzögerungen, eine Lehrtätigkeit am *Department of Practical Art* der *Schools of Design*, deren Leiter Henry Cole geworden war, im September 1852 aufnehmen.[20] Inzwischen hatte er den Auftrag Coles, eine Arbeit über *Metallotechnik* zu schreiben, auf seine Art nicht nur erfüllt, sondern ausgeweitet. Das Manuskript wurde zur Grundlage von *Wissenschaft, Industrie und Kunst*. Es enthält in Grundzügen den Plan für ein *ideales Museum*, ein Klassifikationssystem und Ansätze seiner später ausgeführten Bekleidungstheorie, sowie Überlegungen zur Keramik.
Im Herbst 1854 fragt Richard Wagner Semper nach seinem Interesse an einer Professur für Baukunst an der Eidgenössischen Hochschule in Zürich. Ein erster Besuch Sempers in Zürich verläuft positiv; Grund für ihn, London zu verlassen, mag aber wohl in erster Linie seine realistische Einschätzung der kaum oder gar nicht vorhandenen Möglichkeiten gewe-

sen sein, einen angemessenen Wirkungskreis als Lehrer und Architekt zu finden. Semper erhält die Anstellungsurkunde Anfang Februar 1855. Alles ist entschieden, da beauftragt ihn Prinz Albert mit Plänen für eine Museumsanlage. Nun scheint sich Sempers Traum doch noch zu erfüllen, er beginnt Pläne zu zeichnen. Die Entwürfe, auf Veranlassung von Prinz Albert ergänzt um eine Konzerthalle, gefallen dem Prinzen, finden aber nicht die Zustimmung des *Board of Trade*. Damit ist der Weg nach Zürich endgültig frei. Aber Semper, bereits ein halbes Jahr in Zürich tätig, ist auch dort unzufrieden, da er keine konkrete Bauaufgabe sieht. Deshalb wendet er sich noch einmal zurück nach London an Cole. Dort ist als dessen Nachfolger Christopher Dresser im Gespräch, der auch Botanik, Architekturzeichnen und dekoratives Design unterrichten soll. Sempers Rückverhandlungen ziehen sich in die Länge, insbesondere ist ihm an einer Zusicherung gelegen, auch in London zu Architekturaufgaben Gelegenheit zu erhalten. Er ist schon beinahe bereit, nach London zurückzugehen. Als seine ernsthaften Absichten, Zürich zu verlassen, wahrgenommen werden, wird er schließlich mit dem Bau des Polytechnikums beauftragt. Nun bleibt er am Ort – bis 1871.

Friedrich Theodor Vischer – Flucht aus der Enge
Im selben Jahr 1855 folgt Friedrich Theodor Vischer dem Ruf als Professor für Geschichte der Literatur und Ästhetik nach Zürich. Nicht Exil, aber eine Flucht aus der provinziellen Enge Tübingens und den ihn treffenden Querelen ist es doch. Wie viele andere vor ihm, war er durch die württembergische Theologenschule gegangen: Landexamen (Aufnahmeprüfung ins evangelische Internat, eine Art Klosterschule), danach Studium der Theologie und Angehöriger des Stifts in Tübingen, Repetent, Promotion, und anschließend die „hergebrachte Magisterreise". 1832 tritt er sie an. „Ganz erfahrungslos, ganz weltunkundig, schüchtern und wieder lebhaft zutraulich wie ein Kind, voll Sinn für Form und ohne jede Formbildung, aber auch herzlich unblasiert" zieht er mit 25 Jahren „in die Welt"[21]. Von Göttingen aus kommt er nach Berlin. Eifrig besucht er das Museum und er will endlich „in die Welt hinein". Wie das anfangen, wußte er freilich selber nicht. „Etwa auf Bälle? Tanzen zu lernen war den Stiftlern großmütig erlaubt gewesen; wir hatten aber den Unterricht bei einem achtzigjährigen Franzosen, einem alten Karlsakademieschüler genossen, der sich, wenn er einen Pas vormachte, an einem Strick halten mußte, welcher aus einem an der Decke befestigten Kloben herabhing; [...] Ich erlebte später, als ich den ersten größeren Ball besuchte, ein ganzes Drama innerer Bangigkeiten

und Spannungen."²² Freunde ermöglichen gesellschaftlichen Umgang in kleinem Kreis. Vischer lernt noch den Dichter Adelbert von Chamisso und den Kunst- und Kulturhistoriker Franz Theodor Kugler kennen. Der Philosophie galt schon in Göttingen sein Hauptinteresse, „alle Kraft und Zeit sollte schlechtweg der Erforschung des Welträtsels gewidmet sein, ja mir schien, man sei nicht mündig, z. B. nicht berechtigt, zu heiraten, solange man sich nicht wenigstens das Dunkel der Frage über Freiheit und Notwendigkeit gelöst habe"²³.
Von Berlin aus geht er nach Dresden. Dort hört er zu, wie Ludwig Tieck *Faust* und *Macbeth* vorliest. Er besucht die Gemäldesammlung. Die berühmten Perlen der Galerie verfehlen nicht „ihren tiefen Eindruck". In seiner Stuttgarter Wohnung in der Keplerstrasse 34 wird später eine Reproduktion der *Dresdner Madonna* von Raffael hängen. Über Prag und Wien geht er nach München. In der neuen Residenz findet er Schnorr von Carolsfeld mit den Nibelungenbildern beschäftigt, spricht ihn an, und erhält „freundlichen Aufschluß über seine Intentionen, die Glyptothek stand und die Wandbilder von Cornelius schmückten bereits die bekannten Säle"²⁴.
Nach der Rückkehr von der Reise tritt er sein Amt als Repetent am Stift in Tübingen an. Er liest nun über Ästhetik, wobei er beklagt, daß die „konkrete Kunstlehre" noch mager ausfiel, da vor allem Bildmaterial fehlte. 1835 habilitiert er sich mit der Schrift *Über das Erhabene und Komische* und wird Privatdozent, schließlich 1837 zum außerordentlichen Professor für Ästhetik und Literaturgeschichte berufen. Im Sommersemester 1838 hält er ein Kolleg über die Nibelungen. Dort rühmt er die Dichtung und empfiehlt „die Nibelungensage als Text zu einer heroischen Oper"²⁵. Der Stoff sprudele nur so von musikalischen Motiven, schreibt er 1844 im Vorwort zur Publikation der *Kritischen Gänge*, und fährt fort: „Ob unsere Zeit einen Komponisten für einen solchen Stoff hat, ist eine andere Frage." Wie dann Wagner sich dieses Stoffes bemächtigt hat, ist gleichfalls „eine andere Frage." Vischer hatte selbst den Versuch einer dramatischen Gliederung unternommen, auch dabei die Schwierigkeiten gesehen, „einen ungeheuren Stoff zu bewältigen. […] Ein Geübterer als ich würde vielleicht dennoch Rat wissen. Sollte aber nicht zu helfen sein – und ich zweifle selbst daran –, so wäre es gar nicht untunlich, die Oper in zwei Teile zu trennen und diese an zwei aufeinanderfolgenden Abenden aufzuführen. […] Rat würde gewiß auf diesem oder anderen Wege werden; hätten wir nur erst die Hauptsache, den Komponisten." Daß Wagner Vischers ausgearbeiteten Vorschlag gekannt hat, nimmt Adorno als gesichert an. Daß Vischer

wiederum die Adaption des Nibelungen-Stoffes durch Wagner skeptisch aufgenommen hat, dafür gibt es Anzeichen – nicht zuletzt in seiner Pfahldorfgeschichte in seinem Roman *Auch Einer*.[26]
1839 tritt Vischer eine Reise nach Italien und Griechenland an – wie Semper einige Jahre vor ihm. Für ein halbes Jahr ist er beurlaubt, aber erst nach einem Jahr kehrt er zurück. Noch im Alter spricht er vom großen Gewinn dieser Reise. Um so enger wird es ihm in Tübingen. Er stolpert über „Misthaufen", schimpft über das Neckartal. „Man setze Shakespeare nach Tübingen, nehme ihm jeden Spaß, Weib, Kind, Theater, Londons schöne Frauen und lustige Kameraden, so habe er ausgesungen!"[27] Das Jahr 1844 bringt schließlich das Ordinariat und gleichzeitig den Skandal, den seine Antrittsvorlesung vor allem bei den Pietisten hervorruft. Die Hetze gegen ihn führt zu einer zweijährigen Beurlaubung. Daß er sein Gehalt weiter bekommt, gibt noch mehr Anlaß zum Streit.
Weitere Aufregungen bringen dann die politischen Ereignisse im Jahr 1848. Vischer bleibt nicht unbeteiligt. Er verfaßt Artikel und Flugblätter. „Wohl war es redliche Begeisterung", schreibt er später, „daß ich um die Wahl zum Reichstagsmitglied mich eifrig bewarb; aber es stak doch viel Ehrgeiz dahinter, genährt durch den Beifall, den für viel Pathos und wenig Vernunft meine Reden auf Volksversammlungen gefunden hatten."[28] Er kandidiert für den Wahlkreis Reutlingen und gewinnt die Wahl. Als ihm dort die Bürgerwehrfahne vorgeführt wird, „beichtet" er später, „daß in meiner Apostrophe die großen Worte vorkamen: ‚wenn du einst von Kugeln ehrenvoll zerfetzt sein wirst usw.' (Stürmischer Beifall)". Den Ehrgeiz habe er allerdings in Frankfurt gründlich abgebüßt, ein „Marterjahr" sei es gewesen. Er setzt sich für die Aufhebung aller Standesunterschiede ein und für die entschiedene Trennung von Staat und Kirche. Die Republik war sein politisches Ziel, als Übergang allerdings schien ihm eine konstitutionelle Monarchie akzeptabel. Parteienstreit und auch die äußeren Verhältnisse, die Paulskirche, die Stadt, die Frankfurter, alles hat ihn zermürbt, als er im Juni 1849 mit dem Rumpfparlament nach Stuttgart geht – wo sich das Parlament auflöst. „Und nun senkte sich das breite Blei der langen, stumpfen Reaktion auf Deutschland", schreibt er, „stille Arbeit war einzige Zuflucht."[29] Doch er zieht sich noch nicht völlig aus der Politik zurück, neben der Hauptarbeit an der *Ästhetik* verfaßt er weiterhin Artikel, schreibt einen Aufsatz *Die Religion und die Revolution*, in dem er die „Koalition der Reaktion mit der überlebten Kirche" heftig kritisiert. Noch 1855 wird sein Name in den *Anzeiger für die politische Polizei Deutschlands* auf die Zeit vom „1. Januar 1848 bis zur Gegenwart

gesetzt, eine Liste von Hochverrätern, gefährlichen Subjekten und Anrüchigen."[30]
Tübingen war ihm endgültig verleidet, auch hatte er immer noch das „Unrecht der Suspension" nicht verwunden. „Endlich kam der Tag der Ehrenrettung" mit dem Ruf an das Polytechnikum und die Hochschule in Zürich. Er wird dort elf Jahre bleiben, bis zu seiner Rückkehr nach Tübingen und Stuttgart. In seiner Biographie schreibt er über diese Zeit: „Ich bin elf Jahre in der Schweiz gewesen. Ich habe gastliche Aufnahme gefunden, bleibende Bande der Freundschaft geschlossen, ich bin von den Behörden in durchaus nobler Weise behandelt worden. Ich muß der Schweiz bezeugen, daß ich trotz dem gefährlichen Fortschreiten des Geldgeistes, dem ich zugesehen, im allgemeinen eine gewisse Ungebrochenheit der Charaktere dort gefunden habe, wie sie nur eine gesunde Republik erzeugt."[31]
In Zürich findet er geselligen Anschluß, auch im Kreis der Kollegen. Eine besondere Freundschaft und Wertschätzung verbindet ihn mit Gottfried Keller.

Gottfried Keller – Rückkehr aus Illusionen
Gottfried Keller, zwölf Jahre jünger als Vischer, war 1840 mit einundzwanzig Jahren nach München aufgebrochen, um Landschaftsmaler zu werden. Ein annähernd zutreffendes Bild von seinen Anstrengungen und Nöten bei diesem Bemühen gewinnen wir aus seinem Roman *Der Grüne Heinrich*. Adolf Muschg hat das Buch zu Kellers Leben und der Situation der Zeit in München in Beziehung gesetzt und dabei die sozialen, kulturellen und ökonomischen Zusammenhänge herausgearbeitet.[32]
Hier also versucht Keller Fuß zu fassen, aber für das Studium vor der Natur, für „Reisen ins Grüne", fehlt oft genug das Geld. So malt er nach der Erinnerung Schweizer Landschaften. Auch die Münchner Malerfürsten Cornelius und Kaulbach bieten ihm keine Anregung. Seine Malerfreunde stellen sich geschickter als er auf gängige Marktware ein, oder heiraten reich und geben das Malen auf und handeln mit Kunst. Resignierend strichelt Heinrich auf einem grauen Karton an zwei angefangenen Baumruinen weiter, „um nur etwas zu tun". „An diese Kritzelei setzte sich nach und nach ein unendliches Gewebe von Federstrichen, welches ich jeden Tag in verlorenem Hinbrüten weiterspann, so oft ich zur Arbeit anheben wollte, bis das Unwesen wie ein ungeheures graues Spinnennetz den größten Teil der Fläche bedeckte. Betrachtete man jedoch das Wirrsal genauer, so entdeckte man den löblichsten Zusammenhang und Fleiß darin, indem es in einem fortgesetzten Zuge von Federstrichen und Krümmungen, wel-

che vielleicht Tausende von Ellen ausmachten, ein Labyrinth bildete, das vom Anfangspunkte bis zum Ende zu verfolgen war. […] Nur hier und da zeigten sich kleinere und größere Stockungen, gewisse Verknotungen in den Irrgängen meiner zerstreuten gramseligen Seele, und die sorgsame Art, wie die Feder sich aus der Verlegenheit zu ziehen gesucht, bewies, wie das träumende Bewußtsein in dem Netze gefangen war."
Da besuchen ihn die eben glücklich verheirateten Künstlerfreunde. Erikson – so heißt einer der Malerfreunde des *Grünen Heinrich* –, entdeckt die Arbeit auf der Staffelei und holt zu folgendem Kommentar aus, der sich so oder so ähnlich, als Beispiel für Reden über Kunst überhaupt lesen läßt: „Du hast, grüner Heinrich, mit diesem bedeutenden Werke eine neue Phase angetreten und begonnen, ein Problem zu lösen, welches von größtem Einflusse auf die deutsche Kunstentwicklung sein kann. […] Du hast dich kurz entschlossen und alles Gegenständliche, schnöd Inhaltliche hinausgeworfen! Diese fleißigen Schraffierungen an sich, in der vollkommenen Freiheit des Schönen schwebend; dies ist der Fleiß, die Zweckmäßigkeit, die Klarheit an sich in der reizendsten Abstraktion! Und diese Verknotungen, aus denen du dich auf so treffliche Weise gezogen hast, sind sie nicht der triumphierende Beweis, wie Logik und Kunstgerechtigkeit erst im Wesenlosen ihre schönsten Siege feiern, im Nichts sich Leidenschaften und Verfinsterungen gebären und sie glänzend überwinden? Aus nichts hat Gott die Welt geschaffen! Sie ist ein kranker Abszeß dieses Nichtses, ein Abfall Gottes von sich selbst. Das Schöne, das Poetische, das Göttliche besteht eben darin, daß wir uns aus diesem materiellen Geschwür wieder ins Nichts resorbieren, nur dies kann eine Kunst sein, aber auch eine rechte!" Damit nicht genug. Der Malerfreund Erikson empfiehlt dem Maler Konsequenz. Die Striche sollen kein „materielles Muster bilden, welches an Tapeten oder gedruckten Kattun erinnert. Fort damit! Fange oben an der Ecke an und setze einzeln nebeneinander Strich für Strich, eine Zeile unter die andere; von zehn zu zehn mache durch einen verlängerten Strich eine Unterabteilung, von hundert zu hundert eine Oberabteilung, von tausend zu tausend einen Abschluß durch einen dicken Sparren oder Sperling. Solches Dezimalsystem ist vollkommene Zweckmäßigkeit und Logik, das Hinsetzen der einzelnen Striche aber der in vollendeter Tendenzfreiheit, in reinem Dasein sich ergehende Fleiß."
Und er geht noch weiter: Zugleich werde nämlich dadurch „ein höherer Zweck erreicht", die Produktion werde vom Können unabhängig. „Das Können aber ist von zu leibhafter Schwere und verursacht tausend Trübungen und Ungleichheiten zwischen den Wollenden; es ruft die tenden-

ziöse Kritik hervor und steht der reinen Absicht fort und fort feindlich entgegen." In dieser Form vom Können befreiter Produktion liege auch die Zukunft des modernen Epos. „Eine goldschnitt-heitere ewige Gleichheit herrscht zwischen der Brüderschaft der Wollenden. Mühelos und ohne Kummer teilen sie einige tausend Zeilen in Gesänge und Strophen ab, und wer kann ermessen, wie nahe die Zeit ist, wo auch die Dichtung die zu schweren Wortzeilen wegwirft, zu jenem Dezimalsystem der leichtbeschwingten Striche greift und mit der bildenden Kunst in einer identischen äußeren Form sich vermählt? [...] Ein zusammengesetzter Senat geprüfter Buchbinder und Rahmenvergolder würde in wöchentlichen olympischen Spielen die Würde des Prachteinbandes und des goldenen Rahmens erteilen." Alles, so scheint es, hat sich in Zahl, in Quantität und in den goldenen Schein der Oberflächen verwandelt. Aber Kellers satirischer Kunstkritiker, der sich von der Kunst verabschiedet hat und sich anschickt, sich „eines wohlangewandten Lebens zu befleißen", beendet diese Künstlerkarriere des grünen Heinrich, indem er mit der Faust „die große Spinnwebe", das Bild, durchstößt.[33]

1842 kehrt Keller nach Zürich zurück, schreibt, veröffentlicht Gedichte, ist beeindruckt von Herwegh und nimmt Anteil an der politischen Entwicklung der Schweiz. Er erhält 1848 ein Reisestipendium und geht zunächst nach Heidelberg. Neben einer Reihe von wichtigen Erfahrungen ist er vor allem von der Begegnung mit Ludwig Feuerbach beeindruckt und von dessen Vorlesungen über das Wesen der Religion nachhaltig beeinflußt. Auch die revolutionären Ereignisse der badischen Aufstände bleiben nicht ohne Wirkung. Nach Hause berichtet er jedoch darüber in merkwürdig trockenem Ton: „Sie schossen in unsere Gassen herein, über zweitausend Schritt weit, und ein Soldat fiel tot um, nicht weit von mir, auf der Brücke. Hierauf fanden wir, die nichts da zu tun hatten, für gut, uns ein wenig zurückzuziehen."[34]

Im April 1850 kommt Keller in Berlin an, ein Jahr war geplant, es sind beinahe sechs Jahre geworden. „Das breite Blei der langen, stumpfen Reaktion" hatte sich „auf Deutschland gesenkt, stille Arbeit war einzige Zuflucht", so hatte Vischer die Situation nach 1848/1849 beschrieben. Das galt besonders auch für Berlin. Und Keller arbeitet. Er arbeitet an der ersten Fassung des *Grünen Heinrich* (beendet 1855), veröffentlicht Gedichte, macht Notizen zu *Die Leute von Seldwyla*. Am geselligen Leben der Stadt nimmt er nur sporadisch teil, gelegentlich ist er im Haus des Verlegers Duncker, bei Karl August Varnhagen von Ense und dessen Nichte Ludmilla Assing. Er geht häufig ins Theater, sein lebenslang gehegter Plan, auch als dramatischer Dichter erfolgreich zu sein, wird allerdings nicht in Erfüllung gehen. 1855 kehrt er nach Zürich zurück.

Zürich: Wartesaal, Post- und Reisestationen

Wartesaal
Aus dem Exil wieder dorthin zurück, von wo man herkam, dieses Ziel hatten und haben vermutlich nicht wenige der Emigranten. Das galt auch, wenigstens in der Anfangszeit, für Gottfried Semper und Richard Wagner. Beide waren steckbrieflich gesucht, standen in der Schweiz noch unter geheimpolizeilicher Beobachtung. Trotz „der gastlichen Aufnahme", des geselligen und freundschaftlichen Verkehrs und der „noblen Behandlung durch die Behörden" fühlt sich Friedrich Theodor Vischer in der Schweiz als Fremder, und auch sein nationales politisches Engagement an den Verhältnissen in Deutschland zieht ihn zurück. Dennoch wird ihm dann der Rückgang nach Tübingen nicht leicht fallen. Er habe, so schreibt er rückblickend, „in einer großen, wohlhabenden, aufblühenden, von allen Nationen besuchten Stadt" gelebt und um sich her „die schweizerische Reinlichkeit". Mit seiner „Abneigung gegen Rückkehr in jene Zustände" ist die kleinbürgerliche, ärmliche und bäuerliche Enge Tübingens gemeint. Als ihm aber zugesichert wird, auch am Polytechnikum der Hauptstadt Stuttgart im Wechsel mit Tübingen lehren zu können, fällt die Entscheidung. Auch weil er darin ein Stück des Willens sieht, „ein altes Unrecht gut zu machen, den letzten Akt zu der Geschichte meiner Suspension zu fügen"[35]. Die Entscheidung wäre ihm leichter gefallen, wenn ihm der Minister zugesichert hätte, daß die Eisenbahn von Tübingen nach Stuttgart gebaut, oder aber die Universität von Tübingen in die Hauptstadt Stuttgart verlegt worden wäre. Und Vischer wäre nicht Vischer, wenn sich nicht sogleich neue Probleme aufgetan hätten: das Hin und Her zwischen Tübingen und Stuttgart; das Problem *Polytechnikum* (Stuttgart) versus *Universität* (Tübingen) verschärft sich noch, als er einen Ruf ans Polytechnikum in München erhält. Nach einem „Halbjahr in einem furchtbarschweren inneren Kampfe" entscheidet er sich schließlich für Stuttgart, trotz des „ungleich größeren Wirkungskreises in einer Stadt, wo Hochschule und Polytechnikum sich vereinigt befinden, die reichen Kunstsammlungen, die Künstler, die Ateliers, kurz eine ungleich weitere, weltmäßig offenere Existenz" böten. Hätte Vischer den Ruf nach München angenommen, so wären ihm dort in der Auseinandersetzung

um das Festspielhaus wiederum Semper und Wagner begegnet. Bis zu seinem achtzigsten Geburtstag lehrt er dann mit weit über die schwäbische Metropole hinausreichendem Echo in Stuttgart.

Man möchte sich vorstellen, ob und wie in Zürich Vischer, Semper und Keller beim abendlichen Kneipen über ihre weiterreichenden Projekte und Pläne diskutierten. Semper hatte die Hoffnung, nach Dresden zurückkehren zu können, längst aufgegeben. Erst 1863, als er an Entwürfen für eine Kunsthalle in Hamburg arbeitete und die Auskunft erhalten hatte, daß sein Steckbrief aufgehoben sei, konnte er auch wieder nach und in Deutschland reisen. Zum Beispiel nach München, um mit Ludwig II. über dessen Auftrag zum Bau eines Wagner-Festspielhauses zu verhandeln. Erst als er mit dem Wiederaufbau des Dresdner Hoftheaters – sein erster Bau war 1869 abgebrannt – auf Grund des energischen Votums der Dresdner Bürgerschaft gegen die Pläne der Regierung beauftragt war, sah er Dresden wieder, über zwanzig Jahre nach seiner Flucht. Zürich verläßt er dann doch noch und geht 1871 nach Wien. Inzwischen ist er 68 Jahre alt.

Post- und Reisestationen
Für Gottfried Semper war seine große Reise (1830 bis 1833) in die Antike des Südens nicht eine Bildungsreise im Sinne der Grand Tour gewesen, sondern sie eröffnete ihm ein, sein weiteres Werk nachhaltig bestimmendes Forschungsfeld für seine Studien zur Polychromie und Archäologie. Durch Südfrankreich (Orange, Nîmes, Arles, Marseille) nach Genua, von dort nach Florenz (über Pisa, Livorno, Lucca, Siena). Er studiert die Palazzi der Renaissance, in Rom dann im Vergleich mit der Architektur der Antike und in Pompeji die Farbe. Über Paestum und Neapel geht die Reise nach Sizilien (Messina, Catania, Syrakus, Agrigent, Selinunt, Segesta, Palermo) und dann nach Griechenland (Peleponnes, Athen; Korfu). Die Rückreise führt ihn u. a. über Rom nach Tarquinia zu den etruskischen Monumenten, dann Orvieto, Florenz, Bologna, Verona, Vicenza, Venedig.

Vischers große Bildungsreise brachte ihn (1839/1840) gleichfalls nach Italien, Sizilien bis nach Griechenland. Er wird danach noch weitere acht Reisen nach Italien unternehmen, schließlich, 1887, unterwegs dahin, wird es seine letzte Reise. Er stirbt in Gmunden. Die große Reise von 1839/1840 bringt ihn über Bregenz, den Gardasee und Verona nach Venedig. Er bleibt dort drei Wochen, besucht Kirchen und Galerien, badet im Meer, fährt weiter über Padua nach Bologna. Von dort aus macht er einen

Abstecher nach Ravenna, dann weiter nach Mailand. Danach nach Genua und von dort mit dem Schiff nach Livorno, dann weiter über Siena, Assissi und dann: „Hinab nach Rom! Hinab nach Rom! / Hin nach den sieben Hügeln, / Zur Wunderstadt am Tiberstrom / Hinab auf Schwalbenflügeln!" Ein halbes Jahr verbringt er in Rom, fleißig betrachtend, schauend und genießend, wütend über die Tierquälerei, furchtlos gegenüber Spitzbuben und deren Bedrohung, aber auch nicht frei von Ärger und Unfällen. Paß und Kreditbrief gingen verloren, wurden aber wieder gefunden; „steige ich in eine Chaise, so hockt heilig ein Pfaffe drin", und in Neapel kippt der Einspänner um. Von Neapel aus nach Sizilien. Das Schiff gerät in heftigen Sturm. „Ich war so glücklich nicht seekrank zu werden, also das große, einzige Schauspiel mit klaren Sinnen betrachten zu können. Als ich mich endlich in meine Koje niedergelegt, war mir beschieden, noch einmal Prediger zu werden. Ein Kapuziner jammerte und weinte so unerträglich, daß ich ihm vorhalten mußte, ob denn er, der vom täglichen Sterben täglich sich und anderen vorpredige, sich nicht schäme vor mir, dem Weltmenschen, den er ganz ruhig sehe? Natürlich blieb meine Erbauungsrede ohne Erfolg."[36] Die Reise auf Eseln durch Sizilien, bei schlechtem Wetter auf schlammigen Wegen, ist beschwerlich. Über Agrigent gelangt er nach Syrakus. Von dort aus mit dem Schiff über Malta nach Griechenland. Auf der Überfahrt versucht ein „schöner, bleicher, schlanker, junger Mönch" ihn zum Katholizismus zu bekehren. Auch später sah er ihn noch vor sich, „wie er, da ich ihm alle Hoffnung genommen, im Mondschein die Arme erhebt und seufzend ausruft: mi fa dolore, perchè avrei tanto desiderio, di rivedervi nel paradiso!" Auch in Griechenland bleibt er vor manchem Unbill nicht verschont. Am 14. Juni 1840 besteigt er in Patras das Dampfschiff, das ihn nach Triest bringt. Von dort geht es auf Umwegen zurück. Er wüßte gar nicht, schreibt er in *Mein Lebensgang*, „wer der ist, der noch übrig bleibt, wenn ich es vermöchte, von mir auszuscheiden, was ich dieser Reise verdanke"[37]. Mehrfach hat er seine Reiseerfahrungen beschrieben. Und sein Roman *Auch Einer* trägt nicht zufällig den Untertitel *Eine Reisebekanntschaft*. Dort finden sich auch Bemerkungen, die das ambivalente Verhältnis zum Reisen anschaulich machen: „Reisen ist Schund. Reisen heißt, sich über grobe und spitzbübische Menschen ärgern […]. Reisen heißt in dummen Betten schlafen (Italien ausgenommen) […]. Reisen heißt ewig packen müssen […]. Dennoch muß man reisen, denn der Schund stärkt den Charakter. Und übrigens nachher vergißt man all die Noth und eine Welt neuer Anschauungen […] bleibt."[38] Stets begleiten ihn Tücken der Welt im Kleinen, aber auch die Freuden und der Gewinn über „neue Anschauungen". Jedoch: „Wer kann Schönes fühlen, wenn ihn ein Hühnerauge brennt?" Unsicherheit und Selbstzweifel sind bei aller Entschiedenheit des Urteils hypochondrisch verbunden. Trotz aller Mißlichkeiten ist Vischer auf Reisen, um Architektur und Kunst, Land, Leute und ihre Kultur kennen zu lernen, vor Ort sich ein Bild zu machen und zu studieren. Diese Erfahrungen bilden das Material, aus dem er Vorlesungen, Publikationen und Reflexionen in seinen kunst- und kulturkritischen Gängen schöpft.

Gottfried Keller dagegen ist seßhaft; abgesehen von seinen Reisen zu den Studienaufenthalten in Heidelberg und Berlin, bleibt er in Zürich und der näheren Umgebung; nicht einmal die Schweiz bereist er weiter. „Wer es haben kann", notiert er einmal, „der gehe auch sein Jahr nach Italien, wer's aber nicht haben kann, der halte sich darum nicht für einen unglückseligen Tropf, sondern mache sich Haus und Garten zu seinem Morgen- und Abendland."

Eine Reise, nicht aus Bildungs- oder Forschungsinteresse, sondern als Flucht vor Gläubigern und doch nicht ohne Anregung für eines seiner Werke, hatte Richard Wagner 1839 mit seiner Frau Minna von Riga aus über die russische Grenze, an Königsberg vorbei nach Pillau angetreten. Dort gingen sie an Bord eines „Kaufmannsschiffes von kleinster Gattung", das sie über Kopenhagen in die „stürmische Nordsee", schließlich nach London bringt, wo sie „nach mehr als dreiwöchiger schrecklicher Seefahrt zum ersten Male wieder den Fuß auf festes Land setzten". Diese abenteuerliche Reise beschreibt Wagner auf mehreren Seiten mit all ihren Schrecken ausführlich.[39] Er schildert auch, wie der Schiffsruf der Mannschaft einmal „sich bald zu dem Thema des Matrosen-Liedes" in seinem *Fliegenden Holländer* gestaltete, dessen Idee er damals schon mit sich herumgetragen habe, „und die nun unter den soeben gewonnenen Eindrücken eine bestimmte poetisch-musikalische Farbe gewann"[40].

Wagner reist viel aus unterschiedlichen Gründen. Mal sind es Konzertreisen, Reisen zu Aufführungen seiner Werke, zu Verhandlungen wegen der Aufführungen und der Verträge, mal zur Kur, mal ist es wieder die Flucht vor Gläubigern, mal die Flucht bei Komplikationen mit Frauen oder deren Männern. Vom Beginn seiner Laufbahn als Chordirektor in Würzburg bis zu seinem Einzug im *Haus Wahnfried* in Bayreuth 1873 ist er unterwegs. Seine letzte Reise führt ihn noch einmal nach Venedig. Bereits ein stichwortartiger Überblick über Stationen seines Lebens und seiner Reisen ist heute noch schwindelerregend. Wagner, so der Eindruck, ist ständig unterwegs in Europa.

Wenn wir uns vorzustellen versuchen, unter welchen Bedingungen das Unterwegssein in der zweiten Hälfte des 19. Jahrhunderts noch vonstatten ging, erscheint dieses Reisen noch erstaunlicher. Weite Wege wurden fast selbstverständlich zu Fuß bewältigt, nicht nur um zu wandern – in den Bergen wie Wagner oder Vischer –, viele Strecken wurden zu Pferd oder auf Eseln zurückgelegt, in Wagen unterschiedlichsten Komforts, mit Leiter- und Gepäckwagen, in Kutschen, Postwagen, in der Diligence, einer geschlossenen Eilpostkutsche mit besonders leichtem Chassis, meist mit vier Pferden bespannt, in Postbussen und, soweit es schon Bahnstrecken gab, in der Eisenbahn. Auch dies war nicht immer bequem, wie zahlreiche Berichte und Bilder aus der Zeit belegen. Natürlich gab es besonders für Vischer – es kann nicht anders sein – genügend Anlässe zur Kritik. Über ungewollte und zufällige, angenehme und unangenehme Begegnungen im Abteil läßt er sich aus. Über eine ganz besondere Befindlichkeit im Eisenbahnabteil schreibt er einen Artikel: *Über Podoböotismus oder Fußflegelei auf der Eisenbahn. Ein Seufzer an die Verwaltung* im November 1879 im *Stuttgarter Neuen Tagblatt* unter dem Pseudonym Philonomos.
Als kennzeichnend für die Veränderungen im Landschaftsbild durch die Eisenbahn gelten gemeinhin zwei Bilder: *Regen, Dampf und Geschwindigkeit* von William Turner und Adolph Menzels: *Berlin-Potsdamer Eisenbahn*, das erste von 1844, das zweite von 1847. Was in beiden Bildern der Blick von außen, aus der Distanz, vor Augen führt, zeigen andere Bilder als Blick ins Innere des Abteils. Auch Karikatur und Satire bemächtigen sich von Anfang an dieses Themas. „Ins Innere der Wagen drang die beobachtende Neugier in der zweiten Hälfte des 19. Jahrhunderts vor, als das Zugfahren üblich wurde," bemerkt Günter Metken.[41] Und weit ausholend stellt Wolfgang Schivelbusch *Die Geschichte der Eisenbahnreise* dar.[42]
Reisen in der zweiten Hälfte des 19. Jahrhunderts ist Abenteuer und Geduldsprobe. An welcher Zeit orientiert sich der Reisende für Abfahrt und Ankunft? Erst 1893 wurde im Zuge des Übergangs von Ortszeiten und Eisenbahnzeiten auf Zonenzeiten im Deutschen Reich gesetzlich eine einheitliche Zeit eingeführt. Nach welcher Zeit waren also Fahrpläne, soweit sie überhaupt verfügbar waren, zuvor in den jeweiligen Regionen ausgerichtet? Zudem gibt es ein Durcheinander von alten und neuen Verkehrsmitteln.[43] Gerade in der zweiten Hälfte des 19. Jahrhunderts veränderten sich technische Wege und Verkehrsformen der Kommunikation grundsätzlich. Knapp zehn Jahre, nachdem Keller den Maler Erikson dem Grünen Heinrich die Empfehlung hatte geben lassen, künftig seine Kunstproduktion auf Ordnungssysteme der horizontal und

vertikal angeordneten Dezimalzahlen umzustellen, erfand Charles Babbage 1864 Lochkarten für Rechenmaschinen. Sie bestanden aus senkrecht angeordneten Zahlenkolonnen. In kleinen Kreisen standen Zahlen von 1 bis 9, die je nach Information gelocht werden konnten. Und noch einmal zwanzig Jahre später, noch zu Lebzeiten Gottfried Kellers, stellte Hermann Hollerith (1886) seine elektrische Lochkartenapparatur vor. Ihren ersten Einsatz hatte sie bei der Volkszählung in den Vereinigten Staaten von 1890. Die Zählung von 1880 war 1887 noch immer nicht ausgewertet – Anlaß für die neuerliche Zählung und den Einsatz der Hollerithschen Maschine. Informationsträger waren die an entsprechenden Stellen eingestanzten Löcher in den Zählkarten als Ja/Nein-Entscheidungen.[44] Über das Problem der Zuverlässigkeit von Apparaten zum Stanzen der Löcher bei Wahlkarten hat die Welt 2001 bei den Wahlen des US-amerikanischen Präsidenten einigen Aufschluß erhalten.

Elektrische Impulse zerlegen analoges Sprechen und Schreiben in der zweiten Hälfte dieses 19. Jahrhunderts. Telegrafie und Telefon überbrücken Entfernung und verändern Kommunikation. 1851/1852 entwirft Semper einen Telegrafenkiosk für die Electric Telegraph Company für die Regent Street in London als Modell. Die Verlagerung der Telegrafie in die Postämter löste dann das Problem von selbst. Dennoch, die Korrespondenz mit Feder und Papier schafft immer noch ein dichtes Netz des Gedankenaustauschs.

Man läßt sich fotografieren. Die Welt der Bilder war schon in Bewegung geraten. Marey und Muybridge hatten Bewegungen zerlegt, im Film wurden sie wieder zusammengesetzt zu neuen Erfahrungen der Realität durch Technik, Kunst und Künstlichkeit.

2 Ästhetische Projektions- und Denkräume

Denkraum

In der Zürcher Zeit arbeiten Semper, Vischer und Wagner ihre grundlegenden Schriften zur Ästhetik weiter aus und bringen sie zum Abschluß. Dieser Zürcher räumliche Knotenpunkt sei hier versuchsweise als Denkraum bezeichnet. Der Begriff ist einem kunstwissenschaftlichen Kontext entnommen, den Aby Warburg zu Beginn des 20. Jahrhunderts umrissen hat.[1] Welchen Bedeutungsrahmen transportiert er? Denkraum, der Begriff ist eingebettet in ein Spannungsfeld zwischen Magie und Logos. Mit Magie und Logos ist ein Feld angesprochen, das Gestaltung überhaupt sowohl auf der Seite der Hervorbringung ästhetischer Objekte – ob Architektur, Kunst, Literatur oder Musik –, als auch auf der Seite ihrer Rezeption, ihrer Wahrnehmung und ihres Gebrauchs, zentral betrifft. Logik, so hatte es Warburg gefaßt, schaffe den Denkraum zwischen Mensch und Objekt, durch begrifflich „sondernde Bezeichnung", und Magie zerstöre diesen Denkraum wieder durch ideelle oder praktische Verknüpfung von Mensch und Objekt. Die Verflechtung von Magie und Logos, von empfindungsgeladenem Projektionsraum und dem auf Besonnenheit und Distanz ausgerichteten Denkraum, dient hier als Hintergrund, den es noch ein Stück weit auszudifferenzieren gilt. Magie ist auf Distanzlosigkeit zwischen Magier, beziehungsweise zwischen magischem Objekt und den Rezipienten angewiesen - im Unterschied zum Zauberer, zum Artisten. Magie äußert sich auf beiden Seiten im Ritual. Dem Ritual ist Distanzlosigkeit eigen. Magie und Ritual sind in der Regel an die Präsenz und an die Präsentation besonderer Objekte gebunden, denen durch besondere materielle Erscheinungen in Ritualen und Zeremonien besondere Wirkungen zugesprochen werden und an deren Eintreten geglaubt wird. Das Immaterielle ist virtuell – der Möglichkeit nach – mit der Präsenz eines Materiellen, sinnlich Erscheinenden, Wahrnehmbaren verbunden, eines Materiellen, das berührt, betrachtet werden kann. So kann von der Magie der Materialität gesprochen werden. Magie ist auf Unausweichlichkeit gerichtet, auf Überwältigung, auf irreversible Verwandlung. Ein Magier lacht nicht. Magie bedarf des Rituals und des Kults, um Wirkung zu zeigen. Magie will kein ästhetisches Verhalten zum Objekt dulden, denn ästhetische Distanz kann Magie ihrer Wirkung entheben. Das Umschlagen magischer Rituale ins Triviale, Alltägliche, Komische und die damit einhergehende Verflachung ist naheliegend. Aus dem Bereich der Gestaltung gibt es Beispiele, die - mit der Tendenz zum Absoluten, zum Gesamtkunstwerk ausgestattet - vom Ästhetischen in die Zwänge des Rituals, ja des Magischen hinüberspielen. Kultbilder sind in einem virtuellen Rauschen präsent, wobei ihre Materialität und nicht primär ihre Formalität von Belang ist. Sie bilden sozusagen das ästhetische Rauschen. Und sie haben die Eigenschaft zu blenden, kritische Wahrnehmung abzublenden. Die Kultbilder der Konsumgesellschaft blenden, machen blind.

Der Begriff Logos formuliert, im Anschluß an Aby Warburg gesagt, den auf Besonnenheit und Distanz ausgerichteten Denkraum, also jenen Bereich, in dem das Subjekt zwischen sich und dem Objekt Distanz schafft, nicht zuletzt durch begrifflich sondernde Bezeichnung, also auch durch differenzierende Wahrnehmung, Beobachtung und Betrachtung. Magie und Logos bilden also die Pole von Projektionsraum und Denkraum, innerhalb derer ästhetische Aktivität realisiert und in denen ästhetische Erfahrung möglich wird. Beide, ästhetische Aktivität wie ästhetische Erfahrung, stellen Ansprüche an das Subjekt, diese Spannung zwischen der Bindung an Materialität und Formalität einerseits und dem Distanz nehmenden Betrachten andererseits, als Gestalt schaffendem Akt des vorstellenden Bewußtseins auszuhalten und darin zu handeln. Damit ist ein theoretischer Hintergrund beschrieben, vor dem ästhetische „Projektions- und Denkräume" von Keller, Wagner und Vischer konkretisiert werden können.

Gottfried Keller

Keller entwirft in seinem Werk eine Welt von Dingen und Lebewesen, die für den Leser Bilder aufrufen, seine Vorstellungskraft anregen und in einem Gedankenraum hervortreten lassen, in dem die Dinge und Figuren zwischen Magie und Logos oszillieren.

So beschreibt er im *Grünen Heinrich,* wie der junge Heinrich sich in seiner Kammer eine Wunderkammer im Kleinen schafft. Zunächst legt er sich eine Art Mineraliensammlung an. „Glänzende und farbige Mineralien, Glimmer, Quarze und solche Steine, welche mir durch ihre abweichende Form auffielen. Glänzende Schlacken aus Hüttenwerken", die er

für wertvoll hält, wie auch Marmorabfälle und „halb durchsichtige Alabasterschnörkel, welche überdies noch eine antiquarische Glorie durchdrang". Dafür fertigt er kleine Behältnisse und „legt ihnen wunderlich beschriftete Zettel bei". Er freut sich am Glanz der Bruchstücke und hüllt sie sorgsam in Baumwolle. Im Vergleich mit Sammlungen der anderen Knaben, erscheinen ihm seine Fundstücke eines Tages wertlos und er versenkt sie im Fluß. Der zweite Versuch mit Schmetterlingen, Raupen und Käfern scheitert daran, daß die Zucht aus Mangel an Kenntnis der Freßgewohnheiten keinen Erfolg bringt. „Die lebendigen Schmetterlinge aber, welche ich fing, wie die glänzenden Käfer, machten mir saure Mühe mit dem Töten und dem Unversehrt erhalten; denn die zarten Tiere behaupteten eine zähe Lebenskraft in meinen mörderischen Händen, und bis sie endlich leblos waren, fanden sich Duft und Farbe zerstört und verloren, und es ragte auf meinen Nadeln eine zerfetzte Gesellschaft erbarmungswürdiger Märtyrer."
Nun geht er daran, eine „Menagerie" anzulegen. Er baut Käfige. „Eine Maus, ein junges Kaninchen, einige Sperlinge, eine Blindschleiche, eine größere Schlange, mehrere Eidechsen verschiedener Farbe und Größe; ein mächtiger Hirschkäfer mit vielen anderen Käfern schmachteten bald in den Behältern, welche ordentlich aufeinander getürmt waren. Mehrere große Spinnen versahen in Wahrheit die Stelle der wilden Tiger für mich, da ich sie entsetzlich fürchtete und nur mit großem Umschweife gefangen hatte."
Stolz führt er seine Menagerie anderen Kindern vor, aber das langsame Absterben der Gefangenen macht ihn melancholisch und er beschließt, sie zu töten. „Ich nahm ein dünnes langes Eisen, machte es glühend und drang mit zitternder Hand damit durch die Gitter und begann ein gräuliches Blutbad anzurichten. Aber die Geschöpfe waren mir alle lieb geworden, auch erschreckte mich das Zucken des zerstörten Organismus und ich mußte innehalten. Ich eilte in den Hof hinunter, machte eine Grube unter den Vogelbeerbäumchen, worin ich die ganze Sammlung, tote, halbtote und lebende, in ihren Kasten kopfüber warf und eilig verscharrte. [...] Der Rasenplatz war aber lange eine schauerliche Stätte für mich, und ich wagte nie jener kindlichen Neugierde zu gehorchen, welche es immer antreibt, etwas Vergrabenes wieder auszugraben und anzusehen."[2]
Auch in der Geschichte von *Romeo und Julia auf dem Dorfe*[3] findet ein Begräbnis statt. Die beiden Kinder spielen mit einer Puppe, der Junge bohrt ein Loch in den mit Kleie gefüllten Körper und entleert ihn. Nur der feste, hohle Kopf bleibt übrig. Er fängt „eine große blaue Fliege" und entläßt sie in den Kopf, den die beiden zustopfen. Die Kinder lau-

schen dem Summen im hohlen Kopf der Puppe und nach einer Weile beschließen sie, den Kopf mit der lebendigen Fliege zu begraben. „Dann empfanden sie einiges Grauen, da sie etwas Geformtes und Belebtes begraben hatten, und entfernten sich ein gutes Stück von der unheimlichen Stätte." Er hatte eine anatomische Sammlung gesehen, wobei „einige Reihen von Embryonen und Föten in ihren Gläsern, die seinen lebhaften Beifall" gefunden, ihm nicht nur über das „tiefe Grauen" hinweggeholfen, sondern auch zur Anregung für seine Sammlung verholfen hatten, das Gesehene nachzubilden. Heinrich schmilzt Wachs und gießt es in alle möglichen mit Wasser gefüllten Gläser und belustigt sich „an den Bildungen, welche durch das hineingegossene Wachs entstanden, verschloß die Gläser und vermehrte dadurch seine gelehrte Sammlung". Er gibt seinen wunderlichen Geschöpfen Namen und verfaßt kurze Lebensbeschreibungen. Er zeichnet komplizierte „Sphärentafeln", auf denen er sie lokalisiert. Eines Abends in der Dämmerung ordnet er alle Gläser auf einem Tisch „in einem großen Kreis, die vier Elemente in der Mitte", breitet seine Tabellen aus, „beleuchtet von einigen Wachsmännern, denen Dochte aus erhobenen Händen brannten, und vertiefte mich nun in die Konstellationen auf den Karten, während ich die betreffenden Schicksalsträger einzeln vortreten ließ und musterte, den Wächserich und den Hürlimann, den Meyer oder den Vogelmann." Zufällig stößt er an den Tisch und die Wachsmännchen schwanken und zappeln. Nun trommelt er auf den Tisch, singt und veranstalt so einen wilden Tanz der Figuren. Da faucht ihn eine fremde Katze an, er will sie verscheuchen, wirft einen Wachsmann nach dem anderen nach ihr, „und als ich zuletzt die vier Elemente ihr an den Kopf warf, fühlte ich ihre Krallen an meinem Halse. Ich fiel am Tische nieder, die Lichter löschten aus und ich schrie in der Dunkelheit, obgleich die Katze schon wieder weg war." Die herbeigeeilte Mutter findet ihn, am Boden liegend, mitten in den Glasscherben, Wasserbächen und Kobolden. Sie entdeckt die gewaltige Abnahme ihres Wachses und betrachtete nun „mit einigem Zorne die Trümmer der untergegangenen Welt."[4] Solche *phantastischen Spiele der Einbildungskraft im Prosawerk Gottfried Kellers*[5] bieten Anlaß für den Leser, auf den Eigensinn der Dinge zwischen logischem Kalkül und magischem Ritual aufmerksam zu werden.
Dinge und die Tendenz zu deren Miniaturisierung spielen in der Erzählung *Die drei gerechten Kammacher* eine bedeutsame Rolle.[6] Über die kleine Welt der Dinge werden die ihnen zugehörenden Personen charakterisiert. Im Mittelpunkt steht dabei die Lade (ein Kästchen) der Jungfer *Züs*

Bünzlin, der Hauptperson. In den darin aufbewahrten Souvenirs ist die Figur gespiegelt, konzentriert sich eine Formenvielfalt im kleinen Raum des Kästchens. Öffnen wir die Lade, so zeigt sich eine Miniaturwelt von Dingen, die die Person, die Züs mit eigenen Bedeutungen aufgeladen hat. (T 2) Theo Loosli hat bemerkt, wie hier, in der reihenden Aufzählung der Dinge, im „Aufeinanderprallen des Disparaten, der Effekt des plötzlichen und damit magischen Erscheinens erzeugt wird". Die Magie des prompten Erscheinens werde durch das „Aneinanderreihen der Findlinge"[7] gesteigert. Diese „Dingphantastik" beschreibt Loosli anhand von Begriffsfeldern wie: „Aufzählung, Verhärtung, Gestaltung der Oberfläche, Farbe, Linienspiel, Geometrische Figuren, Spiegelung, Spiel mit Groß und Klein, Klang, Variation, Isolierung und Statik." Unter dem Begriff „Klang", um nur einen Hinweis dazu aufzunehmen, macht Loosli darauf aufmerksam, wie in dieser Erzählung – und auch in anderen Novellen Kellers – der Gehörsinn in Anspruch genommen werde. Zum Beispiel das ständige Reden der Züs, das fast einer gesprochenen *écriture automatique* gleichkomme, das Klappern des Kegelspiels im Kirschkern, das „schöne Geläut eines artigen Mörserchens", oder in einer Stelle aus dem „Verlorenen Lachen" eine verworrene Gesprächssituation, die, „wenn man, etwa nach Art der Chladnischen Klangfiguren, ein sichtbares Bild davon hätte machen können, dieses die schönste Brüsseler Spitzenarbeit dargestellt hätte oder das zierlichste Genueser Silberfiligran"[8]. Solche Stellen zeigten, wie sehr Keller befähigt sei, „Klang mit den Augen zu schauen". Richard Wagner sprach vom „Auge des Ohrs". Nietzsche wird später sagen: „Man hat auch die Augen um zu hören."[9]

Daß Keller über Gegenstände nicht nur Personen zu charakterisieren vermag, sondern auch in den Gegenständen selbst sich die Beziehungen der Personen spiegeln zu lassen, zeigt auf besonders schöne Weise die Geschichte mit dem chinesischen Tempel. Ein junger Buchbindergeselle baut der Bünslin „während vieler Nächte und vieler Feiertage ein kunstreiches und kostbares Denkmal seiner Verehrung. Es war ein großer chinesischer Tempel aus Papparbeit mit unzähligen Behältern und geheimen Fächern, den man in viele Stücke auseinandernehmen konnte. Mit den feinsten farbigen und gepreßten Papieren war er beklebt und überall mit Goldbörtchen geziert. Spiegelwände und Säulen wechselten ab, und hob man ein Stück ab oder öffnete ein Gelaß, so erblickte man neue Spiegel und verborgene Bilderchen, Blumenbuketts und liebende Pärchen; an den ausgeschweiften Spitzen der Dächer hingen allwärts kleine Glöcklein. Auch ein Uhrgehäuse für eine Damenuhr war angebracht mit schönen

Häkchen an den Säulen, um die goldene Kette daranzuhängen und an dem Gebäude hin und her zu schlängeln."
Als der Tempel schließlich fertig und überreicht ist, schickt die Züs den Tempelarchitekten fort, damit er anderwärts sein Glück mache. Sein Werk thronte seitdem auf der „altväterischen Kommode" der Züs, „von einem meergrünen Gazeschleier bedeckt, dem Staub und allen unwürdigen Blicken entzogen. Sie hielt es so heilig, daß sie es ungebraucht und neu erhielt und gar nichts in die Behältnisse steckte". Das geheiligte Kultobjekt bleibt bedeckt, wie die Monstranz in der Kirche. Nur wer den Reichtum der Architektur in ihrem Inneren finden will, muß Stück für Stück abheben und stößt auf ein letztes Geheimnis: einen ungelesenen Brief. Der Bursche hatte der Züs einen Streich gespielt, indem er „in einen *doppelten Boden* (Hervorhebung H. S.), auf dem innersten Grunde des Tempels, den allerschönsten Brief, von Tränen benetzt, gelegt hatte, worin er seine unsägliche Betrübnis, Liebe, Verehrung und ewige Treue aussprach, und in so hübschen und unbefangenen Worten, wie sie nur das wahre Gefühl findet, welches sich in eine Vexiergasse verrannt hat. So schöne Dinge hatte er gar nie ausgesprochen, weil sie ihn niemals zu Worte kommen ließ. Da sie aber keine Ahnung hatte von dem verborgenen Schatze, so geschah es hier, daß das Schicksal gerecht war und eine falsche Schöne das nicht zu Gesicht bekam, was sie nicht zu sehen verdiente. Auch war es ein Symbol, daß sie es war, welche das törichte, aber innige und aufrichtig gemeinte Wesen des Buchbinders nicht verstanden."
Die ausgeführten Stellen aus Kellers Erzählung zeigen die Bedeutung, die er auch miniaturhaft kleinen Dingen und der Beziehung der Personen zu ihnen beimißt. Bei Vischer entwickeln die Dinge dagegen störrisch ihren Eigensinn gegen den Menschen. Aber es ist nicht die Idylle, die für Kellers Interessen steht. Auch an der Geschichte und am Mythos ist er interessiert, so etwa am Nibelungenstoff.
Das Verhältnis zu Richard Wagner entwickelt sich über seine Auseinandersetzung mit diesem Stoff, die bereits in seiner Münchner Zeit begonnen hatte, und dessen Wertschätzung bis ins Alter anhält. Daran ändern auch die gründerzeitlich modisch gewordenen Adaptionen nichts. Dazu äußert er sich allerdings dezidiert, zum Beispiel als der deutsche Schriftsteller Wilhelm Jordan mit seiner modernisierten Version des Nibelungenliedes rezitierend durch die Lande zieht. Theodor Storm hatte sich in einem Brief an Keller darüber mokiert, und Keller antwortet ihm: „Den koketten Rhapsoden Jordan hab ich vor Jahren hier auch gehört, und zwar in den gleichen Kapiteln; gar wunderbar war es, das kränkliche Knäblein der

Brunhild (welch modernes Romanmotiv!) zu Siegfried sagen zu hören: Du bist lieber als Papa! Jordan ist gewiß ein großes Talent, aber es braucht eine hirschlederne Seele, das alte und einzige Nibelungenlied für abgeschafft zu erklären, um seinen modernen Wechselbalg an die Stelle zu schieben. Jenes Nibelungenlied wird mir auch mit jedem Jahre lieber und ehrfurchtgebietender, und ich finde in allen Teilen immer mehr bewußte Vollkommenheit und Größe."[10] Damit habe Keller, urteilt Klaus Jeziorkowski, einen wunden Punkt getroffen. „Der Hof zu Worms ist bei Jordan eher eine Gründerzeit-Villa, und der Verkehrston dort ist der einer schnell reich gewordenen Bankiersfamilie. Dem bismarckgläubigen Bürgertum, das die Reichsgründung und die Investitur eines neuen Kaiserhauses mittrug, war der Nibelungenstoff das gefundene Fressen, das Material für die rechte ‚Überbau'- Konstruktion: er taugte zur Projektion einer vermeintlich wiedergefundenen neuen Kraft und neuen Identität des Deutschen in Reich und Kaiserthron, und er war der verklärende Baldachin über der kaschierten Brutalität, mit der die jungen Vermögen zusammengetrieben worden waren. Diese Art Neukapitalismus verlangte einen kräftig und barbarisch gemalten Kunsthimmel über sich, zu dem man aufblicken kann und aus dem man sich verklärt und idealisiert wieder zurückspiegelte."[11] Unweigerlich werden hier Eindrücke von Inszenierungen virulent, die sich um eine Transformation dieses Stoffes in Formen gegenwärtiger Welt bemühen, und dies nicht nur bezogen auf bestimmte Inszenierungen des Wagnerschen Rings, sondern auch auf Inszenierungen wie zum Beispiel die der *Nibelungen* in Worms als Freilicht- und Fernseh-Spektakel. Jeziorkowski geht davon aus, daß die Jahrzehnte der „Nibelungenaufregung" auch auf Keller nicht ohne Wirkung geblieben waren. So wenn im *Sinngedicht*[12] die Bostoner Familie – „deutscher Abkunft, deren Vorfahren vor länger als hundert Jahren nach Nordamerika ausgewandert sind" – einen Sohn der Familie, den Protagonisten Erwin Altenauer, ermahnt, „eine recht sinnige und mustergültige deutsche Frauengestalt über den Ozean zurückzubringen". Dieses Frauenbild war mit der Vorstellung versehen „von einer merkwürdigen Gemütstiefe und reicher Herzensbildung, was in der Ferne gar lieblich und Sehnsucht erweckend funkelt gleich den Schätzen des Nibelungenliedes. Von dem Glanze dieses Rheingoldes angelockt", hatten die Verwandten Erwin empfohlen, sich nach einer solchen deutschen Frau umzusehen.
Daß Keller sich mit Wagners Ring-Dichtung sehr früh schon auseinandergesetzt hat, geht aus einer Reihe von Briefstellen hervor, wie auch die sich langsam vergrößernde Distanz zu Wagner. In der Niederschrift des

Sinngedichts von 1880/1881 ist der leise ironische Unterton nicht zu überhören. Kellers Reserviertheit, um nicht zu sagen seine Aversion gegenüber dem schöngeistigen Kult, den Mathilde Wesendonck in der Villa auf dem grünen Zürcher Hügel um Wagner inszenierte, wird in seinem Aufsatz *Am Mythenstein* zur kritisch interessierten Auseinandersetzung um das *Kunstwerk der Zukunft,* um das Gesamtkunstwerk. Keller entwickelt Vorstellungen von einer Art *Bühnenweihfestspiel des Volkes,* dabei sieht er den fiktiven Charakter seiner Gedanken durchaus: „Wer einmal Luftschlösser baut, kann nicht kühn genug sein." Im Mythenstein-Aufsatz schreibt er: „Große geschichtliche Erinnerungen, die Summe sittlicher Erfahrung oder die gemeinsame Lebenshoffnung eines Volkes, Momente tragischer Selbsterkenntnis nicht ausgeschlossen", fänden Ausdruck und Gestalt in Wort- und Tondichtungen, „die aufs innigste ineinander verschmolzen und durcheinander bedingt wären, ohne an Gedankenselbständigkeit zu verlieren." Es sei Aufgabe des Dichters, „durch die Zucht der Musik wieder eine rein rhythmisch klingende Sprache zu finden, ohne in Gehaltlosigkeit zu verfallen und sein Gedicht für die Lektüre wertlos zu machen, die Aufgabe des Komponisten dagegen, für ein solches Gedicht die entsprechenden Tonsätze zu schaffen und nicht vor der größeren Gedankentiefe und dem Reichtum der Poesie zurückzuschrecken." Wagner müsse vor allem „die jetzigen Schrullen und Ansprüche auf eine besonders für ihn zugestutzte kindische Reimerei aufgeben". Wagner habe den Versuch gemacht, schreibt Keller weiter, „eine Poesie zu seinen Zwecken selbst zu schaffen, allein ohne aus der Schrulle der zerhackten Verschen herauszukommen, und seine Sprache, so poetisch und großartig sein Griff in die deutsche Vorwelt und seine Intentionen sind, ist in ihrem archaistischen Getändel nicht geeignet, das Bewußtsein der Gegenwart oder gar der Zukunft zu umkleiden, sondern sie gehört der Vergangenheit an"[13].

Dennoch ist die Nähe zu Wagners Vorstellungen vom *Kunstwerk der Zukunft* und vom Gesamtkunstwerk nicht zu übersehen. Auch Keller macht sich Gedanken über den äußeren Rahmen. „Klima und akustisches Bedürfnis würden nun der Baukunst die Aufgabe stellen, ein bleibendes monumentales Gebäude zu errichten, welches ein solches Spiel würdig zu fassen imstande wäre." Eine Art Mehrzweckbau, der außerhalb der Festspielzeiten auch für Ausstellungen genutzt werden könnte, wechselnde Beleuchtungsmöglichkeiten böte und würdig in die Umgebung zu stellen wäre. „Wären die Farbenreihen der Gewänder nach bestimmten Gesetzen berechnet, so gäbe es Augenblicke, wo Ton, Licht und Bewegung, als Begleiter des erregtesten Wortes, eine Macht über das Gemüt übten, die alle Blasiertheit überwinden und die verlorene Naivität zurückführen würde, welche für das notwendige Pathos und zu der Mühe des Lernens und Übens unentbehrlich wäre; denn ohne innere und äußere Achtung gedeiht nichts Klassisches."[14]

Noch in Berlin hatte sich Keller mit Wagners „Schriftchen" über *Ein Theater in Zürich* auseinandergesetzt. Im September 1851 schreibt er in einem Brief: „Ich bin mit dem Schriftchen ganz einverstanden, nicht so mit den letzten Konsequenzen von Wagners Ideen über die Kunst der Zukunft. Es versteht sich allerdings, daß alle Künste dereinst noch in größerer Harmonie als jetzt, im Drama aufgehen werden und gewiß auch die Masse, das Volk selbst, sich beteiligen und selbst verklären wird durch die Kunst; allein daneben wird immer das entscheidende Bedürfnis individueller Virtuosität im *einzelnen* bestehen bleiben; das lyrische Gedicht, das Staffeleibild (mit Kupferstich etc.) und alle solche Dinge entsprechen einer bestimmten und vorhandenen Gemütslage und Fähigkeit. Überdies ist das gemalte und in Marmor gehauene Fleisch des menschlichen Körpers, so wie die ganze Gestalt, etwas himmelweit Verschiedenes von der Natur, und in dieser Verschiedenheit ist es Selbstzweck. Die schönsten Menschen mögen in den durchdachtesten Gruppen zusammentreten, so ist es immer nicht das, was man im gemalten oder plastischen Werke sucht und findet. Indessen die Historienmalerei ist immerhin preiszugeben, insofern sie nach bisherigem Usus nur arrangierte Szenen darstellt, die allerdings eher dem Theater anheimfallen."[15]

Adolf Muschg hat in Kellers 1860 geschriebenem Aufsatz *Am Mythenstein* – Anlaß war eine Fahrt zur Einweihung des Schillersteines am Vierwaldstättersee – darin „ein kühnes Projekt für die staatliche Zukunft" erkennen wollen. Keller sehe das Schillerfest als „Nukleus einer Festivität im nationalen Maßstab, einer durch Laienchöre und Spieltruppen getragenen, in alle Landesgegenden fortzupflanzenden Einübung der Bürger ins Festliche der eigenen Existenz. […] Es soll ein Gesamtkunstwerk sein, die kühne Übersetzung einer romantischen Utopie ins Republikanische, der Wagnerschen Zukunftsmusik wohl verwandt, aber mit ihr nicht zu verwechseln."[16]

Richard Wagner

Richard Wagners Zürcher Kunstschriften von 1849 bis 1851 sind in der Gegenüberstellung mit den Schriften zur Ästhetik von Semper und Vischer hier aufschlußreich. Es ist die Differenz im Ton, die für den Nachvollzug in der Lektüre eine ausführliche Darstellung erfordert. Und es sind die Differenzen in den Inhalten und in den Intentionen. Wagner hat 1860 rückblickend in seinem Aufsatz *Zukunftsmusik* die Situation, in der seine Zürcher Kunstschriften entstanden, als eine Situation beschrieben, in der er keine Möglichkeit sah, seine Vorstellungen vom Theater zu verwirklichen; geradezu zwangsläufig habe er die Gründe dafür zu reflektieren. Er schreibt: „Die begeisterte Erregtheit, welche – in meinen Kunstschriften aus den Jahren 1849 bis 1851 – durchweg meinen Styl beherrschte, gab meinen Aufzeichnungen mehr einen dichterischen, als wissenschaftlichen kritischen Charakter. Ich gab mich darin der Führung eines geistreichen Schriftstellers hin", „der meiner damaligen Stimmung vorzüglich dadurch nahe trat, daß er der Philosophie (in welcher er einzig die verkappte Theologie aufgefunden zu haben glaubte) den Abschied gab, und dafür einer Auffassung des menschlichen Wesens sich zuwendete, in welcher ich deutlich den von mir gemeinten künstlerischen Menschen wiederzuerkennen glaubte."[17] Er hat dann auch seine Schrift *Das Kunstwerk der Zukunft* Ludwig Feuerbach „in dankbarer Verehrung gewidmet". Neben diesem besonderen Einfluß Feuerbachs sind es die Erfahrungen des Dresdener Aufstandes, die Bekanntschaft mit Bakunin und Herwegh, und es sind die Schriften Proudhons, die in den Zürcher Kunstschriften nachwirken. Proudhons These, Eigentum sei Diebstahl, und die Konfrontation Wagners mit dem Geldadel in Paris bestimmen sein Gesellschaftsbild. Geld sei für Wagner etwas Verachtenswertes gewesen und nur zum Ausgeben geeignet, schreibt Dieter Schickling. Es wirke nachgerade komisch, „wenn er Mathilde Wesendonck, der verlassenen Geliebten und zugleich der Frau seines damals wichtigsten Mäzens, das Bettlertum buddhistischer Mönche als kostbare Möglichkeit für Besitzende darstellt, durch Almosen sich verdient zu machen. Pumpen als quasi religiöser Gnadenerweis der Bettler gegenüber den Reichen."![18]

Der Gegensatz von Griechentum und moderner Zivilisation, von Kunst, Christentum und Industrie, den Wagner in der antiken Götterwelt als Opposition von Merkur und Apollon verkörpert sieht, bestimmt die Grundzüge seiner Schrift *Die Kunst und die Revolution*. Das wirkliche Wesen der Kunst sei „die Industrie, ihr moralischer Zweck der Gelder-

werb, ihr ästhetisches Vorgeben die Unterhaltung der Gelangweilten"[19]. Im Unterschied zur griechischen öffentlichen Kunst sei die unsrige eben „künstlerisches Handwerk". Gibt der Handwerker auch noch „das Produkt seiner Arbeit von sich, verbleibt ihm davon nur der abstrakte Geldeswerth, so kann sich unmöglich seine Thätigkeit je über den Charakter der Geschäftigkeit der Maschine erheben; sie gilt ihm nur als Mühe, als traurige, saure Arbeit. Dieß Letztere ist das Loos des Sklaven der Industrie; unsere heutigen Fabriken geben uns das jammervolle Bild tiefster Entwürdigung des Menschen: ein beständiges, geist- und leibtödtendes Mühen ohne Lust und Liebe, oft fast ohne Zweck."
Auch an diesem Zustand wirke, so Wagner, das lust- und sinnenfeindliche Christentum mit, „und so sehen wir mit Entsetzen in einer heutigen Baumwollenfabrik den Geist des Christenthums ganz aufrichtig verkörpert: zu Gunsten der Reichen ist Gott Industrie geworden, die den armen christlichen Arbeiter gerade nur so lange am Leben erhält, bis himmlische Handelskonstellationen die gnadenvolle Nothwendigkeit herbeiführen, ihn in eine bessere Welt zu entlassen."[20] Um aus dem „entehrenden Sklavenjoche des allgemeinen Handwerkerthums mit seiner bleichen Geldseele" herauszukommen, bedürfe es der Revolution, eine „Restauration des Griechenthums" genüge nicht, wir müßten „alle Menschen lieben, um Freude an uns selbst wieder gewinnen zu können," damit „aus mühselig beladenen Tagelöhnern der Industrie [...] wir alle zu schönen, starken Menschen werden, denen die Welt gehört als ein ewig unversiegbarer Quell höchsten künstlerischen Genusses"[21].
Woher sollen wir nun die Kraft zur Revolution schöpfen? fragt er und antwortet: „Die Natur, und nur die Natur, kann auch die Entwirrung des großen Weltgeschicks allein vollbringen." Da das Christentum die menschliche Natur unterdrückt und verworfen habe, werde die so verleugnete Natur des Menschen zur „Schnellkraft", und die Bewegung dieser Kraft sei die Revolution. Dem „leidendsten Theil" der Gesellschaft liege aber „in Wahrheit ein tieferer, edlerer Naturdrang zu Grunde, der Drang nach würdigem Genusse des Lebens, [...] der Drang aus dem Handwerkerthume heraus zum künstlerischen Menschenthum, zur freien Menschenwürde". Ziel der wahren Kunst und der sozialen Bewegung „ist der starke und schöne Mensch: die Revolution gebe ihm die Stärke, die Kunst die Schönheit!"[22] (T 3)
In der Schrift *Das Kunstwerk der Zukunft*[23] entwickelt Wagner die in *Kunst und Revolution* dargestellten Gedanken gegen die Maschine weiter. Sie ist für ihn „der kalte, herzlose Wohltäter der luxusbedürftigen

Menschheit". Im „Einswerden mit der Maschine, statt im Einswerden mit der Natur im Kunstwerke", verliere der Mensch sich selbst.
Als positiver Nukleus gelten ihm „die drei reinmenschlichen Kunstarten". Wie Darstellungen der drei Grazien schlingen ihren Reigen *Tanzkunst*, *Tonkunst* und *Dichtkunst* als die „urgeborenen Schwestern. (T 4) Wagner spinnt dieses Bild der liebevollen Schwestern weiter aus. „Rhythmus und Melodie als die Arme der Tonkunst", die das Meer, „das Wesen der Tonkunst" umschlingen und das Getrennte verbinden. Das rhapsodisch besungene Meer wird ihm zur Metapher der unermeßlichen Tiefe. Verheerend, wenn der Qualm der Dampfschiffe „die Athemkraft des allbelebenden Windhauchs der segelfrohen Schiffe" verdrängt. Weil das Auge „nur das zur Erscheinung Gekommene, das Entkeimte, Gezeugte und Ersehnte erfassen kann", bleibt ihm der „unermeßliche Grund ihres ewigen Keimens, Zeugens und Sehnens verhüllt"[24].
Nach „Tanzkunst" schreibt Wagner über „Tonkunst" und „Dichtkunst." Er verfällt zu Beginn dem Stabreim-Zwang, auch um sein Bild der drei gleichwertigen Schwestern nicht zu beschädigen. Er schreibt: „Gestattete es uns die Mode oder der Gebrauch, die ächte und wahre Schreib- und Sprechart: **t**ichten für **d**ichten, wieder aufzunehmen, so gewännen wir in den zusammengestellten Namen der drei urmenschlichen Künste, **T**anz-, **T**on- und **T**ichtkunst, ein schön bezeichnendes sinnliches Bild von dem Wesen dieser dreieinigen Schwestern, nämlich einen vollkommenen Stabreim, wie er unserer Sprache ursprünglich zu eigen ist." Erst das dritte Wort „Tichtkunst" würde den Reim vollkommen abschließen – „wie Mann und Weib erst durch das von ihnen gezeugte Kind als wirklich nothwendig bedingt erscheinen"[25]. Am Rande vermerkt: Auch Nietzsche hat die Schreibweise übernommen. In zwei Briefen, an Hans von Bülow und an Malwida von Meysenburg schreibt er, sein ganzes „Tichten und Trachten" sei auf ein Landgut gerichtet.[26] Und Conrad Fiedler an Adolf Hildebrand: „Übrigens sollte Wagner der Alliteration wegen Richard Ragner heißen."[27]
Die Gestaltlosigkeit des Gedankens als bloßes Bild der Erscheinung bedürfe der Sprache, bedürfe der Dichtkunst, um als „Schöpfungsprozeß", das heißt als Kunstwerk „in das Leben zu treten". Ihr Gegenstand sei „der ganze künstlerische Mensch, der in der Tanz- und Tonkunst das zum Seelenverlangen gewordene sinnliche Verlangen kundgiebt, welches durch sich erst die dichterische Absicht erzeugt, in ihr seinen Abschluß, in ihrer Erreichung seine Befriedigung findet. Überall, wo *das Volk* dichtete, – und nur von dem Volke oder im Sinne des Volkes kann allein wirklich

gedichtet werden, – trat auch die dichterische Absicht nur auf den Schultern der Tanz- und Tonkunst, als *Kopf* des vollkommen vorhandenen Menschen, in das Leben."²⁸

Im III. Kapitel setzt sich Wagner unter der Überschrift „Der Mensch als künstlerischer Bildner aus natürlichen Stoffen" mit der „Baukunst", der „Bildhauerkunst" und der „Malerkunst" auseinander. Wagners Darstellung folgt seiner Vorstellung von einer wertend aufsteigenden Kulturgeschichte. „Erst den Hellenen war es vorbehalten, das rein menschliche Kunstwerk an sich zu entwickeln. […] Erst als *Zeus* vom Olympos die Welt mit seinem lebenspendenden Athem durchdrang, als *Aphrodite* dem Meerschaume entstiegen war, und Apollon den Inhalt und die Form seines Wesens als Gesetz schönen menschlichen Lebens kundgab, waren die rohen Naturgötzen Asiens verschwunden, und trug der künstlerisch schön sich bewußte Mensch das Gesetz seiner Schönheit auch auf seine Auffassung und Darstellung der Natur über."²⁹

Für Wagner können allein die griechischen „Tempel der Götter" und die „Tragödientheater des Volkes" Geltung beanspruchen: „Alles was nach dem Verfalle der Tragödie, d. h. der vollendeten griechischen Kunst, von *diesen* Gegenständen der Baukunst ablag, ist seinem Wesen nach asiatischen Ursprunges." Und damit minderwertig im Sinne seiner Theorie, was er dann noch weiter zu begründen sucht, indem er sein Verdikt unter den Begriff des Strebens nach Nützlichkeit und Luxus stellt. „Nur mit der Erlösung der egoistisch getrennten reinmenschlichen Kunstarten in das gemeinsame Kunstwerk der Zukunft, mit der Erlösung des *Nützlichkeitsmenschen* überhaupt in den *künstlerischen Menschen* der Zukunft, wird auch die Baukunst aus den Banden der Knechtschaft, aus dem Fluche der Zeugungsunfähigkeit, zur freiesten, unerschöpflich fruchtbarsten Kunstthätigkeit erlöst werden."³⁰

Die Darstellung der „Bildhauerkunst" folgt demselben Schema. Das macht schon der einleitende Satz deutlich: „Asiaten und Ägypter waren in der Darstellung der sie beherrschenden Naturerscheinungen von der Nachbildung der Gestalt der Thiere zu der menschlichen Gestalt selbst übergegangen, unter welcher sie, in unmäßigen Verhältnissen und mit widerlicher natursymbolischer Entstellung jene Mächte sich vorzustellen suchten. Nicht *den* Menschen wollten sie nachbilden, sondern unwillkürlich, und weil als Höchstes der Mensch endlich immer nur sich selbst, somit auch seine Gestalt sich denken kann, trugen sie das – deßhalb auch verzerrte – Menschenbild auf den anzubetenden Gegenstand der Natur über."³¹ Auch in der Betrachtung der Bildhauerkunst wird der Hellene zum leuchtenden Vorbild. Die Auflösung dieses Idealbildes im Hellenismus und ihrer Folgen bis heute, sei „die Geschichte des *absoluten Egoismus*, und das Ende dieser Periode wird seine Erlösung in den *Kommunismus* sein". Hier fügt Wagner die Fußnote ein: „Es ist polizei-gefährlich dieses Wort zu gebrauchen; dennoch giebt es keines, welches besser und bestimmter den reinen Gegensatz zu Egoismus bezeichnet. Wer sich heut' zu Tage schämt, als Egoist zu gelten – und das will ja Niemand offen und unumwunden –, der muß es sich schon gefallen lassen, Kommunist genannt zu werden."[32]

Die Darstellung der „Schönheit des menschlichen Leibes" hatte nach Wagners Ansicht „ihre Blüte genau dann erreicht, als das menschlich gemeinsame Kunstwerk der Tragödie von ihrer Blüte herabsank." In solchem Denken und Reden konnten sich Spätere einrichten. Das Ideal des „natürlichen Staates" hatte er noch „bei den spartanischen Doriern" gesehen, „bei denen die Gesundheit und unentstellte Schönheit des neugeborenen Kindes die Bedingungen ausmachten, unter denen ihm allein das Leben gestattet war, während Häßlichen und Misgeborenen das Recht zu leben abgesprochen wurde. Dieser schöne nackte Mensch ist der Kern alles Sparthanertumes: aus der wirklichen Freude an der Schönheit des vollkommensten menschlichen, des *männlichen* Leibes, stammte die, alles spartanische Staatswesen durchdringende und gestaltende, *Männerliebe* her."

Im weiteren diskutiert Wagner nun den Unterschied von dieser ideal gedachten Männerliebe in Relation zur Liebe zwischen Mann und Frau und den Degenerationserscheinungen: „Die schöne *Männerliebe* artete – wie schon sonst bei den anderen Hellenen – in widerliches *Sinnengelüst* aus, so das Motiv dieser Liebe – wodurch sie eben eine höhere als die Frauenliebe war – in ihr unnatürliches Gegentheil verwandelnd. Diesen Menschen, schön an sich, aber unschön in seinem egoistischen Einzelnsein, hat uns in Marmor und Erz die Bildhauerkunst überliefert, – bewegungslos und kalt, wie eine versteinerte Erinnerung, wie die *Mumie* des *Griechenthums*."[33] Da sich der Mensch nach Wagners Auffassung „*vollkommen* nur in und durch die *Bewegung*" kundgibt, kann der Bildhauer sich diesem Ideal allenfalls nur in der Darstellung eines Momentes annähern. Das erfordere Abstraktion und mathematisches Kalkül, das dann zur Grundlage beliebig vieler Wiederholungen werden könne. Da die Bildhauerkunst nur den „wirklich sinnlich vorhandenen schönen Menschen" nachzuahmen vermöge, werde sie zum bloßen Handwerk, „in welchem der Reichthum von Regeln und Normen, nach denen sie verfuhr, im Grunde nur ihre Armuth als *Kunst*, ihre Unfähigkeit zu *erfinden*, offenbarte". Und sie gerate so in „eine egoistisch einsame Stellung, in welcher sie, so zu sagen, nur den Wetterkünder der im Leben noch herrschenden Unschönheit abgiebt, und zwar mit einem gewissen Behagen an den Gefühle ihrer – relativen – Nothwendigkeit bei so bestellten Wetterverhältnissen". Sollte der schöne Mensch eines Tages im wirklichen Leben erscheinen, müßte das „der Untergang der Plastik sein". Dann erst, „wenn die starre Einsamkeit dieses *einen*, in Stein gehauenen Menschen in die unendlich strömende Vielheit der lebendigen wirklichen Menschen sich aufgelöst haben wird", – und das könne nur im Kunstwerk der Zukunft geschehen – „dann erst wird die *wahre Plastik* auch vorhanden sein. Die Erlösung der Plastik ist genau die der *Entzauberung des Steines in das Fleisch und Blut des Menschen, aus dem bewegungslosen in die Bewegung, aus dem Monumentalen in das Gegenwärtige.* Erst wenn der Drang des künstlerischen Bildhauers in die Seele des *Tänzers, des mimischen Darstellers,* des singenden und sprechenden, übergegangen ist, kann dieser Drang als wirklich gestillt, gedacht werden."³⁴

Die Grundtendenz der Argumentation Wagners, wie wir sie in bezug auf die Architektur und Plastik angetroffen haben, wird auch hinsichtlich der „Malerkunst" beibehalten. Allerdings mit einigen Unterschieden, die auf ihre bereits vorhandenen Möglichkeiten im Dienste des Gesamtkunstwerks gedacht sind. Zunächst sieht er in der Malerei eine Möglichkeit, „dem sehnlichsten Bedürfnisse zu entsprechen, das verloren gegangene, menschlich lebendige Kunstwerk der Erinnerung wieder vorzuführen". Aber auch sie entgeht zunächst nicht dem Verdikt, nur dem „egoistischen Genuß des vom Leben getrennten, vereinzelten, kunstsehnsüchtigen Kulturgemüthes" zu dienen. Aber die Malerei hat für Wagner gegenüber der Bildhauerei einen entscheidenden Vorzug. „Das Werk des Bildhauers stellte in seinem Material den ganzen Menschen nach seiner vollkommenen Form dar, und stand insofern dem lebendigen Kunstwerke des sich selbst darstellenden Menschen näher, als das Werk der Malerei, das von diesem gewissermaßen nur den farbigen Schatten zu geben vermochte: wie in beiden Nachbildungen das Leben dennoch unerreichbar war, und die Bewegung in ihren Darstellungen nur dem beschauenden Denker angedeutet, ihre denkbare Möglichkeit der Phantasie des Beschauers, nach gewissen natürlichen Gesetzen der Abstraktion, zur Ausführung nur überlassen werden konnte, – so vermochte die Malerei, eben weil sie noch idealer von der Wirklichkeit absah, noch mehr nur auf künstlerische Täuschung ausging als die Bildhauerei, auch vollständiger zu dichten als diese." Ein vollkommen neues Moment „in der Entwickelung des künstlerischen Anschauungs- und Darstellungsvermögens des Menschen" sieht Wagner in der Möglichkeit des „innigen Begreifens und Wiedergebens der *Natur* durch die *Landschaftsmalerei*". Die Landschaftsmalerei mache die Kunst fähig, „die Natur *ihrem Wesen nach* innig zu erfassen"[35]. Die Historienmalerei, wie alle vereinzelten Künste, könne sich letztlich nur „nach einer Erlösung sehnen", die einzig im „lebendigen menschlichen Kunstwerk" sich finden lasse. Was die Malerkunst erreichen könne, sei, „wenn sie ihre Farbe und ihr Verständniß in der Anordnung auf die lebendige Plastik des wirklichen dramatischen Darstellers übertrage; wenn von Leinwand und Kalk herab sie auf die *tragische* Bühne *steigt*, um den Künstler an sich selbst das ausführen zu lassen, was sie vergebens sich bemüht, durch Häufung der reichsten Mittel ohne wirkliches Leben zu vollbringen. Die *Landschaftsmalerei* aber wird, als letzter und vollendeter Abschluß aller bildenden Kunst, die eigentliche, lebengebende Seele der Architektur werden; sie wird uns so lehren die *Bühne* für das dramatische Kunstwerk der Zukunft zu errichten, in welchem sie selbst lebendig, den warmen *Hintergrund der Natur* für den *lebendigen*, nicht mehr nachgebildeten, *Menschen* darstellen wird."[36]

Im IV. Kapitel der Schrift entfaltet Wagner die Grundzüge des Kunstwerkes der Zukunft noch einmal mit dem ihm eigenen Pathos, das einzig dem Zweck dient, die Künste unter dem Dach des Gesamtkunstwerks zusammenzuführen und sie ausschließlich von dort her zu legitimieren: „Der künstlerische Mensch kann sich nur in der Vereinigung aller Kunstarten zum *gemeinsamen* Kunstwerke vollkommen genügen: in jeder *Vereinzelung* seiner künstlerischen Fähigkeiten ist er *unfrei*, nicht vollständig Das, was er sein kann; wogegen er im *gemeinsamen* Kunstwerke *frei*, und vollständig Das ist, was er sein kann."[37]

Nach Abschluß der umfangreichen Schrift *Oper und Drama* verfaßt Wagner eine gleichfalls umfängliche *Mittheilung an meine Freunde* (1851), in der er am Ende noch einmal eine knappe Zusammenfassung seiner drei vorausgegangenen theoretischen Arbeiten gibt. Zu Oper und Drama schreibt er, er habe sich darin eingehender mit „dem rein künstlerischen Gegenstand" auseinandergesetzt, um daran das von ihm angestrebte Kunstwerk der Zukunft besonders im Hinblick auf das Verhältnis zwischen Dichter und Musiker zu verdeutlichen.[38] Er schließt die „Mitteilung" mit einer Ankündigung: „Ich beabsichtige meinen Mythos in drei vollständigen Dramen vorzuführen, denen ein großes Vorspiel vorauszugehen hat."[39]

Um sich dem Konzept des Musikdramas anzunähern, bedürfe es, so Udo Bermbach, eines Stoffes, einer Geschichte, „so vieldimensional und aspektenreich, daß sie immer wieder erneuten Ausdeutungen zugänglich bleibt, ohne zugleich in ihrem Kern substantiell angetastet zu werden. Eine archetypische Geschichte also, die einerseits zeitenthoben ist, aber zugleich doch auch offen für Zeitbezüge."[40] Einer solchen Anforderung entspreche in idealer Weise der Mythos. Wagner selbst sieht „das Unvergleichliche des Mythos darin, daß er jederzeit wahr, und sein Inhalt, bei dichtester Gedrängtheit, für alle Zeiten unerschöpflich ist". Aufgabe des Dichters sei es, den Mythos zu deuten. Wagner sieht in der „heimischen Sage einen auf die Anschauung und die Kunstgestaltung der neuen Zeit entscheidend einwirkenden Mythenkreis". Dabei hat nach seiner Auffassung der Inhalt „ein im Ausdruck stets gegenwärtiger, und dieser Ausdruck daher ein den Inhalt nach seinem Umfang stets vergegenwärtigender zu sein; denn das Ungegenwärtige erfasst nur der Gedanke, nur das Gegenwärtige aber das Gefühl."[41] Der Satz, mit dem Wagner die Schrift *Oper und Drama* abschließt, lautet: *„Der Erzeuger des Kunstwerkes der Zukunft ist Niemand Anderes als der Künstler der Gegenwart, der das Leben der Zukunft ahnt, und in ihm enthalten zu sein sich sehnt. Wer diese Sehnsucht aus seinem eigensten Vermögen in sich nährt, der lebt schon jetzt in einem besseren Leben; – nur Einer aber kann dieß: – der Künstler."*[42] Und mit dieser Ideologie stand Wagner nicht allein. Ihre Splitter stecken noch heute in vielen Köpfen. (T 5)

Die folgenden Sätze in Wagners Schrift *Das Kunstwerk der Zukunft* lesen sich wie Splitter einer sozialen Utopie: „Unsere modernen Staaten sind insofern die unnatürlichsten Vereinigungen der Menschen, weil sie, an und für sich nur durch äußere Willkür, z. B. dynastische Familieninteressen, entstanden, eine gewisse Anzahl von Menschen ein für allemal zu einem Zwecke zusammenspannen, der einem ihnen gemeinsamen Bedürfnisse entweder nie entsprochen hat, oder unter der Veränderung der Zeiten ihnen Allen doch keineswegs mehr gemeinsam ist. Alle Menschen haben nur *ein* gemeinschaftliches Bedürfnis, welches jedoch nur seinem allgemeinsten Inhalte nach ihnen gleichmäßig inne wohnt: das ist das Bedürfniß *zu leben* und *glücklich zu sein*. Hierin liegt das natürliche Band aller Menschen; ein Bedürfniß, dem die reiche Natur der Erde vollkommen zu entsprechen vermag." [...] „Der starren, nur durch äußeren Zwang erhaltenen, staatlichen Vereinigung unserer Zeit gegenüber, werden die *freien* Vereinigungen der Zukunft in ihrem flüssigen Wechsel bald in ungemeiner Ausdehnung, bald in feinster naher Gliederung das zukünftige menschliche Leben selbst darstellen, dem der rastlose Wechsel mannigfaltigster Individualitäten unerschöpflich reichen Reiz gewährt, während das gegenwärtige Leben in seiner modisch-polizeilichen Einförmigkeit das leider nur zu getreue Abbild des modernen *Staates*, mit seinen *Ständen, Anstellungen, Standrechten, stehenden* Heeren – und was sonst noch Alles in ihm *stehen* möge – darstellt."[43] Die stabreimartige Reihung gibt dem Ganzen einen eher beiläufigen Anstrich.

Semper hatte bereits 1834 in seiner Schrift *Vorläufige Bemerkungen über bemalte Architektur und Plastik bei den Alten* knapper und entschiedener erklärt: „Die stehenden Armeen kosten das Mark des Landes und die kostbaren Monumente der Eitelkeit und des Eigensinns erheben sich an Stellen, die dem öffentlichen Nutzen geweiht seyn sollten." Und der politisch engagierte Sozialist, Reformer des Kunsthandwerks und Dichter, William Morris, schrieb 1890 in seinem Roman *News from Nowhere – Kunde von Nirgendwo. Eine Utopie der vollendeten kommunistischen Gesellschaft*: „Wahr ist, daß ein Mensch eine organisierte Regierung mit ihrer Armee, ihrer Kriegsflotte und ihrer Polizei ebensowenig braucht – ebensowenig nötig hat, um gezwungen zu werden, sich dem Willen der Majorität von seinesgleichen zu fügen, wie er eine derartige Maschinerie braucht, um zu begreifen, daß sein Kopf und ein Stein nicht zu gleicher Zeit denselben Raum einnehmen können."[44]

Gottfried Semper

Gottfried Semper hat sich mit Wagners hochfliegenden Theorien wohl nur im Zusammenhang seiner Theaterprojekte auseinandergesetzt, und er hat sie aus einer eigenen Perspektive betrachtet. Schon in der Dresdner Zeit gab es entschieden unterschiedliche Auffassungen. In *Mein Leben* notiert Wagner rückblickend, Semper habe ihn „beständig für den Repräsentanten einer mittelalterlich katholizisierenden Richtung" gehalten, die Semper oft „mit wahrer Wut bekämpfte". Nur mit Mühe habe er Semper davon überzeugen können, daß seine „Studien und Neigungen eigentlich auf das deutsche Altertum und die Auffassung des Ideals des urgermanischen Mythus ausgingen. So wie wir nun in das Heidentum gerieten und ich ihm meinen Enthusiasmus für die eigentliche Heldensage kundgab, ward er ein ganz anderer Mensch, und ein offenbares großes und ernstes Interesse begann uns jetzt in der Weise zu vereinigen, daß es uns zugleich von der übrigen Gesellschaft gänzlich isolierte."[45] Auch später noch, in Zürich,

hat sich dieser Disput fortgesetzt. Albert Knoepfli hat das so zusammengefaßt: Das Werk Sempers komme „kunstanschaulich in seiner Weiterentwicklung und Kombinatorik bei Wagners unterschwelligem Klassizismus weit besser unter als bei Semper das mythologisch orientierte Altdeutschtum Wagners, dessen bühnenhafter Illusionismus beim Architekten weder im Bilde noch in der Materie Entsprechung finden konnte"[46].
Unter den Begriff „Theatralität" faßt Harry Mallgrave den Überschneidungsbereich zwischen Sempers Architekturverständnis als „festliche Inszenierung oder eine künstlerische Markierung für alle Arten sozialer Ereignisse"[47]. Nicht im Widerspruch zum Begriff der Theatralität steht für Semper die Entfaltung einer Bekleidungstheorie, sie wird grundlegend für sein gesamtes Werk. Für Wagner ist der von ihm medial gefaßte Mythos bestimmend. Das Gemeinsame wäre demnach das Interesse an der bekleidenden Oberfläche, die die Komplexität der Einzelaspekte umschließt, und gerade dies ist ein essentielles, wenn nicht das wichtigste Moment ihrer Aktualität. Kenntnisreicher Austausch mit den Wissenschaften seiner Zeit und die eigene Beobachtung und Erfahrung sind Korrelate für Sempers Theorien. Das gilt von Beginn an, bereits für seine erste, Aufsehen erregende und geschickt plazierte, 1834 in Altona erschienene Schrift *Vorläufige Bemerkungen über bemalte Architektur und Plastik bei den Alten*. Der Text enthält bereits im Vorwort den Kern seines ästhetischen und politischen Standpunktes, der zur Grundlage seiner theoretischen und praxisbezogenen Argumentationen wird. Es sind die Erfahrung in Italien und in Griechenland, die seinen Blick für die griechische und auch die römische Antike geschärft und ihn gegen Nachahmung kritisch gemacht haben.[48]
War für Semper zunächst die Auseinandersetzung mit der Antike (und dann mit der Renaissance) für den Fortgang der Theoriebildung und für seine Vorstellungen von Architektur grundlegend, so sind es nun die Erfahrungen in England. Ein entscheidendes Datum war die Weltausstellung 1851 in London, wie überhaupt Sempers Aufenthalt dort für ihn prägend gewesen ist. Die unmittelbare Konfrontation mit der Warenwelt und mit der in England weit vorangeschrittenen industriellen Massenproduktion und den ersten Ansätzen und Versuchen zu einer beruflichen Qualifizierung von Gestaltern, das alles beschäftigt ihn intensiv – im übrigen auch existentiell. Hier vollzieht er in seinen Vorträgen und Schriften eine bedeutsame und noch heute zu wenig beachtete, grundlegende Akzentverschiebung. Bisher habe er, so stellt er im *Entwurf eines Systems der vergleichenden Stillehre* fest, „den Beziehungen zwischen Architektur

und den übrigen Zweigen der praktischen Kunst zu wenig Aufmerksamkeit" geschenkt. Nun fühlt er sich „von der Thatsache durchdrungen, daß die Geschichte der Architektur mit der Geschichte der Kunstindustrie beginnt, und daß die Schönheits- und Stilgesetze der Architektur ihr Urbild in denjenigen der Kunstindustrie haben"[49]. Der damalige Begriff „Kunstindustrie" meinte eher die Bedeutung von Gewerbe, von technisch gekonnter Verrichtung.

Daß englische Architekten sich gegen Semper stellten, mag auch darin begründet gewesen sein, daß deren Vorstellungen weitgehend in einem Gothic Revival befangen waren. 1849 hatte John Ruskin *The Seven Lamps of Architecture* veröffentlicht, 1851 schreibt er an seinem zweibändigen Werk *The Stones of Venice*, in dem er die Baukunst Venedigs und die Kunst des gotischen Handwerkers rühmt. Ruskin hat auf William Morris Einfluß ausgeübt und die Bewegung Arts & Crafts beeinflußt. Deren Mitglieder nennen sich Kunsthandwerker und setzen sich vehement zur Wehr gegen die erkennbar gewordenen Verheerungen als Folge der Industrialisierung. Einer der Hauptvertreter des Gothic Revival, Augustus Welby Northmore Pugin, wird des öfteren als einer der Väter der Arts & Crafts-Bewegung bezeichnet. Er war Architekt zahlreicher Kirchen, Wohnhäuser und öffentlicher Bauten und besonders durch die gotische Fassade der Houses of Parliament in London bekannt geworden. In der Gotik sah er die einzig wahrhafte christliche Architektur. Er wettert gegen italienische Häuser in England und gegen den *Internationalismus*. Die Studenten sollten reisen, aber in den englischen Grafschaften, die die besseren Vorbilder und Schulen seien.

Für Ruskin war *The Crystal Palace Exhibition* – die *Show* der *Industry of all Nations*, wie es auf dem emblematischen Frontispiz des Katalogs auf der Weltkugel geschrieben stand, „neither a palace nor a crystal". Von Königin Victoria wird berichtet, daß sie bei der Eröffnung der Ausstellung „von Andacht ergriffen" gewesen sei. Semper hat nüchterner von einem „glasbedeckten Vacuum" gesprochen. Die satirische Zeitschrift *Punch* hatte die Bezeichnung *Crystal Palace* – bewundernd, nicht satirisch – vorgeschlagen, was sogleich von durchschlagender und anhaltender Wirkung war. Damit wurde aus dem Treibhaus ein Palast und aus Industrieglas Kristall. Zur magischen Wirkung trug für die Besucher wesentlich die Transparenz, und damit der Eindruck der Unermeßlichkeit bei, die ihr Echo in der unermeßlich erscheinenden Fülle der Produkte fand.[50] Die Faszination kristallinen und geschliffenen Glases besteht im ganzen 19. Jahrhundert und findet im industriell produzierten Preßglas seinen falschen Kristall. John Ruskin übrigens weigerte sich, den Crystal Palace zu besuchen.

Obwohl überzeugte Vertreter der Gotik, waren Ruskin und Pugin – Pugin war 1834 zum Katholizismus konvertiert – dennoch heftige Kontrahenten, wenn es darum ging, ob der gotische Stil der für Protestanten beziehungsweise Katholiken einzig wahre christliche Stil sei.[51] Semper hatte die Rückwendung zur Gotik abgelehnt, weil er in ihr das finstere Mittelalter und die frömmelnde Romantik repräsentiert sah. Ein Blick auf die Stadthäuser, die er in Dresden und dann in der Schweiz gebaut hat, zeigt, wie fundamental die Differenz ist und wo die Gründe für seine Schwierigkeiten mit den englischen Architekten lagen. Im Kristallpalast häuften sich die Gegenstände in nachempfundener Gotik. Semper dürfte es auch nicht entgangen sein, daß sein ehemaliger Kollege aus Dresden, Ernst Rietschel, eine Pietà in einem gotisierenden Gehäuse ausstellte. Der Katalog vermerkt zur Abbildung, der bedeutende Bildhauer habe auch die plastischen Dekorationen des Dresdner Theaters ausgeführt, der Architekt Semper bleibt allerdings unerwähnt.[52]

Semper hatte im Londoner Exil versucht, seiner beruflichen Existenz eine sichere materielle Grundlage zu schaffen. Den Versuch, eine eigene Architekturschule zu gründen, mußte er aufgeben, aber schon von seiner Dresdner Zeit her war er an Aufgaben der Lehre und Vermittlung an der Schnittstelle zwischen Entwurf und Produkt interessiert, zumal er nun sein Augenmerk auf die Kunstindustrie, das heißt auch auf das Design richtet. Mit der Professur am *Department of Practical Art* der *Schools of Design* beginnt 1852 seine Lehr- und Vortragstätigkeit. Daraus geht dann die, seine Erfahrungen zusammenfassende Schrift *Wissenschaft Industrie und Kunst* hervor, in der er auch seine intensiven Beobachtungen zur Weltausstellung verarbeitet. Heinz Quitzsch hat einen Aspekt als Folge dieser Auseinandersetzung hervorgehoben, der Sempers Vorstellung „der Abkehr von nationalen Ausdrucksformen" bei Werken betrifft, die „für den Markt hergestellt und die an oder in einem beliebigen Gebäude Ausstellung finden können"[53].

Adolf Max Vogt hat in einer Studie Gottfried Semper und Joseph Paxton einander gegenüberstellend betrachtet.[54] Vogt verweist zunächst auf das eindrucksvolle Bild, das Paxton für das Prinzip seines Glaspalastes gebraucht hat: Die Glashaut verhalte sich zum Tragwerk wie ein Tischtuch zum Tisch. Dieses Bild korrespondiert mit Sempers Vorstellung vom ursprünglichen Haus, dessen Wände aus Tuch, Teppichen, Matten gebildet sind. Als Beleg gilt ihm die „Karaibische Hütte", die er in der Ausstellung gesehen hatte. Der Gedanke taucht dann erstmals in seinem Londoner Vortrag *Über architektonische Stile* (1854) auf und dann im zweiten Band seiner Ästhetik *Der Stil* (§ 143). So gesehen, wäre der Kristallpalast auch der Urhütte vergleichbar. Bereits in dem, noch vor der Weltausstellung geschriebenen Aufsatz *Die vier Elemente der Baukunst* (1851) ist Sempers Kerngedanke der „Urhütte als Gebilde aus vier Elementen (Herd, Erdaufwurf, Dach und Umfriedung)" angelegt, was Vogt im einzelnen darlegt.⁵⁵ Und dieser Gedanke ist aus der Polychromie-These hervorgegangen. Vogt begründet das so: „In dieser Studie hatte Semper, wie andere vor und neben ihm, gegen eine ausschließlich ‚weiße' Antike im Sinne von Winckelmann gekämpft und Belege für die Vielfarbigkeit zusammengetragen. Zwischen der These einer farbigen Antike und der Behauptung, das ursprüngliche Haus habe Wände aus Teppichen gehabt, besteht nun der einfache Zusammenhang, daß der Teppich ein Farbträger erster Ordnung ist, ja in Sempers Augen geradezu der primäre Farbträger überhaupt."⁵⁶ In der Arbeit an der Klassifizierung in einer Typenlehre sieht Vogt Sempers Faszination an den klassifizierenden und strukturierenden Arbeiten von Cuvier und an dessen Sammlungen im Jardin des Plantes in Paris wirksam werden: „Erstens anerkannte er mit seiner Bewunderung für Cuvier die naturwissenschaftliche Forschung seiner Zeit als Vorbild; zweitens traute er sich zu, eine Methode für die Klassifizierung der Kunst zu entwickeln, die in Analogie zur Methode der Naturwissenschaften stehen sollte; drittens war ihm bereits klar, daß es bei dieser Klassifizierung um ursprüngliche Formen und Typen gehen mußte, also um eine Typenlehre. Diese Typenlehre hat er zuerst mit den vier Elementen zu erreichen versucht. Die Emigration nach London und das gründliche Studium der Großen Ausstellung 1851 müssen in ihm dann nicht nur Zweifel, sondern den Entschluß zu so etwas wie teilweiser ‚Entmythologisierung' ausgelöst haben. […] Offenbar hat er das mythisch Aufgeladene seiner Vier Elemente des Urhauses nun selbst erkannt, sich aus dieser Krise heraus nach einfacheren, pragmatischen Kategorien umgesehen und sich bereits 1853 für Klassen entschieden, das heißt für Härteklassen des Materials, vom Weichen bis zum Harten."⁵⁷ Auf diese Weise sei es ihm gelungen, „eine einzigartige Geschichte der funktionellen Entfaltung der menschlichen Hand zusammenzutragen und sinnvoll nach evolutionistischem Schema zu ordnen"⁵⁸. Semper folgt dem Ruf nach Zürich, sein Nachfolger am *Department of Practical Art* wird Christopher Dresser. Er übernimmt die Klassen für Architekturzeichnen und dekoratives Design sowie die gleichfalls frei gewordene Klasse für Botanik. Dresser ist in vielerlei Hinsicht ein würdiger Nachfolger. Er stellt sich in seiner theoretischen und gestalterischen Arbeit auf die neuen Bedingungen manufaktureller und industrieller Produktion ein. Und er nutzt seine fundierten Kenntnisse außereuropäischer Kulturen, insbesondere über Japan.

In Zürich widmet sich Semper, neben seiner Lehr- und Bautätigkeit der Zusammenfassung und Weiterführung seiner bisherigen Reflexionen. Es entsteht als großes, theoretisches Werk: *Der Stil in den technischen und tektonischen Künsten oder praktische Ästhetik. Ein Handbuch für Techniker, Künstler und Kunstfreunde.*[59] Drei Aspekte werden im folgenden die Betrachtung der Semperschen Ästhetik leiten: der Natur-Begriff und die Grundlagen der Formfindung und Formgebung, das „Prinzip der Bekleidung" und der Begriff des „Stoffwechsels".

Die Befriedigung fundamentaler Bedürfnisse ist Antrieb und Ausgangspunkt für Gestaltung, und damit ist Gestaltung an Zwecke gebunden. Drei Gestaltungsmomente bewirken, daß die Formen als einheitlich und schön wahrgenommen werden: „Symmetrie, Proportionalität und Gerichtetheit" gelten als Kategorien des Formalschönen, als „Autoritäten". Sie werden in ihrer „Leibausschließlichkeit (kristallines Prinzip)" beziehungsweise ihrer „Leibbezogenheit (Lebens- und Bewegungsachse)" interpretiert.[60] Diese drei „Autoritäten" bilden im Zusammenwirken eine höhere Ordnung, „die Inhaltsautorität, die sich in höchster Potenz bis zum Ausdruck steigert"[61], sie bewirkt durch Subordination der Autorität, „daß in der Kunst wie in der Natur bald durch krystallinische *Regelmäßigkeit*, bald durch die Herrschaft der *Symmetrie*, bald durch hervorragend proportionale Entfaltung, bald endlich dadurch, daß die Richtung besonders Ausdruck findet, die Idee in deutlich sprechender Weise sich durch die Erscheinung kund gibt"[62]. Damit ist die Voraussetzung geschaffen, auch die außerhalb des eigentlichen Werkprozesses liegenden Bedingungen mit einzubeziehen.

Als innere Bestimmungsstücke des Werkprozesses benennt Semper „Zweck, Material und Technik", wobei die Produkte nach „Typen oder Motiven" klassifiziert werden. Typen seien „ursprüngliche von dem Bedürfnis vorgeschriebene Formen", da auch die „Natur bei ihrer unendlichen Fülle doch in ihren Motiven höchst sparsam ist, wie sich eine stetige Wiederholung in ihren Grundformen zeigt", die unter den jeweiligen „Daseinsbedingungen der Geschöpfe tausendfach modifiziert" erscheinen. „Eben so liegen auch der Kunst nur wenige Normalformen und Typen unter, die aus urältester Tradition stammen, in stetem Wiederhervortreten dennoch eine unendliche Mannigfaltigkeit darbieten, und

gleich jenen Naturtypen ihre Geschichte haben. Nichts ist dabei Willkür, sondern alles durch Umstände und Verhältnisse bedungen."[63] Aus der Reduktion der Bedürfnisstruktur auf „anthropologische Konstanten" und zwar soweit, „daß die durch sie gesetzten Zwecke und die daraus entstehenden Grundtypen der Gestaltung selbst als naturhaft angesehen werden können"[64], ergibt sich das System der vier Klassen – „Textile Kunst, Keramik, Tektonik und Stereotomie" –, die ihrerseits durch diejenigen Materialien bestimmt sind, die sich für bestimmte Funktionen als die jeweils angemessensten erweisen. Den vier Klassen entsprechen vier Handlungsweisen beziehungsweise „Wurzelformen" des Herstellens. Die formalen Aspekte werden innerhalb der einzelnen Klassen in ihrer Korrelation von Material und Technologie bearbeitet und dargestellt. Dabei sieht Semper durchaus schon die ästhetisch-praktischen Probleme, die mit neuen Werkstoffen und Technologien virulent geworden sind, so zum Beispiel beim Kautschuk. Das Material solle unverfälscht für sich sprechen. Aber manches Material bedürfe – wie er bereits in seiner Polychromie-Schrift von 1834 schreibt – „der Überzüge, um es vor der verzehrenden Kraft der Luft zu schützen. Ganz natürlich, daß dies Bedürfnis auf eine Weise befriedigt wird, die zugleich zur Verschönerung beiträgt. Statt der eintönigen Tünche wählt man gefällig abwechselnde Farben. Die Polychromie wird natürlich, notwendig."[65]
Damit stehen mittelbar Sempers Bekleidungsprinzip und seine Stoffwechselthese in Verbindung. Zur zeitgenössischen Diskussion der unterschiedlich wertenden Bedeutung des Begriffs Stoffwechsel hat Sempers Freund und Kollege am Polytechnikum, der holländische Physiologe Jacob Moleschott, wesentlich beigetragen.[66] Mit Bekleidung als Grundprinzip aller Dekoration öffnet er den Funktionsbegriff durch die Möglichkeit der „Metamorphose vom Gebrauchsgegenstand zum Symbol."[67] Diese Möglichkeit bietet auch die Stoffwechselthese, „die Emanzipation der Form vom rein Stofflichen und dem nackten Bedürfnis."[68] Dieser Gedanke schließt an das Axiom der „Inhaltsautorität" an, in dem die Form als „Sublimierung von ursprünglichen Zwecken, Materialien und Techniken", als Ergebnis der Herstellungsweisen und als „Symbol geistiger und gesellschaftlicher Strukturen" gefaßt wird. Dem Künstler beziehungsweise dem Gestalter komme dabei – so von Buttlar – „die Anverwandlung ursprünglicher, beziehungsweise historisch modifizierter Grundtypen zu gesellschaftlich bedeutsamen, zukunftsweisenden Symbolen zu".
Auf den Stellenwert des Bekleidungsprinzips und der Stoffwechselthese haben besonders Rykwert und Quitzsch hingewiesen. Bekleidung und

Stoffwechsel sind heute zu einem zentralen Motiv der Gestaltung von zunehmend mikrologisierten Oberflächen und deren transformationsmorphologischem Potential geworden. Erste Auswirkungen sind schon Ende des 19. Jahrhunderts mit der Einführung des Curtain-Wall-Prinzips der Chicagoer Schule sichtbar geworden.[69]
Ein weiteres Wirkungsmoment ergibt sich aus der lange als antiquiert eingestuften Methodik Sempers: Man kann sie im heutigen Sinne als Transformationsmorphologie bezeichnen, die auf dem Gerüst einer Klassifikation nach elementaren Funktionen beruht. Wiederholt ist auf Sempers Beeinflussung durch das Klassifikationssystem von Cuvier und durch die Linguistik verwiesen worden. Cuvier war von einer äußerlichen Beschreibung der „identifizierbaren Glieder eines Organismus zur Klassifikation nach Funktionen übergegangen, so daß nicht mehr Ähnlichkeit das hauptsächliche Kriterium der Klassifikation war, sondern die Funktionsweise des Gliedes innerhalb des Organismus"[70].
Michel Foucault zufolge lasse Cuvier „die Funktion gegenüber dem Organ an Bedeutung zunehmen" und unterwerfe „die Disposition des Organs der Souveränität der Funktion"[71] Cuvier selbst sagt, man müsse „die Aufmerksamkeit mehr auf die Verrichtung selbst, als auf ihre Organe wenden. Vor der Definition der Organe durch ihre Variablen muß man sie auf die von ihnen erfüllte Funktion beziehen."[72] Verfolgt man Foucaults zusammenfassende Darlegung des Cuvierschen Klassifizierungssystems und liest man Semper parallel, so wird der Zusammenhang bewußt, aber auch das Problem, diese Ordnung der Natur als Basis einer Ordnung der Artefakte beziehungsweise für deren Hervorbringung zu verstehen. Für Semper sind die Wechselwirkungen der unterschiedlichen „thätigen" Momente im Gestaltungsprozeß wichtig. In den *Prolegomena* zum Stil schreibt er über die Aufgaben einer empirischen Kunstlehre: „Eine solche Lehre darf kein Handbuch der Kunstpraxis sein, denn sie zeigt nicht das *Hervorbringen* einer beliebigen Kunstform, sondern deren *Entstehen*; ihr ist das Kunstwerk ein Ergebnis aller bei seinem Werden thätigen Momente. Die Technik wird in ihr daher zwar einen sehr wichtigen Gegenstand zu Betrachtungen bilden, jedoch nur insofern sie das Gesetz des Kunstwerdens mit bedingt. Sie ist auch eben so wenig eine reine Geschichte der Künste; sie durchwandert das Feld der Geschichte, die Kunstwerke der verschiedenen Länder und Zeiten nicht als Thatsachen auffassend und erklärend, sondern sie gleichsam *entwickelnd*, in ihnen die nothwendig verschiedenen Werthe einer Funktion, die aus vielen variablen Coeficienten besteht, nachweisend, und dieses hauptsächlich in der Absicht, das

innere Gesetz hervortreten zu lassen, das durch die Welt der Kunstformen gleich wie in der Natur waltet."[73]
Semper hat für die Genesis der Form eine Funktionsgleichung aufgeschrieben, wobei „die aus dem Zweck abzuleitende Funktion [...] die erste innere Determinante bei der Genesis der Form" ist. Für sie steht F in der Gleichung y = F (x, y, z etc.). Von Buttlar führt dazu das einleuchtende Beispiel aus dem zweiten Band des *Stil* an, das Kapitel *Klassifikation der Gefäße*. Ein Gefäß hat die Urfunktion (F) „Bewahren flüssiger Materie"; dazu die beschreibbaren Unterfunktionen (x, y, z...): Standfestigkeit, Schöpfen, Gießen etc[74]. Entscheidend ist nun der gestalterische Akt selbst, der diese Hierarchie der Funktionen integriert und als „Inhaltsautorität in höchster Potenz bis zum Ausdruck steigert"[75]. Das ist der Anspruch, der an die Gestaltung selbst gestellt ist. Dafür steht Sempers Versuch, die Bedingungen der Möglichkeiten zu erfassen. So wie die Natur in der Ausformung von Bewegungssystemen unterschiedliche Glieder gemäß ihres Verkleidungspotentials ausbildet[76], bildet der Gestalter verkleidende, bekleidende Varianten zu Grundfunktionen aus. Semper macht dazu eine aufschlußreiche Anmerkung: „Ich meine das Bekleiden und Maskiren sei so alt wie die menschliche Civilisation und die Freude an beidem sei mit der Freude an demjenigen Thun, was die Menschen zu Bildnern, Malern, Architekten, Dichtern, Musikern, Dramatikern, kurz zu Künstlern machte identisch. Jedes Kunstschaffen einerseits, jeder Kunstgenuß andrerseits, setzt eine gewisse Faschingslaune voraus, um mich modern auszudrücken, - der Karnevalskerzendunst ist die wahre Atmosphäre der Kunst. Vernichtung der Realität, des Stofflichen, ist nothwendig, wo die Form als bedeutungsvolles Symbol, als selbstständige Schöpfung des Menschen hervortreten soll. Vergessen machen sollen wir die Mittel, die zu dem erstrebten Kunsteindruck gebraucht werden müssen und nicht mit ihnen herausplatzen und elendiglich aus der Rolle fallen. Dahin leitet das unverdorbene Gefühl bei allen früheren Kunstversuchen die Naturmenschen, dahin kehrten die großen wahren Meister der Kunst in allen Fächern derselben zurück, nur daß diese in den Zeiten hoher Kunstentwicklung auch von der *Maske* das *Stoffliche maskirten*. [...] Das Maskiren aber hilft nichts, wo *hinter* der Maske die Sache unrichtig ist oder die Maske nichts taugt; damit der Stoff, der unentbehrliche, in dem gemeinten Sinne vollständig in dem Kunstgebilde vernichtet sei, ist noch vor allem dessen vollständige Bemeisterung vorher nothwendig."[77]
Wichtig im Hinblick auf die Einflüsse der zeitgenössischen Sprachwissenschaft ist die analoge Bemühung Sempers um ursprüngliche Sprachformen;

so ist „Wurzelform" ein Begriff Sempers, den er für Elementarformen des Herstellens gebraucht. Weiterhin ist es die auf Humboldt zurückgehende Bestimmung des Sprechens als Form des Tätigseins. Sempers Begriffe „Urherd" und „Urtuch" in den Verbindungen zum Handeln konnotieren solche Zusammenhänge.[78]
Sempers Versuch, künstlerische Äußerungen auf eine Transformationsmorphologie zurückzuführen, die auf vier „Wurzelformen" der Bearbeitung des trägen Rohstoffs durch die wollende Hand basiert, sei, so Rykwert, „voller faszinierender Möglichkeiten"[79]. Besondere Aktualität scheint Rykwert in Sempers bedeutender „Einsicht in die Art und Weise" zu liegen, „wie Künstler und Handwerker das, was sie denken, auf das beziehen, was sie tun, eine Einsicht, die bei ihm nur durch seinen eigenen kraftlosen Glauben an die Kontinuität der Renaissance als Bewegung und als Stil verdunkelt wird. Zu einer Zeit konzipiert, als Denken und Tun in verheerender Weise auseinander gerissen wurden, enthält die Sempersche Theorie vielleicht einen Hinweis darauf, wie beide einander wieder anzunähern sind."[80]
Weder Semper noch sein Nachfolger in London, Christopher Dresser, haben in ihren Schriften unmittelbar aufeinander Bezug genommen, dennoch ist hier ein kurzer Hinweis auf Dresser aus zwei Gründen angebracht. Dresser führt die Auseinandersetzung mit den Kulturen außereuropäischer Länder systematisch weiter und versucht, über die Elementarisierung und aus der Gesetzmäßigkeit von Naturformen eine neue Formsprache im Design zu erarbeiten.[81] Sowohl die von ihm in bestimmter Weise gesehenen, erforschten und interpretierten Prinzipien der Natur, das heißt die an Pflanzen orientierte Formentwicklung, wie die Reduktion auf Geometrie und Stereometrie in den Gefäßformen des Spätwerks der 70er und 80er Jahre und die Adaption ethnischer Gebrauchs- und Schmuckformen andererseits, sind Kennzeichen seines Designs und seiner Theorien zum Design. Auch Dresser ist mit der Suche nach Gesetzmäßigkeiten beschäftigt. Grapheme in seinen Schriften zur Botanik zeigen dies. Betrachtet man seine Studien über die Relation von Henkel und Tülle bei Kannen, die der gestalterischen Grundlegung einer optimalen Gießfunktion dienen, oder die Darstellung der Verhältnisse von Gefäßkörper und Fuß beziehungsweise der Standfestigkeit, so wird die Korrelation von grundlegender Gesetzmäßigkeit als Invarianz einerseits und der Vielzahl der Morpheme andererseits ersichtlich. Ähnliche Untersuchungen hatte auch Semper unternommen. Semper analysiert vergleichend an den Beispielen der ägyptischen *Situla* und der griechischen *Hydria* die Entste-

hung ihrer Formen aus den verschiedenen Gebrauchsbedingungen. Bei Dresser fällt die Analyse dieses Vergleichs identisch aus.

Friedrich Theodor Vischer

Friedrich Theodor Vischer rückt den Riß zwischen Denken und Handeln, in dem der Zufall haust, ins Zentrum seines Denkens. Gestalt und Form der Dingwelt werden aus der Perspektive von Eigensinn und Zufall betrachtet. Die aufgebrochenen Risse seien in einem harmonisch gedachten Ganzen nicht mehr zu heilen, die Versuche eines aufs Ganze gerichteten System-Konzepts endgültig gescheitert. In seinem späten Roman *Auch Einer* steht der mit sich selbst zerfallene Bürger des 19. Jahrhunderts zwischen einem „höheren ICH a" und einem „niederen ICH b". Dieses unbequeme Eingeständnis steht am Ende von Vischers theoretischem Bemühen. Und insofern unterscheidet er sich fundamental von Wagners ideologisch durchsetzten Kunstschriften.

Für eine systematische Betrachtung der ästhetischen „Gänge" Vischers bietet sich Willi Oelmüllers Arbeit *Friedrich Theodor Vischer und das Problem der Nachhegelschen Ästhetik* an. Oelmüller formuliert drei Fragen, die angesichts der „Entfremdungsstruktur der modernen Welt" zugleich auch die zentralen Fragen in Vischers ästhetischer Theorie bildeten: „Ist mit Hilfe der Kunst die Entfremdung aufzuheben und die verlorene Totalität wiederherzustellen? Oder, in Vischers Terminologie: Leistet die moderne Kunst, wie sie beansprucht, die Aufhebung des Zufalls? Ist das Schöne die Vermittlung des zerbrochenen Ganzen?" Oelmüller zeigt, wie Vischer diese Fragen zunächst positiv zu beantworten versucht, und wie diese Lösungsversuche scheitern. Für Vischer bleibe letztlich „die Position der kritischen Vernunft, die sich für ihn trotz allem als solche noch von selbst versteht", die aber schon am Ende des 19. Jahrhunderts und erst recht in unserer Welt, nicht mehr selbstverständlich sei. Kunst könne nicht mehr „Organon des Ganzen" sein. Ausgangspunkt für das Verständnis der ästhetischen Entwürfe müsse Vischers „kritische Lösung von der Religion und Philosophie" und damit die Auseinandersetzung mit „dem Problem des europäischen Nihilismus" sein, was für Vischer selbst „Ausgangspunkt aller seiner ästhetischen, theoretischen und praktisch-politischen Experimente" gewesen sei. Die drei Schritte der Oelmüllerschen Untersuchung sind „Die Begründung des Ästhetischen im Volk, [...] „in der Idee des Schönen und [...] in der Symbolik."[82]

Ihre höchste Bestimmung erreiche für Vischer die Kunst in seinen ersten ästhetischen Theorien noch vor 1848 dann, „wenn sie den nationalen Geschichtsprozeß der modernen Welt und ihr Bewegungsgesetz mit den der Kunst gemäßen Mitteln darstellt und widerspiegelt". Aus dieser Perspektive kritisiert Vischer die religiöse Kunst der Romantiker und der Nazarener. 1841 setzt er sich ausführlich und detailliert mit Overbecks Bild *Triumph der Religion in den Künsten* (1831-1840) auseinander. Vischer sieht in diesem unanschaulichen, kommentarbedürftigen und gelehrt sich gebärdenden Bild den Versuch gescheitert, noch einmal religiöse Kunst zu schaffen. „Die religiöse Kunst könne nur noch belehren und illustrieren, nicht aber ein wirklich religiöses Geschehen in einer geschlossenen künstlerischen Form als gegenwärtiges Ereignis anschaulich machen." In einer Welt, die in allen ihren Erscheinungsformen an der Auflösung des religiösen Bewußtseins arbeite, sei der *Triumph der Religion in den Künsten* der Wunsch und Wunschtraum einer reaktionären Gruppe. Die religiöse Kunst sei in einer Ideologie, nicht aber in der Struktur der gegenwärtigen Welt begründet.[83]

Vischer setzt sich in seiner weitläufigen Diskussion des Bildes von Overbeck *Triumph der Religion* kritisch mit dem Begriff der Allegorie, dieser „Perücke der Kunst", ihrer Anwendung und ihren Folgen für die Malerei auseinander. Die Allegorie habe sich immer eingestellt, „wo das Leben einer Religion im Absterben und mit ihm die poetische Potenz im Verwelken war"[84]. Vischer rät den „Ideenmalern", „künftig leere Flächen in einem Rahmen aufzustellen: darauf wäre dann zu sehen das Absolute = Zéro, die Idee der Ideen, der Urgrund, worin alle Kühe grau sind. Ohne alle Hyperbel, es müßte nach dieser Ansicht als die höchste Aufgabe des Malers konsequent diese aufgestellt werden, nichts zu malen."[85] Erinnert sei hier noch einmal an Eriksons ironischen Kommentar zum „Strichbild" des grünen Heinrich: „Das Schöne, das Poetische, das Göttliche besteht eben daraus, daß wir uns aus diesem materiellen Geschwür wieder ins Nichts resorbieren, nur dies kann eine Kunst sein, aber auch eine rechte!" Die Allegorie spielt allerdings dort eine Rolle, wo das späte 19. Jahrhundert sich dieser Form als letzter Möglichkeit bedient, Prägungen der industriellen technischen Welt in kulturell nobilitierenden Bildern fassen zu wollen. Vischer aber meinte, neu geprägte Allegorien seien überflüssig, da sie nur das „direkte Beimnamennennen" verhinderten. Er verwahrt sich entschieden gegen die Indienstnahme der Kunst durch die Religion. (T 7) Aber auch wenn sich die moderne Malerei von der Religion befreit haben würde, so habe doch weder die Genre- noch die Landschaftsmalerei die

von ihr erhoffte Vollendung erreicht. Vischer erwartet von der Zukunft, „daß mit Verwirklichung des Volkes diese alles umgreifende Lebensmacht wieder neue anschauliche Formen des menschlichen Zusammenlebens" hervorbringe[86]: „Eine Freiheit, ein Staat: und ihr werdet Großes erleben!" Mit diesem Ausruf schließt Vischer seinen Aufsatz *Die Münchner Kunst* von 1846.
Sein Interesse und seine Hoffnung gelten der Landschafts- und Historienmalerei. Die Natur erfährt der Mensch jetzt entweder als „Objekt der Wissenschaft und der gesellschaftlichen Praxis oder als Erzeugnis seiner eigenen schwärmerischen Sentimentalität. Das Ergebnis der wissenschaftlichen Naturerfahrung ist die ‚unbeseelte Natur' als Einheit von Gesetzen, das der künstlerischen Erfahrung die ‚Landschaft'." Die Aufgabe des Künstlers bestehe darin, den „durch die Geschichte vollzogenen Bruch mit der Natur durch Einfühlung" wenn nicht zu heilen, so doch zu verbergen.[87]
Die Darstellung geschichtlicher Inhalte krankt für Vischer an deren beliebiger Stoffwahl und Darstellungsform. Über die Defizite könne auch eine Inszenierungskunst nicht hinwegtäuschen, die unfähig sei, den Riß zum „Volksleben" der Gegenwart zu kaschieren. „Die malerischen Formen muß der Künstler *auch* aus der Gegenwart nehmen können; so lange er jedes erträgliche Stück Kleid aus alten Rüstkammern, Trödelbuden, bei entlegenen Völkern zusammensuchen muß, befindet sich der Maler (und im Grunde auch der Dichter) im selben Falle wie der Bildhauer, dessen Kunst nie wieder eine andere Stelle einnehmen kann, als die einer mäßigen Reproduktion der griechischen Plastik. [...] Die Kunst hat keine Lebenssäfte mehr, wenn sie ihre Studien nicht mehr in der Wirklichkeit machen kann."[88] Wie soll sich aber die Entfremdung aufheben lassen? Vischer setzte auf Veränderungen durch die bürgerliche Revolution, die in einem national-liberalen Staat münden sollte. Seine konkreten Erfahrungen praktischer Politik 1848/1849 desillusionieren auch die Vorstellungen vom Volk und verändern damit auch die Konzeption seiner ersten ästhetischen Theorien.
Oelmüller setzt sich mit Vischers zweiter ästhetischen Theorie (1835-1857) auseinander und stellt dabei die Bedeutung des Zufalls für Vischers Denken ins Zentrum. Der Zufall sei für ihn „das Wesen aller Dinge, Zufälligkeit und damit Sinnlosigkeit alles naturhaften und geschichtlichen Geschehens die alltägliche Erfahrung des Lebens und das Kennzeichen der modernen Welt". Diese zufällig gewordene moderne Welt drohe „den Menschen und die Kunst zu zerstören" und sei „der Ursprung des Bedürfnisses nach

Rechtfertigung dieser Welt"[89]. In der Wirklichkeit sei im Grunde keine Vernunft, Wirklichkeit sei das „sinnlose Übel". „Der Zufall ist", schreibt Vischer in der *Kritik meiner Ästhetik*, „das Zusammentreffen von Stoffen, Kräften, Wesen, das weder von diesen selbst, noch von irgend einem außer ihm waltenden Geiste gewußt, berechnet, gewollt sein kann. Alles Leben läuft sozusagen mit dem einen Fuß an diesem irrationalen Bande; alle Individualität entsteht unter Umständen der Zufälligkeit, auf dem Zufall ruht die eigentümliche Mischung ihrer Kräfte, alles Leben verläuft sich in der Reihe seiner Leiden und Tätigkeiten am Faden des Zufalls."[90]
Semper spricht in den *Prolegomena* zum *Stil* von der Bedeutung des Zufälligen als „thätigen Momenten, die unser Gemüth spannen und es für die Illusion der Kunst empfänglicher machen". Zum Kampf ums Dasein trete „das Zufällige, Ungereimte, Absurde, das uns auf jedem Schritte der irdischen Bahn begegnet, und dem Gesetze, das wir belauscht zu haben glaubten, schnöde ins Antlitz schlägt. Dann die tiefe unergründliche sturmbewegte eigne Gemüthswelt, Chöre der Leidenschaft im Kampfe unter sich und mit dem Schicksal, Zufall, Sitte, Gesetz; Phantasie im Gegensatz der Realität, Narrheit im Widerspruch mit sich selbst und dem All, nichts als Zerwürfnisse, denen uns die Künste, indem sie diese Kämpfe und Konflikte abschließen, im engen Rahmen fassen und als Momente endlicher Sühne benützen, für Augenblicke entreißen. Aus diesen Stimmungen gingen die lyrisch-subjektiven und die dramatischen Kunstmanifestationen hervor."[91] Daß hier auch eine Auseinandersetzung mit Vischers ästhetischen Anschauungen und dessen zentralem Begriff des Zufalls wirksam ist, darf man annehmen. [92]
In seiner *Ästhetik* hat Vischer noch die Hoffnung, daß eine „säkularisierte Kunst" das „Zuhause-Sein in der Welt" vermitteln könne. Bei der Darstellung des Naturschönen sucht auch er die Verbindung zu den Naturwissenschaften, verweist etwa auf Alexander von Humboldt.[93] Aber „diese von den Wissenschaftlern erschlossene Natur" vermutet Oelmüller, müsse Vischer jedoch für seine Ästhetik „idealisieren". „Die exakten Wissenschaften zerstören nämlich die Illusion der schönen Natur."[94] „Glücklicherweise ist unser Auge kein Mikroskop", schreibt Vischer, „schon das gemeine Sehen idealisiert, sonst würden die Blattläuse am Baum, der Schmutz und die Infusorien im reinsten Wasser, die Unreinheiten der zartesten menschlichen Haut uns jeden Reiz zerstören. Wir sehen nur bei einem gewissen *Grad von Entfernung*. Die Ferne aber ist es eben, welche schon an sich idealisiert; nicht nur das Unreine der Oberfläche verschwindet durch sie, sondern überhaupt die Einzelheiten der Zusammensetzung

des Körpers, wodurch er in die irdische Schwere fällt, die gemeine Deutlichkeit, welche die Sandkörner zählt; so übernimmt schon die Operation des Anschauens an sich einen Teil jener Ablösung und Erhebung in die reine Form."[95]
Hier ist daran zu erinnern, wie Gottfried Semper gerade die strukturellen Zusammenhänge der Naturformen als für seine Ästhetik normativ angesehen und dabei den Blick durchs Mikroskop nicht verachtet hat. Auch Vischer nimmt in seiner Ästhetik mehrfach Bezug auf Cuvier. Er versucht in den Bänden I und II eine strukturelle Ordnung zu konzipieren und zu zeigen, daß eine solche unter ästhetischen Gesichtspunkten nicht mit denen der Naturwissenschaft in allem übereinstimmen kann und muß. Dabei kommt er in seinem galligen Temperament bisweilen zu eigensinnig wertenden Beschreibungen.
In der Kritik seiner Ästhetik verzichtet Vischer später auf das Konstrukt des „Naturschönen aus der Idee" und kommt zu dem Schluß: „Kurz das Schöne ist einfach eine bestimmte Art der Anschauung."[96] Vischer erkenne, so Oelmüller, daß eine Metaphysik des Schönen in einer Welt, „die immer entfremdeter, beziehungsloser und zufälliger wird, nicht mehr die Theorie des Ganzen sein kann"[97].
In seiner Zürcher Zeit, nach 1857, hat Vischer auch die Vorstellung aufgegeben, „im Volk und in der Idee eine neue humane Welt zu begründen und damit der modernen Kunst eine neue Basis zu geben". Die in der *Ästhetik* begründete schöne neue Welt erwies sich durch den in der Realität fortbestehenden Zufall als eine Scheinwelt. „Der Idealismus wurde als Weltentwurf der abstrakten Vernunft durch die Realität widerlegt und blamiert"[98] und damit zum Gegenstand des Komischen. Das Komische ertappe, nach Vischers Definition, den Menschen bei seinen Weltkonstruktionen. „Denn das Komische ruht auf dem Kontrast, die Freiheit im Kontrast-Erzeugen ist aber dahin, wenn es verboten sein soll, mit einem starken Ruck aufzuzeigen, daß dasselbe Wesen, der Mensch, dessen Haupt in der Geisterwelt steht, mit breiter Basis in der Natur steckt, mit langen Wurzeln in die Mutter Erde gesenkt ist, oder wenn es verboten sein soll, denselben Kontrast, wenn der Zufall ihn aufdeckt, zu bemerken und zu belachen. Statt Kontrast müssen wir eigentlich setzen: Widerspruch. Das Komische ist der ertappte Mensch."[99]
Ein von Skepsis und Ironie bestimmter Kompromiß mit der Realität kennzeichnet nach 1857 Vischers fragmentarische und durchaus selbstkritische Konzeption des Ästhetischen. Dabei ist die Erfahrung in der modernen Welt geprägt durch Entfremdung, gespalten in ein „Ich a" und ein „Ich b",

in ein „oberes und unteres Stockwerk", wie Vischer dies am *Auch Einer* vorführt. Das „obere Stockwerk" bedeutet „die Moral, die sich immer von selbst" versteht, aber auch die Arbeit am „zeitlos Wertvollen", am Staat, an Recht und Gesetz, an einer „sittlichen Weltordnung". Den Gegensatz zu diesem idealistischen Überbau bildet „die Tücke des Objekts, das untere Stockwerk"[100]. Die „Kunst kann nur momentan erlösen, und das Dasein muß immer wieder aus der unbewußten Stimmung in die Helle des Bewußtseins, aus dem Unvermittelten in die konkrete und vermittelte Realität und aus dem unbestimmten Gefühl in die Bestimmtheit, Beschränktheit und Zufälligkeit der Welt zurückkehren. Im Gegensatz von Kunst und Realität erreicht die Verdoppelung und Entfremdung des Menschen [...] ihren höchsten Ausdruck."[101] Vischer unterscheidet dabei „zwei Arten zu denken, eine in Worten und Begriffen und eine in Formen; es gibt zwei Arten, die Welt zu lesen, eine in Buchstaben, eine in Bildern."[102] Für Oelmüller zeigt Vischers Ästhetik nicht nur „warum für das moderne Dasein der Versuch einer ästhetischen Versöhnung notwendig wird", sondern auch, „warum dieser Versuch scheitert. Sie erzeugt nicht nur den Glauben an die ästhetische Versöhnung, sondern durchschaut ihn auch als Aberglauben."[103]

Daß Vischer sich in der Zürcher Zeit auch mit Schopenhauer auseinandergesetzt hat, überrascht schon aus einem äußerlichen Grund nicht. Er hatte Richard Wagner im Hause Wesendonck kennen gelernt, und Schopenhauer war dort der „Hausphilosoph". Das Verhältnis zwischen Wagner und Vischer war allerdings nicht ungetrübt. Zur Philosophie Schopenhauers geht Vischer, trotz partieller Gemeinsamkeiten, mit Kritik und Ironie entschieden auf Distanz, was mit der Distanz zu Wagner zusammenhängen mag. Oelmüller führt dazu Wagners Stellungnahme zur bisherigen Ästhetik, besonders zur Kritik der Musik an, die Vischers Aversion verständlicher mache: „Die bisherigen Ästhetiker seien der ‚eigentlichen Wirkung der Musik gleich einer Gefahr durch Überflutung ausgewichen.' Erst Schopenhauer und Beethoven hätten gezeigt, so Wagner, daß die Musik die unmittelbare Offenbarung des Wesens der Welt, des Willens selbst' sei und daß ‚im Musiker der Wille sofort über alle Schranken der Individualität hin sich einig fühlt.' Die ‚von der Musik Ergriffenen' befänden sich in einem Zustand ‚somnambulen Hellsehens,' ‚in einem Traum des tiefsten Schlafes', und in der höchsten Ekstase vollziehe sich die ‚Erlösung von der Schuld der Erscheinung'. Die ‚Offenbarung' der Musik bringe uns ‚das innerste Wesen der Religion, frei von jeder dogmatischen Begriffsfiktion, zum Bewußtsein'."[104]

Auf welch perfide Weise sich Wagners Beziehung zu Vischer ausbildet, verdeutlicht eine Textpassage von Wagner: „Selbst von Seiten unserer Aesthethik traf ich anfänglich auf eine Neigung, mit redlichem Willen auf die in meinen Kunstschriften niedergelegten Ansichten einzugehen. Jenes Libell des Dr. Hanslick in Wien über das ‚Musikalisch Schöne', wie es mit bestimmter Absicht verfaßt worden, ward aber auch mit größter Hast schnell zu solcher Berühmtheit gebracht, daß es einem gutartigen, durchaus blonden deutschen Aesthetiker, Herrn Vischer, welcher sich bei der Ausführung eines großen Systems mit dem Artikel ‚Musik' herumzuplagen hatte, nicht wohl zu verdenken war, wenn er sich der Bequemlichkeit und Sicherheit wegen mit dem so sehr gepriesenen Wiener Musikästhetiker assoziirte: er überließ ihm die Ausführung dieses Artikels, von dem er Nichts zu verstehen bekannte, für sein großes Werk. (Dieses theilte mir Herr Professor Vischer einst selbst in Zürich mit: in welchem Verhältniß die Mitarbeit des Herrn Hanslick als eine persönliche und unmittelbare herangezogen wurde, ist mir unbekannt geblieben.)" Wagner unterstellt hier, Hanslick habe den Artikel über Musik in Vischers Ästhetik konzipiert, was definitiv falsch ist, was ihm aber Gelegenheit zu einem antisemitischen Ausfall geben sollte: „So saß denn die musikalische Judenschönheit mitten im Herzen eines vollblutig germanischen System's der Aesthetik, was auch zur Vermehrung der Berühmtheit seines Schöpfers um so mehr beitrug, als es jetzt überlaut in den Zeitungen gepriesen, seiner großen Unkurzweiligkeit wegen aber von Niemand gelesen ward. Unter der verstärkten Protektion durch diese neue, noch dazu ganz christlich-deutsche Berühmtheit, ward nun auch die musikalische Judenschönheit zum völligen Dogma erhoben; die eigenthümlichsten und schwierigsten Fragen der Aesthetik der Musik, über welche die größten Philosophen, sobald sie etwas wirklich Gescheidtes sagen wollten, sich stets nur noch mit muthmaaßender Unsicherheit geäußert hatten, wurden von Juden und übertölpelten Christen jetzt mit einer Sicherheit zur Hand genommen, daß Demjenigen, der sich hierbei wirklich Etwas denken, und namentlich den überwältigenden Eindruck der Beethoven'schen Musik auf sein Gemüth sich erklären wollte, etwa so zu Muthe werden mußte, als hörte er der Verschacherung der Gewänder des Heilandes am Fuße des Kreuzes zu."[105] Hanslick hat übrigens Vischers Ästhetik mit Begeisterung gelesen.
Einer von Vischers Einwänden gegen das Ideal vom Gesamtkunstwerk ist die Feststellung, Wagner lasse die Vernunft in der „grauenhaften Weltanarchie" untergehen, um danach mit dem Gesamtkunstwerk sein säkulares Bühnenfestspiel zu schaffen. Vischer beharrt dagegen auf der Eigenmäch-

tigkeit der Gattungen.[106] (T 8) Auch Gottfried Keller hatte sich, noch von Berlin aus, skeptisch zu Wagners Ideen über die *Kunst der Zukunft* geäußert und darauf bestanden, daß „immer das entschiedene Bedürfnis individueller Virtuosität im *einzelnen* bestehen" bleibt, wie auch der Eigenwert der verschiedenen Kunstgattungen.[107]
Wie Keller kann sich auch Vischer nicht die Verherrlichung des Mythischen durch den frühen Nietzsche zu eigen machen, der in Schopenhauer und Wagner die großen Leitfiguren sah. Klaus Jeziorkowski beschreibt Kellers Verhältnis zu Wagner nach dessen Rückkehr nach Zürich so: „Er (Wagner) rückte bei Keller schnell und gründlich in die Reihe der ‚Faiseurs', ‚Friseure' und ‚Charlatane' in jenen Jahren, als er wie die depolitisierten Besitzer der Gründerzeitvillen und die Phantasten auf den Thronen an das Opiat der Schopenhauerschen Philosophie geriet." Diese Lehre sei – vor allem in politischer Hinsicht – „zum Schlafmittel, in künstlerischer Hinsicht auf dem Gebiet entnervender Effekte, exotischer Parfüms und orientalisch prunkvoller Mystik zum Rauschmittel" geworden.[108] Später, in einem Brief an Emil Kuh vom 18. November 1873 schreibt Keller: „Nietzsche soll ein junger Professor von kaum 26 Jahren sein, Schüler von Ritschl in Leipzig und Philologe, den aber eine gewisse Großmannssucht treibt, auf anderen Gebieten Aufsehen zu erregen. Sonst nicht unbegabt", sei er durch Wagner-Schopenhauerei verrannt und treibe in Basel mit ein paar Gleichverrannten einen eigenen Kultus. Und Keller gibt zu bedenken, ob man „einem Spekulierburschen dieser Art nicht noch einen Dienst leistet, wenn man sich stark mit ihm beschäftigt."[109]
Allein eine „fremde, unlogische Macht, die Kunst, vor allem die Musik", könne „in einer durch das theologische und metaphysische Denken verstellten Welt den verlorenen Mythos wieder aus sich gebären und zugleich die Vorstellungen erzeugen, mit denen das Dasein erträglich" sei. Gegenüber solchen Vorstellungen Nietzsches – der Vischer als „Bildungsphilister" verachtete – bleibt Vischer skeptisch. Für ihn gilt, trotz aller ungelösten und unlösbaren Probleme, die Moderne sei „durch ihr Prinzip der Vernunft unendlich größer als die mythische Welt"[110].
Hierin trifft er sich mit Gottfried Semper, der in einer Auseinandersetzung mit neuen Technologien, die er eben kennengelernt hatte, in *Wissenschaft, Industrie und Kunst* schreibt: „Sind es nicht große, herrliche Errungenschaften? – Ich beklage allgemeine Zustände keineswegs, von denen dies nur die weniger wichtigen Symptome sind, sondern bin sicher, daß sie sich früher oder später zum Heile und zur Ehre der Gesellschaft nach allen Seiten glücklich entfalten werden. Auch bescheide ich mich, jene schwie-

rigeren und höheren Fragen zu berühren, zu welchen sie auffordern, sondern versuche nur auf die Verwirrungen hinzuweisen, welche sie auf dem Gebiete derjenigen Fähigkeiten des Menschen, die sich in dem Erkennen und Darstellen des Schönen betätigen, vorerst veranlassen."[111] Semper und Vischer hatten sich da schon aus dem aktiven politischen Handeln verabschiedet, ohne jedoch ihre politischen Grundüberzeugungen aufzugeben, und sich theoretischen Arbeiten zugewandt, die durchaus praktisch werden sollten. Vischer denkt die Chance eines vernünftigen menschlichen Lebens, trotz des „maschinenhaft rohen Drucks der Verhältnisse in diesem stoßenden Gedränge, wo alles vom Interesse geschoben wird," wie er im Roman *Auch Einer* feststellt.

Hierin trifft er sich mit Jacob Burckhardt. Nicht zuletzt wegen dessen Berufung als Professor für Archäologie und Kunstgeschichte an die Zürcher Hochschule hatte auch Vischer den Ruf dorthin angenommen. Aus unveröffentlichten Briefen hat Oelmüller einige Facetten ihrer Beziehung aufgezeigt. Unter anderem zitiert er einen Brief Burckhardts an Vischer vom 17. Februar 1867: „Ich glaube, soweit ich die Dinge habe durchdenken können, mit Ihnen ungefähr überein zu stimmen. […] Alle Wolken des Himmels über halb Europa hängen dick voll künftiger Gewalttat. Dem Philister ist überall öd und bang, wenn er nicht zu einem enormen Staat gehört, der ihm außer Sicherheit auch noch durchgehende Nachtzüge u. a. Bequemlichkeit verspricht. Freilich können ihm die Söhne perfekt in Feldlazaretten sterben." Weiter schreibt er: „Unser Ausgangspunkt ist der vom einzigen bleibenden und für uns möglichen Zentrum, vom duldenden, strebenden und handelnden Menschen, wie er ist und immer war und immer sein wird." Und er glaubt vor einer Ideologisierung des Volkes warnen zu müssen: „Ihr alle wißt noch nicht, was Volk ist, und wie leicht das Volk in barbarischen Pöbel umschlägt."

Seine Schlußfolgerung lautet dann: „Ändern kann ich's doch nicht, und ehe die allgemeine Barbarei […] hereinbricht, will ich noch ein rechtes Auge voll aristokratischer Bildungsschwelgerei zu mir nehmen." Er sei, wie er schreibt, „mit dieser heillosen Zeit komplett überworfen" und „entweiche ihr deshalb „in den schönen, faulen Süden, der der Geschichte abgestorben ist und als stilles, wunderbares Grabmonument mich Modernitätsmüden mit seinem altertümlichen Schauer erfrischen soll"[112].

Dreizehn Jahre zuvor, Ende 1854, hatte Burckhardt seinem Bewerbungsschreiben an den Präsidenten des Eidgenössischen Schulrates Dr. Kern um die Professur in Zürich die Druckfahnen seines eben erscheinenden, über tausend Seiten umfassenden, zu großen Teilen in Italien entstandenen

Cicerone – eine Anleitung zum Genuß der Kunstwerke Italiens beigefügt. Noch unsicher über die Wirkung des Werkes, hatte er Vischer in Tübingen um eine Rezension gebeten. Das Buch verfehlte seine nachhaltige Wirkung nicht. Auch Gottfried Keller nutzt es zuweilen, um dort nachzulesen, was reisende Freunde aus Italien berichten, und um sich vorzustellen, was sie sehen. 1860 erscheint Burckhardts *Kulturgeschichte der Renaissance in Italien*.

Burckhardt hielt sich im übrigen die deutsche Emigrantengruppe vom Leib, die sich im Hause Wesendonck um Wagner, den er wohl nicht mochte, geschart hatte. Mit seinem Kollegen Semper gab es offensichtlich keine Konflikte, aber auch keine Freundschaft, näher stand ihm eher Vischer, und freundschaftlich verbunden war er am ehesten Keller. Werner Kaegi bedauert in seiner Biographie, wie schade es sei, „daß Burckhardt nicht wenigstens eine Bosheit über den elfenbeinernen Taktstock hinterlassen hat, den Semper zur Versöhnung des Ehepaares Wesendonck mit Wagner entworfen hat, oder über die gut schweizerischen Kaltwasserkuren, in denen damals die Rheingoldmusik geboren wurde"[113].

Gleichzeitig – ungleichzeitig

Das 19. Jahrhundert ist auch eine Zeit der Panoramabilder, der Rundumblicke, die zugleich die Illusion vom Ganzen erzeugen wollen und doch nur in ruckweise vorrückenden Sequenzen einen Ausschnitt der Welt vor Augen führen. Die Personen, die aus unterschiedlichen oder ähnlichen Gründen hier zusammentreffen, aufeinanderstoßen, sich anziehen, sich abstoßen und wieder auseinandergehen, erscheinen hier aus der Distanz des Geschriebenen, von ihnen selbst und von Dritten über sie. Sie sind mit der Ausbildung ästhetischer Theorien, mit Theorien zur Kunst, zur Musik, zur Literatur beschäftigt, Theorien, die sie gedruckt und auch gesprochen vermitteln und zur Geltung bringen wollen. Alle sind bemüht, das in ihren Denkräumen Vorgestellte und Erarbeitete praktisch wirksam werden zu lassen. Was mittelbar und unmittelbar aus den regelmäßigen Begegnungen am Ort in die Gedanken des jeweils Anderen eingeflossen ist, aufgenommen und wirksam oder auch zurückgewiesen wurde, ist freilich nicht schriftlich überliefert. Ihre Gespräche beim Wein mag man sich gerne vorstellen.

Vischer nimmt, nach den Mühen mit seiner *Ästhetik*, seine *Kritischen Gänge* wieder auf. Sie machen vor seiner eigenen *Ästhetik* nicht halt.

Sein ästhetisches Panorama, für das er einen unglaublichen Reichtum an Materialien, prägnanten und auch bisweilen grotesken und verqueren Beobachtungen aufgehäuft und in ein System zu zwingen versucht hatte, bricht auseinander. Er schreibt nun die *Kritik meiner Ästhetik* und richtet den Blick auf die Alltagskultur, auf die Bagatellen. Heinz Schlaffer hat das so zusammengefaßt: „Als Pendant zu seiner ‚Ästhetik oder Wissenschaft des Schönen' betrieb er Kulturkritik als ‚Wissenschaft des Unschönen'. Sie galt nicht dem gesellschaftlichen Ganzen, das er für hoffnungslos und dennoch für akzeptabel hielt, sondern den konkreten Einzelheiten, die er für verbesserungsbedürftig und verbesserungsfähig hielt: der Körperhaltung, dem Benehmen im Eisenbahnabteil, den Erfordernissen und Absurditäten der Kleidung, der Abschaffung von Spielbanken, dem Verfälschen von Lebensmitteln, dem Schutz der Tiere. Fragen, die bislang nicht über das Niveau von Zeitungsartikeln und Vereinsprogrammen hinausgekommen waren, trug er mit argumentativer Strenge des Professors und der rhetorischen Brillanz des Schriftstellers der gebildeten Öffentlichkeit vor. So stritt er für eine Demokratisierung und Aktualisierung des Kulturbegriffs, womit er im Deutschland des 19. Jahrhunderts eine Ausnahme blieb."[114]
Keller ist fünfzehn Jahre lang in gesellschaftlicher und politischer Praxis als Staatsschreiber in Zürich aktiv und hoffte, wie er an den Verleger Cotta schrieb, „daß der Poet und Schriftsteller dabei nicht verloren gehe, sondern im Gegenteil dadurch einen festeren Halt im Leben gewinne."[115]
Gottfried Semper, in Zürich gehalten durch die Möglichkeit, in der Schweiz zu bauen, sieht sich mit dem schon von ihm reflektierten und formulierten Problem der Wechselwirkung von Theorie und Praxis des Bauens konfrontiert, und damit, eine eigene Formsprache für seine Architektur zu entwickeln. Das Theaterprojekt für Ludwig II. in München ist dann ein weiterer Härtetest seiner Theorien und ein Kreuzungspunkt mit Wagners Konzeption vom Theater als Ort seines Musikdramas. Bekleidungstheorie und Inszenierung sind Schlüsselbegriffe für die Realisierungsstrategien von Semper und Wagner.

Gottfried Semper, um 1869

Richard Wagner, 1860

Friedrich Theodor Vischer, um 1855

Gottfried Keller, um 1867

Minna Wagner, um 1842/1845

Richard und Cosima Wagner

Hans von Bülow

Otto und Matthilde Wesendonck,
um 1850

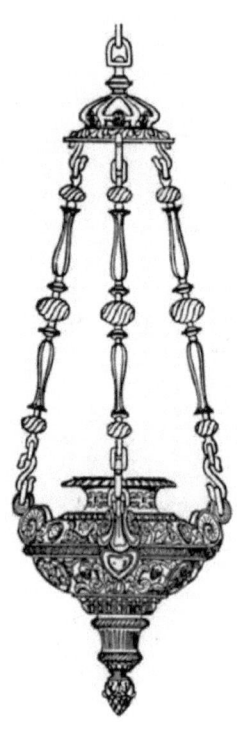

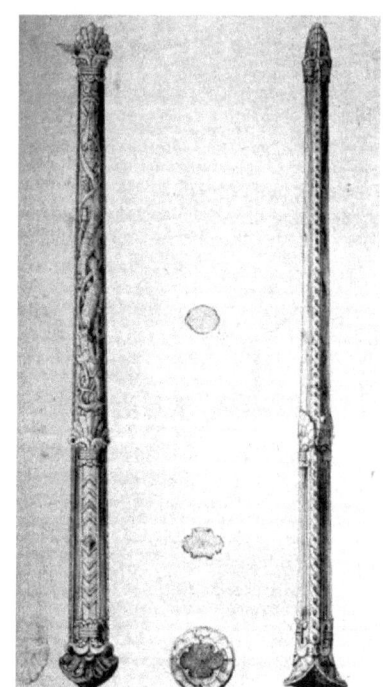

Gottfried Semper, Ampel für die Synagoge in Dresden

Friedrich Nietzsche, 1871

Gottfried Semper, Runenstab als Taktstock für Richard Wagner

Die *Rheintöchter* auf Schwimmwagen

Mina Lammert als *Floßhilde* in *Rheingold*, 1876

Mariann Brandt als *Kundry*, Bayreuth, 1882

Hans Makart, Die Schauspielerin Charlotte Wolter als *Messalina*, 1875

Carl Emil Doepler, Plan für die Laterna
Magica. Projektion des Walkürenritts

Amalie Materna als *Brünhilde*
in der *Walküre*

„bayreuthiana.
Wie sich der Uneingeweihte
den Walkürenritt vorstellt",
Leipzig 1876

Karikatur auf die Beziehung Wagners zu Cosima und Hans von Bülow
„Und ich entführ' sie doch, das steht schon im Homer! Richard Paris."

M. Schultze, „Wagner mit Cosima und Hans von Bülow nach einer Tristan-Probe in der Maximilianstraße, 1865

Friedrich Overbeck,
Der Triumph
der Religion
in den Künsten,
1831-1840

Julius Schnorr
von Carolsfeld,
Hagen tötet Siegfried,
1845

Fr. Th. Vischer, Zeichnung eines antiken Frauenkopfs

Thekla Vischer, geb. Heinzel, 1862

Ariadne auf dem Panther, Biskuitporzellan, Nachbildung des Originals von Johann Heinrich Dannecker (1810-1814)

Arbeitszimmer und Wohnzimmer von Fr. Th. Vischer in Stuttgart, Keplerstraße 34

Hört ihr den Pfiff, den wilden, grellen?
Es schnaubt, es rüstet sich das Thier,
Das eiserne, zum Zug, zum schnellen,
Her braust's wie ein Gewitter.schier.

Kein Postzug nimmt mit lust'gem Knallen
Bald durch die Stadt mehr seinen Lauf
Und wecket mit des Posthorns Schallen
Zum Mondenschein den Städter auf.

Justinus Kerner.

Allegorie auf die
Eisenbahn, 1879

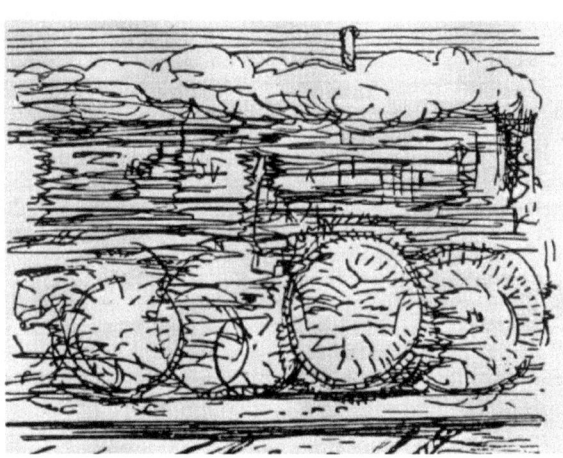

Geschwindigkeit der
Eisenbahn, Zeichnung
im *Punch*, 1851

Dreifuß aus Pompeji

Gottfried Semper, Pfeilertisch
mit Kabinettschränkchen, 1854

Seite aus dem Katalog der Weltausstellung
London 1851

Semper, Deckelvase, 1836, Porzellan, Meißen

Dresser, Zuckerschale

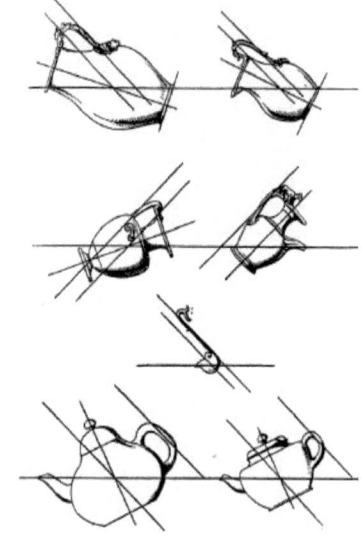

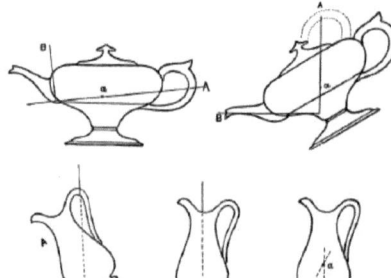

Dresser, Funktionsstudien

Semper, Funktionsstudien

Dresser, Studie
zur Gesetzmäßigkeit
des Wachstums
von Pflanzen

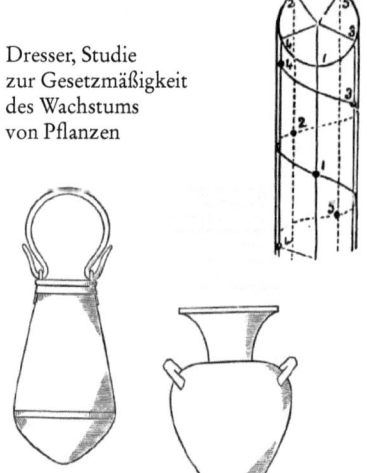

Semper, Situla und Hydra

Dresser, Situla und Hydra

Gottfried Semper, Entwurf für ein römisches Theater im Kristallpalast in Sydenham

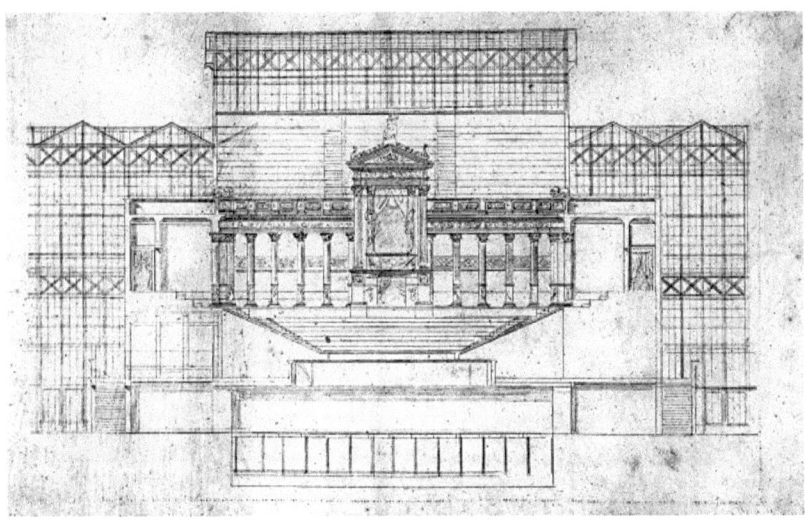

Gottfried Semper, Entwurf für ein provisorisches Theater im Münchner Glaspalast

Semper, Erstes Hoftheater, Dresden, 1869

Semper, Zweites Hoftheater, Dresden, 1878

Johannes Schilling, *Dionysos und Ariadne* auf einem von Panthern gezogenen Wagen, auf der Semper-Oper Dresden, 1871

Semper, Modell des Festspielhauses in München

Gilly, Entwurf eines Schauspielhauses

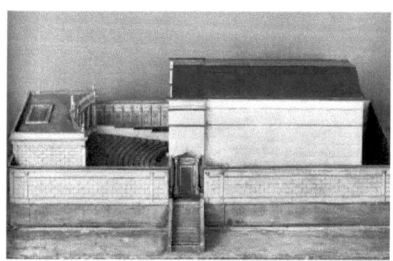

Semper, Modell für ein provisorisches Theater im Glaspalast in München, 1865/1866

Festspielhaus in Bayreuth, 1873

Gottfried Semper, um 1878

Auguste Renoir, Richard Wagner, 1882

Friedrich Theodor Vischer, 1886

Arnold Böcklin, Gottfried Keller, um 1889

3 Theorie soll praktisch werden

Publikationen, Vorträge, Vorlesungen

Daß Gottfried Semper zeitlebens, zunächst in Dresden, dann in London und schließlich in Zürich, an der Vermittlung und an der Umsetzung seiner praxisbezogenen Theorien gelegen war, ist bekannt. Daß Friedrich Theodor Vischer zeitlebens ein engagierter und erfolgreicher Lehrer war, in Tübingen, in Zürich und wieder in Tübingen und schließlich in Stuttgart, ist bezeugt. Auch die öffentlichen Vorträge von Semper, Vischer und Burckhardt in Zürich und insbesondere später von Vischer in Stuttgart, verfehlen ihre Wirkung nicht, noch am Tag nach seinem achtzigsten Geburtstag hält er Vorlesung. Ausgiebige Korrespondenz und ausführliche Rezensionen, die bei Vischer oft zu ganzen Aufsätzen geraten, wie etwa über Keller, Mörike und andere, sorgen für Verbreitung und Wirkung der besprochenen Werke. Wie gründlich und zeitaufwendig die Lehrveranstaltungen vorbereitet wurden, gleich ob nur vor wenigen oder vor mehreren hundert Hörern gelesen wurde, ist belegt. In den elf Zürcher Jahren verfaßt Vischer neben dem Abschluß seiner Ästhetik, dem letzten Band *Dichtkunst*, fast vierzig Aufsätze zu Literatur, Kunst und Politik und schließlich und bedeutsam 1866 die *Kritik meiner Ästhetik*. Gottfried Semper hatte schon in London seine empirischen Untersuchungen zur Kunstindustrie vor Ort auf Konsequenzen für die Vermittlung durchdacht und in Lehrkonzepten fixiert und publiziert. Sein in Zürich abgeschlossenes Werk *Der Stil* trägt nicht umsonst den Untertitel *praktische Ästhetik*. Und selbst Richard Wagner, der wohl ein distanziertes Verhältnis zu den Professoren hatte, ist in seinen Zürcher Schriften zur Musikästhetik auf praktische Wirkung aus. Wie aber kann ästhetische Theorie praktisch werden? Eine Antwort, die Vischer geben würde, lautet: durch Kritik, wie er sie in seinen *Kritischen Gängen* vorträgt.

Körper und Mode

Körper und Mode beschäftigen Vischer schon in seiner *Akademischen Rede zum Antritte des Ordinariats am 21. November 1844 zu Tübingen gehalten*. Gleich zu Beginn plädiert er für die „anhängenden Künste", für die körperliche Ertüchtigung der akademischen Jugend. Er buchstabiert seine Ästhetik der Körperbildung durch alle Fakultäten. Um dem Ideal näherzukommen, „reicht das bißchen Spazierengehen nicht hin, der Körper wächst nicht von selbst, wird nicht von selbst was er sein soll, er muß ebensosehr Kunstprodukt werden, als er Naturprodukt ist"[1]. Eines seiner Ziele war der waffenfähige Bürger, die „Landwehr" als Garant eines republikanischen Gemeinsinns. Vischer selbst hat dieses Ideal gelebt. Gottfried Keller beschreibt ihn einmal als einen Wanderer, „der sich dem Ende seines sechsten Jahrzehnts nähern mochte, aber noch wohlgebaut und mit rüstigen Gliedmaßen dahinschritt. Er war keineswegs modern und doch mit schlichter Eleganz gekleidet, da er die schlotterige Tagesmode verachtend, an dem als zweckmäßig erkannten Gewandschnitte ‚schöner Jahre' unverbrüchlich festhielt, der an Schulter, Arm und Hüfte dem Körper sein Recht ließ. Der Hut saß ihm gut und frei, fast etwas schieflich zu Haupte, und schien zu sagen: ‚Ein Mann geht unter mir!'"[2]
Für Vischer ist „der Maßstab aller Schönheit für die Formen der Kleidung natürlich nichts Anderes als der menschliche Körper selbst"[3]. In drei größeren Aufsätzen wettert er gegen die „unvernünftigen" Auswüchse der Mode und erregt damit die Gemüter.[4] Walter Benjamin hat in seiner Auseinandersetzung mit Baudelaire darauf hingewiesen, daß „der süddeutsche Demokrat Friedrich Theodor Vischer in einer Kritik der Herrenmode zu Erkenntnissen" gekommen sei, die denen von Baudelaire ähnlich seien. Nur ihr Akzent hätte sich geändert; was bei Baudelaire „als Farbton in den dämmernden Prospekt der Moderne" eingehe, liege bei Vischer „als blankes Argument im politischen Kampf zur Hand". „Farbe bekennen", schreibe Vischer mit Blick auf die seit 1850 herrschende Reaktion, „gilt für lächerlich, straff sein für kindisch; wie sollte da die Tracht nicht auch farblos, schlaff und eng zugleich werden?" Vischers politische Kritik überschneide ein frühes Phantasiebild von Baudelaire. Walter Benjamin vergleicht dann das Baudelairesche Sonett *Albatros*, in dem der Dichter das Bild dieser Vögel und deren Unbeholfenheit auf dem Schiffsdeck zeichnet, mit Vischers Äußerung zur Kleidung (über die weiten Ärmel des Jackenanzuges), die er wiederum zitiert: „Das sind nicht mehr Arme, sondern Flügelrudimente; Pinguinsflügelstümpfe, Fischflossen und die

Bewegung der formlosen Anhängsel im Gang sieht einem thörichten, simpelhaften Fuchteln, Schieben, Nachjücken, Rudern gleich." Benjamin schließt seinen Vergleich so: „Die gleiche Ansicht der Sache – das gleiche Bild."⁵ Tournüre und Krinoline sind für Vischer anstößige Teile der Mode. Schon Wilhelm Busch hatte sich übrigens spöttisch der Krinoline in *Adelens Spaziergang* zeichnend und dichtend zugewandt. Dennoch bleibt Wilhelm Busch von Vischers Kritik nicht verschont. Er mokiert sich über Buschs „pornographischen Strich", den er in der Geschichte vom *Heiligen Antonius von Padua* und dort besonders im Bart des Heiligen „walten sieht." Vischers Beobachtung trifft durchaus. Es ist der für Busch charakteristische, sinnlich weiche Strich, der die Körper formt, und von dem dann im 20. Jahrhundert der Pop-Künstler Claes Oldenburg so fasziniert sein wird. Daß Vischer diesen Zug aber als pornographisch brandmarkt, hat wohl eher mit ihm selbst zu tun.

Vischer zeichnet selbst, auch Karikaturen, was zu seiner Zeit durchaus als Kommentar auf Zetteln und in Briefen keine Seltenheit war. Zeichnend Beobachtungen vor Ort zu dokumentieren, war gängige Praxis von Kunsthistorikern. Von Jacob Burckhardt sind prägnante Landschaften, Stadt- und Architekturansichten erhalten. Satire und Karikatur als eigenständige Ausdrucksform für Gesellschaft und Zeit zu betrachten, war aber dennoch nicht selbstverständlich. Hier war Vischer mit seinen Artikeln dazu gewiß ein Vorreiter. Auch gibt es eine gewisse Korrespondenz zwischen den Themen, die die Karikatur seiner Zeit aufgreift und Vischers Themen, Mode, Frauen, Politik und die Tücke des Objekts. Meisterlich in seiner Zeit faßt er das Satirische in Worten, nicht zuletzt im *Faust III*, seiner Parodie des Goetheschen *Faust II*. Aber er ist auch ein Meister der kleinen Form, wie das schöne Beispiel eines Gedichtes zu einer Strichmännchen-Zeichnung seiner Enklin zeigt, die er liebevoll, ironisch als *Himmelfahrt Mariä* in dreizehn Sonetten interpretiert. Daraus: „Und nun zum Antlitz! Wie die Worte fügen, / Die Zeichensprache solchen Stils zu loben! / Das Stoffliche, auch hier ist es zerstoben, / Erscheint nur kaum in feinen Griffelzügen. / Senkrechter Strich als Nase muß genügen: / Zu riechen gibt's ja doch nichts mehr dort oben, / Dem Eßtrieb dient ja dieß Organ, dem groben! / Dort ißt man nicht! Der Künstler soll nicht lügen! / Der Mund – begreif' es aus demselben Grunde, / Daß es im Jenseits nichts mehr giebt zu essen, / Und hüte dich zu lächeln und zu spotten! / Von idealen Räumen giebt er Kunde: / Weil da zu Tische nicht mehr wird gesessen, / Ist er zum bloßen Querstrich eingesotten"⁶ „Schlechte Wirtschaft dort" – hatte Gottfried Semper dem Gottfried Keller in einem Traum zugerufen.

In seinen Kommentaren zur Mode geißelt Vischer deren Unnatürlichkeit und Unbequemlichkeit. So wird er fast zum Vorkämpfer der sogenannten Reformkleidung. Aber er schießt auch auf das, was er in solcher Kleidung als das Verwerfliche und Unsittliche, als für den Mann ausgelegten Köder zu erkennen meint. Man kann es mit Schlaffer/Mende so zusammenfassen: „Die Paarung von Puritaner und Lebemann, der hohe sprachliche Aufwand am kleinen Gegenstand, die souveräne Verfügung über die Mittel der Schmäh- und Schimpfliteratur wider die Mode seit dem Mittelalter, geben dieser Mischung aus Wahrheiten, Halbheiten und Dummheiten ihre Brillanz. Vischers verkleidete Entblößungsphantasien berauschen sich an dem, was er gleichzeitig zu bekämpfen trachtet. Und ihm gelingt damit: das Tabu des Obszönen zu verletzen und es gleichzeitig aufrechtzuerhalten."[7] Die Beispiele, mit denen er seine Kritik verschärfen will, entnimmt er dann nicht selten der Tierwelt.[8]

Im rabiaten Pathos der Zürcher Kunstschriften ging auch der am Luxus hängende Richard Wagner mit Luxus und Mode scharf ins Gericht. Er wendet aber die Kritik ins Grundsätzliche seiner Idee vom Kunstwerk der Zukunft. Udo Bermbach hat in den Wagnerschen Begriffen von Luxus und Mode, Konvention und Erstarrung, Unnatur und Mechanik, Abstraktion und Verstand, Egoismus und alltäglicher Wirklichkeit eine Ausfüllung des Marxschen Entfremdungsbegriffs sehen wollen.[9]

Bei all dem spielt für Wagner der Begriff des Bedürfnisses eine zentrale Rolle, wobei für ihn – vage und kraus genug – „dieß Bedürfniß des Luxus, welches der Luxus selbst ist, die Welt regiert"[10]. Die Mode sei „das künstliche Reizmittel", schreibt Wagner, „das da ein unnatürliches Bedürfniß erweckt, wo das natürliche nicht vorhanden ist: was aber nicht aus einem wirklichen Bedürfnisse hervorgeht, ist willkürlich, unbedingt, tyrannisch. Die Mode ist deßhalb die unerhörteste, wahnsinnigste Tyrannei, die je aus der Verkehrtheit des menschlichen Wesens hervorgegangen ist: sie fordert von der Natur absoluten Gehorsam; sie gebietet dem wirklichen Bedürfnisse vollkommenste Selbstverläugnung zu Gunsten eines eingebildeten; sie zwingt den natürlichen Schönheitssinn des Menschen zur Anbetung des Häßlichen; sie tötet seine Gesundheit, um ihm Gefallen an der Krankheit beizubringen; sie zerbricht seine Stärke und Kraft, um ihn an seiner Schwäche Behagen finden zu lassen."[11] Mode sei der Kunst entgegengesetzt, denn ihr „Erfinden ist ein mechanisches. Und so ist denn die Maschine der kalte, herzlose Wohltäter der luxusbedürftigen Menschheit. Durch die Maschine hat diese endlich aber auch noch den menschlichen Verstand sich unterthänig gemacht; denn vom künstlerischen Streben, vom künstlerischen Auffinden abgelenkt, verläugnet, verunehrt, verzehrt er sich endlich im mechanischen Raffiniren, im Einswerden mit der Maschine, statt im Einswerden mit der Natur im Kunstwerke."[12] Für den künstlerisch strebenden Geist „nach Wiedervereinigung mit der Natur im Kunstwerke, dem großen Gesamtkunstwerke", bleibt einzig die Alternative der „Hoffnung auf die Zukunft" oder „traurige Kraftübung der Resignation"[13].

Etwas tiefer hat Vischer seine Kritik an der Mode gehängt: „Zum Schlusse versichern wir noch einmal, wie wir bei all unserem Schelten sehr wohl wissen, daß wir es nicht mit Blinden, sondern mit Sehenden zu tun haben. Unser Zutrauen zu der Kraft des Bewußtseins im Menschengeschlecht ist so groß, daß wir ernstlich glauben, es seien derjenigen, welche verrückte und abgeschmackte Formen der Kleidung ohne Ironie tragen, nur sehr wenige. Und indem wir den freien Unfreien, den Leuten, welche die Tollheit mitmachen und zugleich darüber lächeln, ins Auge blicken, meinen wir in ihren Blicken eine kleine Nebenfrage zu lesen, so einen kleinen Kitzel von Neugierde, so ein bißchen Persönliches. Was tun, so lautet diese prickelnde Frage, was tun? Die Mode herrscht einmal diktatorisch; wer sich ihr entgegenstemmt, wird lächerlich."[14]

Politisches Engagement zwischen Fortschritt und Reaktion

Auch nach seiner politischen Tätigkeit als sozial-liberaler Abgeordneter der Frankfurter Nationalversammlung 1848/1849 ist Vischer politisch engagiert, publiziert zahlreiche Artikel und Aufsätze zu tagespolitischen wie allgemein politisch gewendeten Zeitfragen, sowohl während seiner Zürcher Zeit, als auch danach in Tübingen und Stuttgart. Man hat ihn gelegentlich als Militaristen bezeichnet, was den Grund in seiner Begeisterung für das Militär als Männerschule haben mag. Semper war gleichfalls zeitlebens am Militär, wenn auch wohl eher an strategischen Problemen interessiert. Wie Vischer engagierte er sich an der Auseinandersetzung zwischen Dänemark und Preußen um die dänischen Herzogtümer Schleswig und Holstein und entwickelte seinem Bruder militärische Strategien zur Verteidigung Altonas.[15]

Vischers Tiraden gegen die Übernahme französischer Mode tragen durchaus auch chauvinistische Züge. Seinen Traum von einem Deutschen Reich sieht er am Ende erfreut erfüllt, nachdem aus dem republikanischen Anti-Preußen schließlich ein kaisertreuer, am Ende gar noch vom württember-

gischen König geadelter Friedrich Theodor von Vischer geworden war. Trotz der Euphorie in seiner am 2. März 1872 im Königsbau in Stuttgart gehaltenen Rede *Der Krieg und die Künste* war ihm seine Skepsis geblieben: „Es gibt keinen besten Staat, weil es keinen guten gibt. Es kann nur einen möglichst wenig schlechten geben."[16]
Ob es sich um die nach seiner Meinung skandalösen Zustände der Arbeitsbedingungen im Parlament der Paulskirche – die Sitzbänke, die Akustik, die Zugluft –, oder um die Verfälschung von Lebensmitteln, um das Reinheitsgebot bei Bier und Wein handelte, die skeptisch kritische Kommentierung des Alltags betrieb er zeitlebens entschieden und öffentlich. Daß ihm die Sprünge zwischen anspruchsvoller Theorie und banaler Praxis wohl bewußt waren, formuliert er so: „Ich weiß, daß mancher zwischen Gängen im wissenschaftlichen, humanistischen Felde mit Befremden einem solchen Schritt ins gemein praktische Gebiet begegnen wird. Man soll aber nur wissen, daß unseres Gleichen sich auch um das Leben kümmert."[17] Unter dem merkwürdigen Titel *Die (vorläufig) letzte Handlung des deutschen Reichskanzlers* lobt Vischer Bismarck, weil dieser die Qualität von Trinkwasser, Wein und Bier und anderen Lebensmitteln durch Gesetz regeln lassen will, und weil er den „von Privatgesellschaften beauftragten Chemikern" mißtraut, da sie „den Wünschen der Interessenten meist zugänglicher" seien als denen der staatlichen Auftraggeber. Vischers Sorge um Bier und Wein liest sich wie ein Kommentar zu den aktuellen und sich ständig wiederholenden Lebensmittelskandalen. (T 9)
Dem Schutz der Tiere gelten engagierte Artikel, Aufsätze und seine Aktivitäten gegen Tierquälerei. Das konnte durchaus zu handgreiflichen Eingriffen gegen Tierschinder zu Hause und auf seinen Reisen führen. In der *Ästhetik* (§ 313) beschreibt er ausführlich unterschiedliche Tier-Charaktere, insbesondere der verschiedenen Hunderassen. Übrigens hat auch Richard Wagner seine enge Bindung an Hunde und Kanarienvögel selbst immer wieder hervorgehoben, sich für den Tierschutz und gegen Vivisektion ausgesprochen.

Kunstkritik

Vischers Reiseberichte geben einen Eindruck von der Intensität seines „ungeheuren Durstes nach Anschauung", um es mit einer Formulierung von Jacob Burckhardt zu sagen. Das schließt verärgerte Beobachtungen zum Tourismus in den Bergen, in den Badeorten, in den Museen ebenso ein wie das eigene aufmerksame Studium von Kulturlandschaften und Kunstwerken. Zum Schutz der Natur vor Touristen wünscht er einen „Abschreckungs-Baedeker".

Vischers weit ausgreifende Kunstkritik bewegt sich zwischen Vorurteil und detailbesessener Beobachtung. Wie nahe Kunstkritik und Karikatur beieinander liegen, zeigen Passagen in seinem Aufsatz *Über neuere deutsche Karikatur. Die Fliegenden Blätter.* Angeregt durch den Besuch einer Ausstellung im Münchner Glaspalast, plante er eine Künstler-Satire über Max Liebermann. Herausgefordert sah er sich durch Liebermanns Bild *Christus im Tempel*. In diesem Bild sieht er ein gemaltes Manifest des Realismus und einen Protest gegen den Idealismus. Diese Art, die Dinge so wie sie sind darzustellen, ja „das Häßliche zum Prinzip zu erheben", kann Vischer aus seiner Kunstanschauung heraus nicht gutheißen. Und so treibt er seine Kritik weiter: Der sogenannte Realismus hätte auch noch „einen unsauberen Gefährten Naturalismus" bei sich, von dem er ausdrücklich die „feurig unschönen" Künstler wie Caravaggio und Rembrandt ausnimmt. Der „schlechte Doppelgänger des guten Realismus schlägt grundsätzlich aller Harmonisierung ins Gesicht. Er ist nicht unschön mit Geist und Feuer, verschönt nicht überschwere, zerklüftete Formen durch Leidenschaft der Bewegung oder durch Magie des Helldunkels, sondern mit zäher, bleierner Gebärde setzt er uns lächelnd eine Kröte auf den Tisch und sagt: dies ist die wahre Kunst."[18] Als einen „Vater" dieses Realismus sieht er Courbet, dessen Losung sei: „keine Schminke, keine Beschönigung". Wenn schon *Steinklopfer* zum Gegenstand künstlerischer Darstellung werden, dann müßte der Charakteristik der Personen ein „geistiger Akzent" abgewonnen werden. Das sollte Gegenstand einer Satire für die *Fliegenden Blätter* werden. Auch Makarts Bild *Einzug Karls V.* bezog er mit ein. Was ihn daran erregt, ist die Gruppe der „nackten Töchter", die im Zug mitlaufen. Er räsoniert darüber, ob es weniger anstößig ware, wenn die Nackten als plastische Gruppe auf Distanz aufgestellt wären. Damit will er aber Aktdarstellungen in der Kunst nicht prinzipiell ausschließen. „Aber sie sorge dafür, daß sie uns in eine paradiesische Stimmung versetzt. [...] Sie versetze uns in eine Welt, wo unsere Begriffe von Sitte, Scham, Anstand keine Stimme haben, in eine Götterwelt, eine Unschuldswelt, auf eine ideale Hochalm, wo es keine ‚Polizei gibt', noch zu geben braucht. [...] Eine nackte Venus im Olymp, eine Eva im Paradies – gut, aber ein nacktes Weib auf einem Ball? Oder sind nackte Antwerpenerinnen unter lauter Bekleideten, zwischen Roßschwänzen, im Staub der Straße, im Schweißhauch von Tieren, Reitern und Fußvolk etwas Besseres, sind sie nicht etwas Schlimmeres als Ausladung aller Reize in einer Gesellschaft? Kann man sich die begleitenden Gedanken ferne halten? Was werden die Landsknechte für Witze machen? Was wird der Kaiser sich denken, vor dem ein Rudel nackter Weiber herzieht?"[19] Das Unzeitgemäße des Makartschen Bildes verrutschte Vischer zur Satire. Was wäre ihm erst zu Manets *Olympia* von 1863 eingefallen?

Kunstindustrie

Vischers Verhältnis zur Kunstindustrie ist geprägt durch Skepsis und gipfelt bei der alltäglichen Begegnung mit ihren Produkten in der für ihn obsessiven Dimension ihrer Tücke. Gegenüber der maschinellen, industriellen Produktion und ihren Folgen äußert er seine allgemeine Skepsis. Die Menge derer, die unmittelbar in den Maschinengeist unserer Zeit verstrickt seien, dürfe sich des Bewußtseins, „der ihrem Treiben zugrunde liegt, keineswegs rühmen, ihr Geist ist zwischen Walzen und Rädern so prosaisch geworden, wie das ewig eintönige Sausen ihrer Maschinen, und sie fragen nichts danach, ob der tote Mechanismus vollends jede lebendige Teilnahme ausscheidet, ob das Fabrikwesen die gute alte Sitte ganzer Bevölkerungen, den ehrenfesten alten Handwerksgeist, das gemütliche Einleben der Seele in den Charakter der Arbeit vollends aufreibt, die kindliche Blüte physisch und geistig mordet, Scharen liederlicher, rechtloser Arbeiter und Arbeiterinnen in die Straßen der Städte ergießt, viele in Armut stürzt, um wenige zu bereichern, und so den Wohlstand, die Gesundheit, die Individualität, die Sitte, welche die Bedingung aller Kunstblüte ist, vernichtet"[20].
Im dritten Band seiner Ästhetik handelt Vischer penibel und detailliert die Künste in einzelnen Paragraphen und Kommentaren ab, darunter die Baukunst. In einem Anhang liest man unter dem Titel *Die untergeordnete Tektonik*, was man auch unter den Begriff Kunstindustrie fassen könnte. Vischer befaßt sich hier mit Semper und verarbeitet dessen Ansätze, wie Semper sie in seiner Schrift *Die Vier Elemente der Baukunst* 1851 vorgestellt hatte. In seinen Überlegungen zum Ornament in der Baukunst findet sich, nachdem allgemeine Bedingungen für die Angemessenheit des Ornaments festgestellt sind, eine schöne Umformulierung der Semperschen Polychromie-These: „Endlich blüht das innere Leben in den Schmuck der Farbe aus." Vischer bezieht übrigens auch Hittorfs diesbezügliche Schrift in seine Überlegungen dazu ein. Und er schließt sich

Sempers Bekleidungstheorie an, zum einen unmittelbar beim Ornament in dessen unorganischer Form, dessen Charakteristik aus „der Kunst des Mattenflechtens und Teppichwirkens als der ursprünglichsten Bildnerin des Umschließenden im Zeltbau entnommen sei". Zum andern bei der Diskussion der „Baukunst des Altertums". Auch bei der Darstellung der Pyramiden bezieht er sich auf Sempers Vorstellungen. Es geht um die Stufenform des pyramidalen Aufbaus und wieder um das Bekleidungsprinzip: „Die Absätze werden ausgefüllt, mit reich bearbeiteten Steintafeln überkleidet und es erscheint die viereckige Keilform der eigentlichen Pyramide." Die Schale, die Abdeckung der Stufenpyramide, „scheint bestimmt, nicht etwas für sich zu sein, sondern ein Teil, und zwar ein abschließender, d. h., mit weniger Veränderung, ein Dach. Dies gilt dann von diesem Hochbau in allen seinen Formen in der Art, daß man meint, einen der Absätze der Terrassenbauten in der Form gedeckt und abgeschlossen sehen zu müssen, welche die Grundlinie des ganzen Terrassenbaus ist: der Pyramidalform."[21]

Im Abschnitt *Die untergeordnete Tektonik* definiert Vischer zunächst den Begriff. Darunter versteht er „das Gebiet des einzelnen Bedürfnisses, wofür sich der empirische Mensch durch Gerätschaften, Gefäße usw. die Mittel schafft". Vischer bestimmt nun „das ästhetische Gesetz für dieses Gebiet so, daß das verschönernde Spiel den zierenden Zusatz mit der außerästhetischen Kernform nicht äußerlich, sondern organisch in einer den Zweck selbst klar symbolisierenden Weise vereinigen soll". Seine Argumentation erscheint uns heute kurios und aktuell zugleich, denken wir parallel dazu Erscheinungsformen des postmodernen Designs. Er schreibt: „Der tierische Fuß an antiken Tischen und anderen Geräten zeigt sinnig an, daß das Geräte beweglich ist, die Panthertatze deutet spezieller die Bestimmung des Weintisches an (Attribut des Dionysos)."[22] (T10)
Ein so symbolisch aufgeladener Formenreichtum wird in seinem Roman *Auch Einer (A. E.)* die Anlässe abgeben, wo sich der Zufall tückisch verhakt. Zunächst versucht A. E., „die unendliche Formenwelt einzuteilen", und kämpft mit den Schwierigkeiten, eine Struktur zu finden. Er stellt einen engen Zusammenhang zwischen „den geschichtlichen Hauptformen der Architektur mit dem allgemeinen Stilcharakter dieser Zweige" der Kunstindustrie her. Dabei sieht er das Problem – wie auch Semper – daß kein eigener, die Gegenwart repräsentierender Stil erkennbar ist. Talente ja, er nennt Schinkel, aber „alle Erfindung bewegt sich nur auf der Grundlage des Formgesetzes dieses oder jenes schon dagewesenen Stils", und daher hätten „Völker des Orients, die noch Reste fester, nicht

auf einem Widerspruche mit der Natur beruhender Kultur bewahren, auf der Weltausstellung in London die moderne Bildung so vielfach durch das Charaktervolle ihrer Produkte beschämt"[23].
Vischer sieht in den vielfältigen und verwirrenden Erscheinungsformen seiner Gegenwart positive, aber eben auch negative Ursachen, die die Stilbildung beeinflussen. „Die Wissenschaften, Physik, Chemie, Technologie usw., haben eine Welt neuer Stoffe, neuer technischer Verfahrensweisen entdeckt und eingeführt; die Stoffe werden zwar wunderbar leicht verarbeitet, aber es ist ihrer zu viel, um ihnen ruhig einen künstlerischen Stil zu entlocken. Der Markt wird mit Maschinenprodukten überschwemmt; das Maschinenprodukt ist tot, abstrakt, aber wohlfeil, es führt das Bequeme auch dem Armen zu. So unendlich dadurch die Bedürfnisse gesteigert sind, so muß doch die Spekulation atemlos über alles bestimmte Bedürfnis hinaus auf Neues sinnen, um die neuen Kunststoffe (Guttapercha u. dgl.) zu benützen, die Maschine zu beschäftigen, und die Hast des Modewechsels, des größten Stilfeindes, wird daher von der Produktion noch mit doppelter Hetzpeitsche angetrieben." Vischer beschließt diesen Abschnitt mit einem weiteren Hinweis auf Semper: „Die tröstlichste Betrachtung der gegenwärtigen Zustände ist die von Semper (Wissenschaft, Industrie und Kunst) ausgesprochene; er faßt das nachahmende Formgemisch unserer Zeit als einen Zersetzungsprozeß aller traditionellen Typen durch ihre ornamentale Behandlung auf, welche einer neuen originalen Stilbildung ebenso vorausgehen muß, wie die fruchtbare Erde sich aus zerriebenen Schichten früherer Formationen, aus verwesten Pflanzenwelten bildet."[24] Auch in dieser Auffassung trifft sich Vischer also mit Semper.

Sempers Arbeiten zur Praktischen Ästhetik

Gottfried Semper hatte in seinem Vortrag *Entwurf eines Systems der vergleichenden Stillehre* 1853 in London – wohl auf Grund seiner neuen Erfahrungen – erklärt, „daß die Geschichte der Architektur mit der Geschichte der Kunstindustrie beginnt, und daß die Stilgesetze der Architektur ihr Urbild in denjenigen der Kunstindustrie haben. Er begründet dies damit, daß die Gesetze der Proportion, der Symmetrie und Harmonie, die Prinzipien und traditionellen Formen der Ornamentik […] zum Teil lange vor der Begründung der Architektur als einer selbständigen Kunst erfunden und ausgeübt" wurden. Die Eigenschaften der verschiedenen Architekturstile seien bereits „in gewissen charakteristischen

Formen der frühesten Kunstindustrie, welche den ersten Bedürfnissen des Lebens angepaßt waren", ausgeprägt gewesen. Er sieht in den Formen jeweilige Formen des Kultus symbolisiert.[25] Das führt ihn dann zur Ausdifferenzierung seines Stilbegriffs als „Bezeichnung einer gewissen Vollendungsstufe der Kunstwerke, welche erreicht werden kann: 1. durch künstlerisch richtige Ausnutzung der Mittel, 2. durch Beobachtung jener Beschränkungen, welche teils in der Aufgabe selbst enthalten und gegeben sind, teils auch durch die begleitenden Nebenumstände bedingt werden, welche die Lösung derselben in jedem einzelnen Falle modifizieren"[26]. Stil ist für ihn „die Übereinstimmung einer Kunsterscheinung mit ihrer Entstehungsgeschichte, mit allen Vorbedingungen und Umständen ihres Werdens. Vom stilistischen Standpunkte aus betrachtet tritt sie uns nicht als etwas Absolutes, sondern als ein Resultat entgegen."[27]
Wie setzt Semper nun seine Theorie in Praxis um? Er war Architekt und deswegen am konkreten Entwerfen und am Bauen interessiert. Zunächst zwei Beispiele von Arbeiten aus dem Bereich des Kunsthandwerks, danach gilt das Augenmerk den architektonischen Konzepten und Entwürfen.

Arbeiten zum Kunsthandwerk
Noch in seiner Dresdner Zeit (1836), entwirft Semper eine große Deckelvase für die Meißner Porzellanmanufaktur. Die mit Ornamenten, Gemmen, mythologischen Szenen reich geschmückte Form entspricht der eines griechischen Kelchkraters.[28] Die Vase hatte auf der Londoner Weltausstellung kaum Beachtung gefunden im Gegensatz zu Objekten im Stil der Gotik oder des Rokoko. Sempers Vase war im Katalog der Ausstellung zusammen mit anderen Stücken der Meißner Manufaktur abgebildet, ohne ihn selbst zu nennen.[29]
Eine spätere Arbeit von Semper ist ein Pfeilertisch mit Kabinettschränkchen (1854). „Das Möbel besteht aus zwei selbständigen Teilen. Der zierliche Tisch als Untergestell steht auf geschweiften Tierbeinen mit Löwentatzen und Löwenköpfen, die durch ein geschweiftes Stegkreuz verbunden sind; breite Zarge mit Schubfach unter rechteckiger Platte. Darauf steht das abnehmbar aufgesetzte Schränkchen. Vier Schildkröten bilden die Füße."[30] „Als Vorbild für den Tisch dienten Semper die Beine an einem Dreifuß aus Pompeji, den er in ‚Der Stil' abbildete."[31] Klaus-Peter Arnold hat darauf hingewiesen, daß die Schildkröten für Semper nicht nur eine historische Reminiszenz waren, sondern seine These vom inneren Zusammenhang zwischen künstlerischer Gestaltung einzelner Teile und ihrer Funktion veranschaulichen könnten. Arnold fügt hier

dieses Zitat Sempers an: „Wie es bei einem Monumente notwendig ist, dessen Unbeweglichkeit zu zeigen, ebenso muß ein bewegliches Ding seine Beweglichkeit kundgeben. Deshalb sind die Stände der antiken beweglichen Gegenstände so oft mit Tierfüßen ornamentiert, oder bisweilen bloße Nachahmungen von Füßen. Dies ist ein konsequenter Typus, welcher seinen Wert durch Wiederholungen nicht verlieren kann." Semper führt das Beispiel eines Dreifußes aus dem Britischen Museum an, „der auf Löwenfüßen steht, welche von Schildkröten getragen werden, die langsam und unmerklich fortzugehen scheinen. Dies ist eine raffinierte Verstärkung der Idee, welche durch Peter Vischer nachgeahmt und wiederholt wurde, dessen Sebaldusgrab auf Schnecken steht." Eine Argumentation, die Friedrich Theodor Vischer gefallen haben dürfte. Nicht nur stimmt sie mit der oben zitierten Überlegung Vischers überein, sie könnte ihm auch wegen des Hinweises auf Peter Vischers Sebaldusgrab in Nürnberg gefallen haben. Vischer hat den Nürnberger hoch geschätzt, ja in ihm einen Bildhauer sehen wollen, dessen „Stil etwas von Shakespeare" habe. Vischer hatte auch versucht herauszufinden, ob er nicht doch von jenem Vischer abstamme. Und er verfaßte ein Gedicht dazu: *An das Bild Peter Vischers am Sebaldusgrab in Nürnberg.*[32]

Der Kabinettschrank, der auf der zweiten Weltausstellung 1855 in Paris gezeigt und vermutlich für Königin Victoria ausgeführt worden war, ist für Sempers Entwurfskonzept charakteristisch, weil er die praktische Umsetzung seiner ästhetischen Theorie veranschaulicht. Hier wird deutlich, wie Semper Motive und Formen verschiedener Stilepochen zusammensetzt, um etwas Neues zu schaffen. Worauf auch Klaus-Peter Arnold hinweist, sind es hier Motive der Antike – das Prinzip der Beweglichkeit, der Renaissance – „das Prinzip des sinnenfälligen Aufbaus" (Rahmung, Füllung, Kassettierung) und des Louis Seize (Farbigkeit des bemalten Porzellans, eingelegte Wedgwoodmedaillons und schwarzes Ebenholz).[33]

Semper hatte, begründet in den Erfahrungen mit der englischen Industrie und der Konfrontation mit den Produkten der Kunstindustrie auf der Weltausstellung, seine Analyse bereits ein Jahr später in der Schrift *Wissenschaft, Industrie und Kunst* vorgelegt. Er sah die ungeheuren, durch neue Materialien und neue Technologien bewirkten Veränderungen, und er sah diese Veränderungen auch in den Konsequenzen für Gesellschaft und Politik. „Schon zeigt es sich", schreibt er, „daß die Erfindungen nicht mehr, wie früher, Mittel sind zur Abwehr der Not und zum Genusse; vielmehr sind die Not und der Genuß Absatzmittel für die Erfindungen." Die Ordnung der Dinge hat sich umgekehrt. Die Spekulation schaffe tausend kleine und große Nützlichkeiten, wo keine sind: „alte verjährte Komforts werden in das Leben zurückgerufen, wenn ihr nichts Neues mehr einfällt. Das Schwierigste und Mühsamste erreicht sie spielend mit ihren von der Wissenschaft erborgten Mitteln; der härteste Porphyr und Granit schneidet sich wie Kreide, poliert sich wie Wachs, das Elfenbein wird weich gemacht und in Formen gedrückt, Kautschuk und Guttapercha wird vulkanisiert und zu täuschenden Nachahmungen der Schnitzwerke in Holz, Metall und Stein benutzt, bei denen der natürliche Bereich der fingierten Stoffe weit überschritten wird. Metall wird nicht mehr gegossen oder getrieben, sondern mit jüngst unbekannten Naturkräften auf galvanoplastischem Wege deponiert. Auf die Daguerreotypik folgt die Talbotypik und macht erstere bereits vergessen. Die Maschine näht, strickt, stickt, schnitzt, malt, greift tief ein in das Gebiet der menschlichen Kunst und beschämt jede menschliche Geschicklichkeit." „Sind dieses nicht große, herrliche Errungenschaften?" fragt er und ist sicher, daß diese sich früher oder später zum Positiven entfalten werden.[34] Die „Zersetzung traditioneller Typen durch ihre ornamentale Behandlung" ist ihm Voraussetzung für neue Formen, die dann der industriellen Produktion für den Markt angemessen sein würden. Eine Marktware müsse aber eine „möglichst allgemeine Anwendung gestatten" und dürfe „keine anderen Beziehungen ausdrücken als solche, die der Zweck und der Stoff des Gegenstandes gestattet. Der Ort ist nicht gegeben, für welchen er bestimmt ist, so wenig wie die Eigenschaften der Person bekannt sind, deren Eigentümer er sein wird. Charakteristik und lokale Färbung (im weiteren Sinne des Wortes) darf er also nicht besitzen, aber er muß die Eigenschaft haben, sich jeder Umgebung harmonisch anschließen zu können."[35] Solche Bedingungen sieht Semper bereits bei einigen Produkten erfüllt: „Perserteppiche passen in die Kirche und ins Boudoir, die Elfenbeinkästchen aus Indien, mit den eingelegten Mosaikmustern, sind Weihrauchkästchen oder Zigarrenetuis oder Nähkästchen, nach Belieben der Eigentümer." Ein anderes Beispiel ist ihm der Bericht eines deutschen Technikers über die standardisierte Fertigbauweise in den Vereinigten Staaten: „Der Gang, den unsere Industrie und mit ihr die gesamte Kunst unaufhaltsam verfolgt, ist deutlich: alles ist auf den Markt berechnet und zugeschnitten." [36]

Für seine eigene Entwurfsarbeit erkennt er keinen Weg, diese Vorstellungen einzulösen. Es gab aber ein herausragendes Beispiel, das den neuen Herausforderungen, wie er sie selbst formuliert hatte, genügt: die Produkte der Firma Thonet. In den vierziger Jahren des 19. Jahrhunderts hatte Michael Thonet begonnen, Holz für die Herstellung von Möbeln zu biegen. Bereits 1851 stellt er im Kristallpalast seine neuesten Modelle aus und erhält dafür eine Bronzemedaille. Von dem berühmten Modell No. 14 von 1858, das aus nur sechs Teilen zusammengeschraubt wird, werden bis zum Ende des 19. Jahrhunderts über 10 Millionen Stück hergestellt und in alle Welt verkauft sein. Semper war den Thonet-Möbeln in der Ausstellung begegnet und er hat sich mit ihnen in seiner Ästhetik beschäftigt. In *Der Stil*[37] stellt er zunächst noch einmal fest: „Für die Maschine soll erst ein besonderer Stil geschaffen werden, wobei vor allem das *Zweckliche*, als von der Maschine unabhängig, die Entscheidung zu geben hat." Und merkt dazu seine Skepsis und Kritik an: „In einer durch die Fortschritte des exakten Wissens und der Mechanik fast allmächtigen Zeit wie die unsere läßt sich die Natur fast jedes Stoffes einem beliebigen Bedürfnisse oder der Laune der Mode unterwürfig machen. So ist es denn auch jetzt gelungen das grad gewachsene Holz beliebig nach einer bestimmten Form zu biegen. [...] (Gebrüder Thonet in Gumpendorf bei Wien verfertigen Möbel aus gebogenen Hölzern.) Aber ist die Herrschaft über den Stoff nicht intelligenter und ebenso mächtig, wenn man in ihm auch seinen *Eigensinn* respektirt, ihn sich seiner Natur gemäß ohne Zwang dienstbar macht?" Eben dies wird man nach 1907 materialgerecht und werkgerecht nennen. Semper setzt dem nun als positives Beispiel zwei Stühle der „Tischler des alten pharaonischen Industriestaates entgegen. Sie trennten das *Necessarium* von dem *Commodum* und ließen diesen Dualismus sich in der Form des Möbels verständlich aussprechen; ganz analog wie in der ägyptischen Baukunst das Kernschema deutlich hinter und neben dem Kunstgewande hervorblickt."[38]

In dieser Auffassung Sempers äußert sich eine von ihm für notwendig gehaltene Nobilitierung mittels künstlerischer Bekleidung. Ihr selektives Verfahren in der Anwendung am Objekt wird zwar in ihrer Problematik von Semper durchschaut und formuliert, kann aber nicht anders als in der Hoffnung auf einen neuen Stil gedacht werden. Das zeigt sich auch in der zu Anschauungs- und Lehrzwecken von ihm nachdrücklich empfohlenen Einrichtung von Sammlungen zur Kunstindustrie. Gelungene, banale Gebrauchsgegenstände, wie sie das Biedermeier durchaus hervorgebracht hatte, wird man dort zunächst kaum finden. Auf Thonet-Stühlen No 4 oder vergleichbaren anderen Modellen sitzt man zwar ab 1850 im Kaffeehaus Daum in Wien, aber kaum im Kunstgewerbemuseum. In Sempers eigener gestalterischer Praxis stehen nach seiner Ankunft in Zürich neben dem Lehramt, der Vollendung seiner Ästhetik, die neuen Bauaufgaben im Vordergrund.

Adolf Max Vogt hat Semper und Paxton einander gegenübergestellt. Für das Verhältnis von Theorie und Praxis, für den Entwurfsprozeß bei Paxton schlägt er die Formel „Bauen, wie die Pflanze baut" vor. Das ist einleuchtend. Oft genug ist auf Paxtons Vorbild für die Konstruktion des Kristallpalastes, den Blattaufbau der Victoria Regia, hingewiesen worden. Nicht auf eine einfache Formel dagegen seien Sempers Ansätze zu bringen. Vom „Urhaus" zum „Urbild", das dann in der Kunstindustrie erkannt werde, gehe es letztlich um eine „Geschichte des technischen Geschicks der Hand" und dies zu einer Zeit, als die Hand von der Maschine abgelöst wird. Die damalige Aktualität dieses Gedankens sei darin begründet, so Vogt, weil es „ein Anwendungsversuch des um die Jahrhundertmitte so heftig diskutierten Evolutionsdenkens der Naturwissenschaften war", und andererseits zu der sich anbahnenden Diskussion um „Kopf und Hand" gehöre. In der Mitte des 20. Jahrhunderts wird Sigfried Giedion die Diskussion über die von ihm beklagte Spaltung von „Denken und Fühlen" weiterführen.

Gibt es nun einen Zusammenhang zwischen Sempers Theorie, wie er sie in seinem theoretischen Hauptwerk *Der Stil* in Zürich abschließt, und dem repräsentativen Bauauftrag des Polytechnikums, der heutigen Eidgenössischen Technischen Hochschule (1858-1864)? Vogt sieht in der Sgraffito-Wand der Nordfassade eine „Bilder- und Schmuckwand, die mit der Theorie der Mattenflechter und Teppichwirker über gehörige Distanz hinweg in Verbindung gebracht werden kann". Die Gestaltung der Hauptfassade ist für ihn der Beleg für eine „Bekleidungsregie", für eine sichtbare „Evolution vom Rauhen zum Glatten" und damit der Versuch des Praktikers Semper, dem Theoretiker treu zu bleiben.[39]

In der konkreten Erfahrung der weiten Spanne zwischen Theorie und Praxis, zwischen „Urbild der Kunstindustrie" und den begrenzten Möglichkeiten der Umsetzung in Baupraxis, erkennt Vogt einen Grund für Semper, sich zur Renaissance zu bekennen. Einen Grund dafür formuliert Semper im abschließenden Paragraphen des ersten Bandes des *Stils*. Zwar hätte die Renaissance „Einzelnes und zwar ohne Kritik aus der Antike entlehnt, aber, sie schufen, von einem wunderbaren eigenen Schöpfungsgeiste beseelt, Neues, Nie erreichtes". Daraus mag sich eben Sempers Hoffnung erklären, daß sich aus der Auseinandersetzung mit historischen Stilen, insbesondere der Renaissance, durch eigene Kreativität im Umgang damit, etwas Neues entwickeln lasse. Die Orientierung an der Renaissance, die er auch politisch zu begründen suchte, war eine Art Geländer für ihn auf der Brücke über grundloser Beliebigkeit.

In seinen ausgeführten wie Plan gebliebenen Museumsprojekten wird das Bemühen dieser Grundorientierung deutlich. Der Museumsbau wird im 19. Jahrhundert zu einer herausragenden Aufgabe für die Architektur. Semper hat sich dieser Aufgabe theoretisch und praktisch gestellt; theoretisch in seinen Schriften und praktisch, beginnend mit dem Bau der Gemäldegalerie am Zwinger in Dresden. Dort, wie auch bei seinen übrigen Bauten, verbindet er seine Vorstellungen mit der jeweiligen städtebaulichen Situation. Seine kunsthistorische Grundorientierung und seine in die Zukunft gerichtete Perspektive bestimmen seine Museumsprojekte: für Dresden ab 1838, für ein Kunstgewerbe-Museum in London 1855, für die Hamburger Kunsthalle 1863 und schließlich für das Hofmuseum in Wien ab 1869. Semper hatte die bedeutendsten Museen Europas gesehen. Er kannte den Louvre, die Vatikanischen Museen in Rom, die Uffizien in Florenz, Schinkels Neues Museum in Berlin und die Münchner Museen von Leo von Klenze – die Glyptothek und die Pinakothek. Er setzte sich mit den jeweiligen Raumprogrammen auseinander und entwickelte eigene Schwerpunkte der Grundriß- und Fassadengliederung.

Bezeichnenderweise wird Sempers Grundorientierung auch bei einer, für die Mitte des 19. Jahrhunderts neuen architektonischen Herausforderung deutlich, bei der Planung und beim Bau von Bahnhöfen. Bahnhöfe waren und sind einerseits technisch bedingte Anlagen und andererseits stellen sie für den jeweiligen Ort repräsentative Ansprüche. Und dieser doppelte Anspruch stellt sich als Aufgabe für die Gestaltung. 1860/1861 nimmt Semper an einem Wettbewerb für den Bahnhof der Nordostbahn in Zürich teil. Auch dabei orientiert er sich an der antiken, hier der römischen Architekturgeschichte, den Nutzbauten der Basiliken und Thermen der Kaiserzeit, und er begründet es damit, daß die Baugrundsätze der römischen Zweckbauten den modernen Anforderungen an eine solche Bauaufgabe am ehesten entsprächen. Das bedeutet für ihn nicht Nachahmung, sondern Anwendung und Variation eines Prinzips, das mit dem Thermenmotiv auch die technischen Möglichkeiten anbot, die zur Lösung der Bauaufgabe erforderlich waren. Sein Entwurf kommt aber nicht zur Ausführung.

Auch bei weiteren Projekten wird Sempers Orientierung an Antike und Renaissance erkennbar, wie auch seine Auseinandersetzung mit Palladio. Als herausragendes Beispiel mag das *Stadthaus* in Winterthur gelten (1863/1864). Mit diesem Projekt hatte Semper endlich eine Möglichkeit erhalten, seiner Vorstellung von der politischen Funktion eines Bauwerks für eine freie Gesellschaft Ausdruck zu verleihen, und dies in Übereinstimmung mit dem Auftraggeber, der basisdemokratischen Stadtgemeinde. Er orientiert sich dabei an der *Maison Carrée* in Nîmes, die bereits Thomas Jefferson als Vorbild eines republikanischen Bauwerks für das erste Capitol der amerikanischen Demokratie in Richmond gedient hatte. Semper hatte die *Maison Carrée* auf seiner Reise durch Südfrankreich kennengelernt. Als formaler Antagonismus erscheinen aus heutiger Sicht Sempers Pläne für die Einbauten in den Glaspalästen: der *Mixed Fabrics Courts* (1854) und das *Theater* im Glaspalast in Sydenham/London (1854/1855) und schließlich das provisorische *Richard-Wagner- Festspieltheater* im Glaspalast in München, der 1853/1855 von August von Voit errichtet worden war. In die gläsernen Hüllen werden – wie exotische Pflanzen im Gewächshaus – flächige und räumliche Elemente eingestellt. Vielleicht sah Semper bei seinen Plänen für die Theater in London und München im leeren, durch die gläserne Hülle geschützten Raum, eine Möglichkeit, seine Vorstellungen vom aktualisierten antiken Amphitheater und von einer polychromen Architektur wie in der freien Natur modellhaft verwirklichen und demonstrieren zu können. Sempers von antiker Würde getragener Einbauplan kann auch als direkte Konfrontation und Behauptung, als Gegenstück zu Paxtons Hülle gelesen werden. Die Längs- und Querschnittdarstellungen der Pläne könnten nicht eindrucksvoller verdeutlichen, was Vogt, allerdings im Hinblick auf die Eidgenössische Technische Hochschule, als Gegenbescheid auf Paxtons durchsichtige Vacuum-Hülle, als „Kampf für die Würde des Dauerhaften", gegen das Leichte und Vorübergehende bezeichnet hat. Das Eine wie das Andere war nicht von Dauer, beziehungsweise gar nicht realisiert worden.

Obwohl Semper die Leistung von Paxton beim Kristallpalast als angemessen und als gelungene Lösung des dort gestellten Problems gewürdigt hat, bleibt er gegenüber der „Gewächshaus-Architektur" kritisch. Dies wird schon 1849 in einem kleinen Aufsatz *Über Wintergärten* deutlich.[40] Auch hier ist die römische Antike wiederum Maßstab, deren Überlegenheit er in der „architektonisch-künstlerischen Auffassung" konstatiert, im Unterschied zu den jetzigen Lösungen, „einer Art von nacktem Eisenbahnstile". Bis das Eisen auf „eine so vollkommene Weise technisch beherrscht sein wird, daß es als künstlerisches Element in der schönen Baukunst neben dem Steine, den Ziegeln und dem Holze Geltung und Würdigung zu finden beanspruchen darf", würde es noch lange dauern. Er kenne kein einziges Beispiel „einer künstlerisch genügenden sichtbaren Eisenkonstruktion an monumentalen Bauwerken. Allenfalls an Bauwerken entschieden praktischer Bestimmung", an Bahnhöfen etwa, aber auch dort mache sie

„jede gemütliche oder feierliche Stimmung unmöglich". Einen Beleg für diese Einschätzung sieht er in der „neuen Bibliothek der St. Geneviève" in Paris, einem beachtenswerten Gebäude, „in welchem aber der Architekt, Herr Labrouste, einen unglücklichen sichtbaren eisernen Dachstuhl anzubringen und ihn noch dazu mit dunkelgrünem Anstriche zu bedecken für gut fand, so daß dem Bibliotheksaale, der zugleich als Lesesaal dient, die für ernste Studien so nötige gemütliche Abgeschlossenheit fehlte und schwerlich jemand denselben ganz befriedigt verläßt". Zehn Jahre später wird Henri Labrouste die *Bibliothèque Nationale* (1854-1875) errichten, deren Eisenkonstruktion Sigfried Giedion in seinem Buch *Space, Time & Architecture* (1941) als beispielhaft für modernes Bauen dargestellt hat. Für Semper liegt der Grund für „das Mißlingen dieser Versuche, der Eisenkonstruktion für die ernste Architektur einen Ausdruck zu geben darin, daß das Eisen und überhaupt jedes harte und zähe Metall, als konstruktiver Stoff seiner Natur entsprechend in schwachen Stäben und zum Teil in Drähten angewendet, sich wegen der geringen Oberfläche, welche es in diesen Formen darbietet, dem Auge umsomehr entzieht, je vollkommener die Konstruktion ist", und daß „daher die Baukunst, welche ihre Wirkungen auf das Gemüt durch das Organ des Gesichtes bewerkstelligt, mit diesem gleichsam unsichtbaren Stoffe sich nicht einlassen darf, wenn es sich um Massenwirkungen und nicht bloß um leichtes Beiwerk handelt". Als „Gitterwerk bei Einhegungen, als zierliches Netzwerk" sei es anwendbar und dürfe sich zeigen, nicht aber als „Träger großer Massen, als Stütze des Baues, als Grundton des Motivs"[41]. Auch in seiner Ästhetik nimmt Semper dazu Stellung. Im achten Hauptstück, im Abschnitt *Die Stabkonstruktion aus Metall (Eisen)* merkt er an, daß man bei „Stabmetallkonstruktionen [...] im Ganzen hier mageren Boden für die Kunst trifft! Von einem eigenen monumentalen Stab- und Gussmetallstil" könne „nicht die Rede sein; das Ideal desselben ist *unsichtbare Architektur!*"[42] Semper hatte zwar in den *Prolegomena* zu seiner Ästhetik ausdrücklich formuliert: „Die Kunst nun führt eine ähnliche Mannigfaltigkeit von Kombinationen auf wie die Natur, kann aber die Schranken der letzteren hierin nicht um einen Zoll überschreiten; *sie muß sich in den Prinzipien formaler Gestaltung genau nach den Gesetzen der Natur richten.*"[43] Das Konstruktionsprinzip – „bauen, wie die Pflanze baut" (Vogt) – das Paxton im Londoner Ausstellungsbau zur Geltung gebracht hatte, hat Semper aber als ein solches nicht wahrgenommen. Auch die von Vogt konstatierte Analogie in Paxtons Bild von „Tisch und Tischtuch" und Sempers Bekleidungstheorie erscheint nur von heute aus naheliegend und überzeu-

gend. Am ehesten wird sein problematisches Verhältnis zum Eisen in den Entwürfen von 1855 für ein Kulturforum in South Kensington deutlich. Dort sollte ein mächtiger U-förmiger Komplex teilweise mit einer riesigen Glas-Eisen-Konstruktion überspannt werden. Eine Entwurfsvariante gibt einen skizzenhaften Eindruck von der „theatralischen" Konzeption.
Unter Mallgraves Begriff der *Theatralität* lassen sich Sempers Pläne für ein Festspielhaus in München bringen. Seine Arbeit daran wird auch durch die Auseinandersetzung mit Richard Wagner geprägt. Im Dezember 1864 erreicht ihn in Zürich ein Brief Wagners, der ihm den Auftrag Ludwigs II. ankündigt, in München „ein großes Theater im edelsten Stile" zu bauen: „Mein junger Beschützer hegt tief den Glauben an die Wahrhaftigkeit meines Ideals in Betreff eines dramatischen Kunstwerks, welches sich vom modernen Schauspiele wie von der Oper wesentlich und wichtig unterscheidet", schreibt er. Um dies zu erreichen, bedürfe es eines besonderen Theaters. Angeregt durch Wagners Vorwort im *Ring des Nibelungen* habe Ludwig II. beschlossen, daß im Sommer 1867, nach Vollendung dieses Werkes, die Aufführung in dem von Wagner gewünschten Theater stattfinden solle. Er selbst, Wagner, habe ihn als Baumeister vorgeschlagen. Es erscheine ihm aber zweckmäßig, „sofort die Konstruktion eines provisorischen Theaters in Holz und Backstein in Angriff zu nehmen." Semper würde damit auch Zeit gewinnen „für die Ausführung des definitiven, in edelstem Material auszuführenden Gebäudes, welches dann, dem Sinne seines Gründers gemäß als ein bedeutungs- und lebensvolles Monument der deutschen Nation hinterlassen werden soll"[44].
Semper reist noch im Dezember nach München, bespricht sich mit Wagner und erhält vom König mündlich den Auftrag. Wagner favorisierte aber von Anfang an das provisorische Theater im Glaspalast und hatte auch Ludwig dementsprechend beeinflußt. Der König ist einverstanden, will aber beides und beides möglichst schnell. Inzwischen sind die Pläne in München ruchbar geworden, und es formiert sich Widerstand. Es geht auch ums Geld. Dennoch erhält Semper im April 1865 den schriftlichen Auftrag. König Ludwig bleibt dabei: „Alles muß erfüllt werden." Und er ist begeistert, als er Sempers Pläne und Modelle sieht. Wagner schwankt zwischen begeisterter Befürwortung der Pläne und insgeheimer Ablehnung. Wer soll in dem Festtheaterbau spielen? fragt er wohl nicht ganz zu Unrecht. Ihm liegt vor allem daran, eine Musikschule zu gründen als Voraussetzung für eine qualifizierte Ausbildung derjenigen, die seine Werke künftig zur Aufführung bringen können. Auch ist der *Ring* noch keineswegs vollendet.

Semper kommt wieder nach München, um mit Wagner die Pläne zu besprechen. Am 9. September schreibt Wagner an Cosima: „Wie hasse ich dieses pojectirte Theater, ja – wie kindisch kommt mir der König vor, daß er so leidenschaftlich auf diesem Projecte besteht: nun habe ich Semper, soll mit ihm verkehren, über das unsinnige Project sprechen! Ich kenne gar keine größere Pein, als diese mir bevorstehende. – Siehst Du, – so bin ich!"[45] Am 16. September schreibt er dem König: „Erst durch dieses Theater soll die Welt begreifen lernen, welche Heiligkeit einer dramatischen Aufführung – ganz nach *meinem* Sinne – beiwohnen kann, und die bisherigen, selbst die prachtvollsten Theater, müssen jedem Vernünftigen dann geradesweges lächerlich erscheinen."[46] Wagner hatte dem König im Oktober 1865 Sempers *Stil* zugesandt und ihm Lesehilfe angeboten. Ludwig II. bedankt sich bei Semper und schreibt: „Unser Freund Richard Wagner übersandte mir in Ihrem Namen Ihr Werk über den Stil. [...] Ich habe dieses Werk sowohl von Sachverständigen, als auch von Kunstfreunden prüfen und bewundern hören und freue mich sehr darauf es zu lesen. [...] Sie sind der Einzige auf Erden, dies weiß ich bestimmt, dies seh ich klar, welcher ein so bedeutendes Werk zu erschaffen weiß. So vereinigen sich nun der größte der Architekten und der größte der Dichter und Tonkünstler ihres Jahrhunderts, um ein Werk zu vollführen, welches dauern soll bis in die spätesten Zeiten, zum Segen, zum Ruhme der Menschheit!"[47] Wagner hatte sich inzwischen in München aufs Pompöseste eingerichtet – mit dem Geld des Königs, das eigentlich zur Tilgung seiner Schulden gedacht war, was sich schnell herumspricht. Die Münchner Zeitungen erinnern mit dem Spottnamen „Lolotte" für Wagner an die Affäre von Ludwig I. mit Lola Montez, deretwegen er hatte abdanken müssen. Semper kannte sie übrigens von Dresden her wohl ganz gut. Die euphorische Begeisterung des weltfernen Ludwig hält an, doch es gibt eine Störung. Wagner hatte in einem anonymen Artikel gegen Hofbeamte, die ihm aus nachvollziehbaren Gründen nicht wohlgesonnen waren, polemisiert und den König zu politischen Entscheidungen gedrängt, die in seinem eigenen Interesse lagen. Daraufhin muß er München verlassen. Semper aber soll auf allerhöchste Anweisung an den Plänen weiterarbeiten und Ludwig träumt weiter, er schreibt an Semper: „Da steht er vor mir, der geweihte Tempel der Kunst, auf der Anhöhe sich erhebend, bespült von den Wellen der Isar, von nah und fern ziehen die Gläubigen herbei, in der Bewunderung, der Erhebung durch Ihr Werk sind dann Alle einig, alle Menschen werden Brüder!"[48] Inzwischen hatten sich die Bedenken der Öffentlichkeit gegen das große Festspielhaus, auch wegen der damit verbundenen

städtebaulichen Eingriffe, und der Behörden gegen den Einbau des provisorischen Theaters im Glaspalast wegen technischer Probleme verstärkt. Dennoch hält Ludwig an den Plänen fest, wie er Wagner versichert: „Alles muß noch werden, ich schwöre es bei Ihnen selbst, Gottgesandter, der Sie mir der Inbegriff alles Heiligen und Anbetungswürdigen sind."[49]
Nun beginnt Cosima ihr Spiel. Sie versteht es, in ihren Briefen an Ludwig die Pläne und deren Verwirklichung als Steine des Ruhmes für den König zu preisen und gleichzeitig auf Zeit zu spielen. Hatte Semper die Planungen erst einmal abgeschlossen, und wenn er damit „geehrt und befriedigt" ist, schreibt sie an Ludwig, „so können wir warten bis Unser Werk Wurzel gefaßt hat, und das Vertrauen des Volkes dem König zu dem steinernen Werke verhilft"[50].
Wagner ist über die Hofintrigen höchst verärgert und schlägt dem König nun vor, das Ganze nach Nürnberg zu verlagern. Das bleibt allerdings Episode. Inzwischen hatte Semper die Pläne und Modelle vollendet und Anfang Januar 1867 im Polytechnikum in Zürich ausgestellt. Wagner, Cosima und Hans von Bülow sind begeistert. Wagner schreibt daraufhin an Ludwig: „würde das Gebäude ausgeführt, das moderne Europa" hätte nichts aufzuweisen, „was diesem Bau an die Seite gesetzt werden könnte. Es ist ein Wunder: meine Idee, meine Angaben und Anforderungen wurden von Sempers Genie vollkommen begriffen." Auch Cosima beeilt sich zu loben: „Mit diesem Bau schenken Sie, theurer geliebter König, den Deutschen ihre Walhalla wieder."[51] Sie hatte im Eifer übersehen, daß die Walhalla als klassizistischer Tempel von Leo von Klenze im Auftrag von Ludwig I., dem Großvater von Ludwig II. errichtet, schon seit zwölf Jahren bei Regensburg über der Donau ins Land schaute.
Semper führt schließlich bei zwei Audienzen und einer von ihm eingerichteten Beleuchtung dem König das Modell selbst vor. Dennoch bleibt es bei den Verzögerungen und Blockaden, auch von Seiten Wagners und der geschickt manövrierenden Cosima. Semper beginnt deren Spiel erst langsam zu durchschauen. Der König will noch immer bauen und möglichst bald den Grundstein legen. Cosima bremst. Am 7. März 1868 schreibt sie deshalb an Ludwig: „So schwer es mir fällt, so unbeschreiblich schmerzlich es mir ist, ich glaube dem hohen Gnädigen sagen zu müssen, daß dieses Jahr, bei der herrschenden Stimmung des Landes, es mir nicht räthlich erscheint an ein solches Unternehmen zu gehen. Es ist wahr, theurer geliebter Herr, nichts könnte Ihrer Regierung einen solchen Glanz verleihen als dieser Bau, er wird der schönste und der Bedeutendste sein, den Deutschland – ja Europa wird aufzuweisen haben, es wird ein

Pendant zum Kölner Dom, meinte Kaulbach neulich, ein stolzes Merkmal von dem was die deutsche Kunst vermag, sein. [...] Jetzt, da alle dagegen sind, muß ich bitten, und der Freund (Wagner) bittet mit mir, nicht auf die Grundsteinlegung bestehen zu wollen."[52] Bei Semper reißt der Geduldsfaden. Er läßt seine Honorarforderungen über einen Anwalt einreichen. Höchsten Ortes ist man darüber indigniert, die Zahlung wird hinausgezögert. Im März 1868 stellt Wagner fest: „Bruch des Königs mit Semper, Theater abgethan."[53] Semper vermutete nicht unbegründet, „Wagner selbst habe ihn beim König in ein schlechtes Licht gesetzt, da er befürchten mußte, das Interesse Ludwigs II. für seine Musik könnte durch den Eindruck von Sempers Architektur zurückgedrängt werden."[54]

Theater-Architektur
Von Sempers neun Theaterprojekten sind drei realisiert worden. Das Dresdner Hoftheater I und II. Nach dem Brand des ersten 1869, wurde das zweite 1878 eröffnet, das Wiener Burgtheater, zusammen mit Carl Hasenauer entworfen, 1873. Prägend für den Theaterbau der Folgezeit wurden die architektonischen Ausdrucksformen, die Semper entwickelt hat, sicher auch gründend auf vorausgegangenen Konzepten und Entwürfen. So befaßten sich die französischen Revolutionsarchitekten um 1800 mit neuen Theaterarchitektur-Projekten. Claude-Nicolas Ledoux hatte schon in seinem Theater in Besançon (1775-1784) ein amphitheaterartig ansteigendes Parkett, orientiert an Palladios *Teatro Olimpico*, mit einer Kolonnade abgeschlossen, und auch er hatte bereits den Orchestergraben eingerichtet. Auch Etienne-Louis Boullée entwirft ein Theater. Der Zuschauerraum ist halbkreisförmig und durch eine Kuppel gedeckt. Im begleitenden Kommentar bespricht er ausführlich alle erdenklichen funktionalen und ästhetischen Aspekte, die ihn zu seiner Lösung veranlaßt hatten.[55] Daß Semper den Entwurf für das Berliner Schauspielhaus von Friedrich Gilly gekannt hat, ist nicht unwahrscheinlich. Gillys Entwurf zeigt einen Bau, dessen Teile – Bühnenhaus, Zuschauerraum, Eingangspartie – in glatten Kuben klar gegliedert sind. Gekannt hat Semper sicher Schinkels Schauspielhaus am Gendarmenmarkt in Berlin. Semper setzt sich aber deutlich von dessen puristischem Klassizismus ab – sowohl im zweiten Bau des Hoftheaters in Dresden, als auch schon zuvor im Wettbewerbsentwurf für das kaiserliche Theater in Rio de Janeiro von 1858. Das halbrunde Zuschauerhaus ist vom Baukörper des Bühnenhauses mit Satteldach und Dreiecksgiebel deutlich abgehoben. Überraschend ist die

triumphbogenartige Hervorhebung der Exedra an der Eingangsseite in Korrespondenz zur Mittelloge im Innern. Habel hat darin beim bürgerlichen Semper ein Zugeständnis an den imperialen Gestus des brasilianischen Kaisers gesehen.[56] Andererseits könnte die theatralische Öffnung zum Platz vor dem Theater auch als eine Bühne für die Öffentlichkeit interpretiert werden. Das in diesem Entwurf angelegte Konzept wird als Kompositionsprinzip seinen weiteren Entwürfen zu Grunde liegen.
Die Erwartungen des Publikums an das Theater und insbesondere an die Oper verändern sich in der zweiten Hälfte des 19. Jahrhunderts. Dort im Theater führt nun das reich gewordene Bürgertum sein eigenes Gesellschafts-Theater auf. Zur gleichen Zeit, als Semper für das Wagner-Festspielhaus in München plant, baut Charles Garnier in Paris die Oper. Ein Vergleich der Grundrisse von Sempers Dresdner Oper von 1837 und Garniers Oper in Paris von 1863 verdeutlicht diese Veränderung. Garniers Zuschauerraum und der Bühnenraum sind winzig in Relation zu den umgebenden Gesellschaftsräumen, Wandelgängen, Spiegelsälen, Foyers etc. Diesem Verhältnis entspricht auch der dekorative Aufwand im Innern, der wiederum der modischen Garderobe korrespondiert. Darauf hatte schon Boullée spekuliert. Er hatte zwar den Innenraum selbst zurückhaltend ausgestattet, da er, wie er schrieb, sehr darauf bedacht war, „den schönsten Anblick darzubieten", und er dachte, daß ihm dies „durch die Anordnung der Zuschauer gelingen könnte, und zwar so, daß diese selbst den Schmuck und die hauptsächliche Ausstattung meines Saales bilden würden. Ich glaube in der Tat, daß durch das Zusammentreffen und die Gruppierung des schönen Geschlechtes, die meine Architektur wie eine Art Basrelief schmücken, ich sicher sein kann, meinem Werk die besondere Note und den Charakter der Anmut gegeben zu haben."[57]
Es verwundert nicht, daß die Pläne und Modelle Sempers für das Münchner Festspielhaus durch ihre äußere repräsentative, monumentale Form und die herausgehobene städtebauliche Lage beeindruckten. Schon die Maße, größer als bei allen bisherigen Theaterbauten, sind eindrucksvoll: die Breite der Anlage 175 Meter, Länge über 100 Meter, Höhe des Bühnenhauses 50 Meter. Breit gelagert bildete der Bau ein Pendant zum Maximilianeum. Die formalen und funktionsbezogenen Konzepte fassen die Semperschen Ideen und Erfahrungen mit Theater-Architektur zusammen – seine Stil-Vorstellungen und die Umsetzung der Wagnerschen Bühnenanforderungen (Trennung von fiktiver Bühnenwelt und Zuschauer, unsichtbares Orchester und weitere bühnentechnische Neuerungen, etwa bei der Beleuchtung). Mallgrave hat deutlich gemacht, daß

es falsch wäre, von einer linearen Umsetzung von Wagners Vorstellungen durch Semper zu sprechen, vielmehr habe Semper selbst entscheidende Konzepte zur theatralischen Innovation entwickelt. Die Ausgestaltung des Innenraumes des großen Festspielhauses, die Sempers Vorstellungen von einem erneuerten antiken Theater mit monumentalen, klassischen Formen entsprach, hätte wohl – so Habel – im Gegensatz zu Wagners „ganz auf die innere Vision des Zuschauers abzielenden Schöpfungen, rein äußerlich auch zu deren germanisch-vorzeitlicher Welt gestanden; der Tondichter mochte daher eine Beeinträchtigung der Wirkung seiner Werke und eine Ablenkung von der von ihm geforderten ‚Illusion' durch den übermächtigen Eindruck der Architektur Sempers befürchten." Wagners Ideal „war und blieb eben doch die ‚Bretterbude', wie er sie später in Bayreuth verwirklichte"[58]. So ist verständlich, daß Wagner das Projekt des eher provisorischen Theaters im Münchner Glaspalast favorisierte. In einem Begleitschreiben zu seinen Entwürfen erläutert Semper seine Idee, „den Glaspalast dreitheilig zu gliedern, in der hohen Mittelhalle die Skena mit dem Theatron, rechts und links davon zwei große Festhallen, die eine links oder rechts als Versammlungs- und Conversationssaal, als großartiges Foyer für das Gewoge der Menge vor der Vorstellung und in den Zwischenakten, die andere, entgegengesetzte als Banquetsaal. Dort ließen sich unter exotischem Grün umgeben von Werken der bildenden Künste nach der Vorstellung die herrlichsten Soupers veranstalten." Der Raum sollte etwa tausend Besuchern Platz bieten und eine Loge für den König und Räume für die Zwischenakte erhalten. „Die störenden Seitenaussichten an der Bühne vorbei in das Eisengerüst des Glaspalastes" wollte Semper, wie sein Sohn Manfred mitgeteilt hat, „durch Vorhänge mit gemalter Architektur und Landschaft abschließen".[59] Es gibt von Semper eine aquarellierte Außenansicht der Längsfront des provisorischen Festspielhauses. Dabei wird die die Anlage umschließende Mauer durch Sträucher und Bäume teilweise verdeckt. Der Theaterbesucher hätte sich also durch eine Art Wäldchen über Stufen durch die Mauer in das Innere des Theaters begeben – vielleicht eine weitere Assoziation zum Theater der Antike.

Richard Wagner hat sich das Theater für sein Bühnenfestspiel 1872-1876 in Bayreuth sozusagen selbst gebaut. Unterstützt wurde er dabei von dem Leipziger Architekten Otto Brückwald. Erträge von Konzertreisen, Stiftungen von Patronatsvereinen und nicht zuletzt Kredite des Königs ermöglichten schließlich den Bau. Fachwerk, Ziegelmauerwerk, partiell Naturstein und Holz sind die Materialien. Wagner hat Sempers

Münchner Theaterpläne für den Bau benutzt. Er hatte sich dazu sogar die Münchner Pläne schicken lassen, Semper selbst aber nicht hinzugezogen. Es ist anzunehmen, daß die Empfindlichkeit Ludwigs gegen Semper ihn davon abgehalten hat. Er benötigte ja dringend das Geld des Königs. Dennoch schreibt er Semper am 13. Juni 1877: „Das Theater ist, wenn auch grob und kunstlos, nach deinen entwürfen ausgeführt." Allerdings heißt es dann in seinem *Rückblick auf die Bühnenfestspiele des Jahres 1876*: Für die „Aufführung eines Theatergebäudes" hätten „die für München entworfenen Semperschen Pläne eigentlich nur soweit benutzt werden können, als in ihnen meine Angaben (!) vorlagen." Das betraf aus seiner Sicht die am Amphitheater orientierte Einrichtung des Zuschauerraumes und das versenkte Orchester mit der Erfindung übergreifender Schalldeckel, die zugleich den Bühnenrand verdecken. Wagner führt dann dieses Konzept in seiner Programmschrift *Das Bühnenfestspielhaus zu Bayreuth* (1875) im einzelnen aus. Er schreibt unter anderem: „Meine Forderung der Unsichtbarmachung des Orchesters gab dem Genie des berühmten Architekten (gemeint ist Semper) mit dem es mir vergönnt war, zuerst hierüber zu verhandeln, sofort die Bestimmung des hieraus, zwischen Proszenium und den Sitzreihen des Publikums entstehenden, leeren Zwischenraumes ein: wir nannten ihn den ‚mystischen Abgrund', weil er die Realität von der Idealität zu trennen habe, und der Meister schloß ihn nach vorn durch ein erweitertes zweites Proszenium ab, aus dessen Wirkung in seinem Verhältnisse zu dem dahinterliegenden engeren Proszenium er sich alsbald die wundervolle Täuschung eines scheinbaren Fernrückens der eigentlichen Szene zu versprechen hatte, welche darin besteht, daß der Zuschauer den szenischen Vorgang sich weit entrückt wähnt, ihn nun aber doch mit der Deutlichkeit der wirklichen Nähe wahrnimmt; woraus dann die fernere Täuschung erfolgt, daß ihm die auf der Szene auftretenden Personen in vergrößerter, übermenschlicher Gestalt erscheinen."[60] Selbstherrlich sieht Wagner im Bayreuther Festspielhaus den Ursprung einer Architektur der Zukunft aus dem Geist der Musik hervorgehen.[61]

Daß das Festspielhaus einer Bombardierung durch die Alliierten im Zweiten Weltkrieg entging, verdankt sich angeblich einem Mißverständnis. Die Bomberpiloten sollen das Haus für eine Brauerei gehalten haben.

Das Kunsthandwerk der Inszenierung

Was bot sich nun auf der Wagner-Bühne den Augen und Ohren der auserwählten Theaterbesucher dar? „Ach, es graut mit vor allem Costüm- und Schminkewesen, wenn ich daran denke, daß diese Gestalten, wie Kundry, nun sollen gemummt werden, fallen mir gleich die ekelhaften Künstlerfeste ein, und nachdem ich das unsichtbare Orchester geschaffen, möchte ich auch das unsichtbare Theater erfinden!" So notiert Cosima am 23. September 1878, eine Bemerkung Wagners.[62] Dennoch hat er sich bis zuletzt energisch und wohl auch detailversessen um die Realisierung seiner Werke auf der Bühne gekümmert – praktisch und theoretisch. Das betrifft den Raum der Inszenierung, die Bühne, wie auch den Zuschauerraum. Bayreuth kam seinen Vorstellungen und Zielen am nächsten. 1873 schreibt er noch einmal zur Wirkung des „mystischen Grabens" und Proszeniums: „Der Erfolg dieser Anordnung dürfte wohl allein genügen, um von der unvergleichlichen Wirkung des nun eingetretenen Verhältnisses des Zuschauers zu dem scenischen Bilde eine Vorstellung zu geben. Jener befindet sich jetzt, sobald er seinen Sitz eingenommen hat, recht eigentlich in einem ‚Theatron' d. h. einem Raume, der für nichts anderes berechnet ist, als darin zu schauen, und zwar dorthin, wohin seine Stelle ihn weist. Zwischen ihm und dem zu erschauenden Bilde befindet sich nichts deutlich wahrnehmbares, sondern nur eine, zwischen den beiden Proscenien durch architektonische Vermittlung gleichsam im Schweben erhaltene Entfernung, welche das durch sie ihm entrückte Bild in der Unnahbarkeit einer Traumerscheinung zeigt, während die aus dem ‚mystischen Abgrunde' geisterhaft erklingende Musik, gleich den, unter dem Sitze der Pythia dem heiligen Urschoosse Gaia's entsteigenden Dämpfen, ihn in jenen begeisterten Zustand des Hellsehens versetzt, in welchem das erschaute scenische Bild ihm jetzt zum wahrhaftigsten Abbilde des Lebens selbst wird."[63] Damit das erschaute Bild für den Zuschauer „zum wahrhaftigsten Abbilde des Lebens, zu Wahrheit im Drama" werden könne, gibt Wagner schon in seiner Schrift *Das Kunstwerk der Zukunft* für das Bühnenbild grundsätzliche und ausführliche Hinweise und Anweisungen, zudem detaillierte Auskunft über das Zusammenwirken der Künste und wie er die Rollen der einzelnen Bildkünste, insbesondere der Landschaftsmalerei, im Gesamtkunstwerk verteilt und bewertet.
Wagner liegt daran, daß das Erarbeitete und für gut Befundene nicht verloren geht, sondern als eine Art standardisiertes Gebrauchsmuster anwendbar bleibt. So hatte er Heinrich Porges bereits am 6. November 1872

aufgefordert, die Proben zu den Festspielen von 1876 genau zu verfolgen und alle seine Bemerkungen zur Aufführung des *Ring* aufzuschreiben und damit „eine fixierte Tradition zu redigiren". Es soll eine „stylreine Wiedergabe original-deutscher musikalischer und musikalisch-dramatischer Werke" geschaffen werden.[64] Wagner habe, schreibt Porges, die wahrhaft „dämonische Gabe, sich in alle möglichen Gestalten zu verwandeln, daß er gleich einem Proteus wie mit einem Zauberschlage jeden beliebigen Charakter annehmen, in jede nur denkbare Situation sich versetzen kann; und sie bewährte er eben in den Bühnenproben des Nibelungenringes in einer so erstaunlichen Weise, daß ich keinen treffenderen Ausdruck zur Bezeichnung seiner Thätigkeit zu finden vermag, als indem ich sage: er sei da gleichsam als der *Gesammtschauspieler* des ganzen Dramas vor uns gestanden." Das Ziel einer „mimisch-dramatischen Natürlichkeit", das er in Shakespeares Werken als bestimmend gedacht habe, eine ideale Natürlichkeit und eine ganz zur Natur gewordene Idealität, das war es, so Heinrich Porges, „wozu der Meister die ausführenden Künstler hinzuleiten suchte"[65].

Welche Eindrücke sich als Folge solcher Inszenierungskünste dann auch einstellen konnten, belegt das Beispiel einer Besprechung von Eduard Hanslick, dem Wiener Musikkritiker, zur Bayreuther *Ring*-Inszenierung von 1876. Er vermerkt mit Verwunderung die „Häufung scenischer Wunder" und fragt, ob es denn „wirklich der höchste Ehrgeiz des dramatischen Componisten sein" soll, „zu einer Reihe von Zaubermaschinerien Musik zu machen?"[66]

Die Antagonismen und Ungleichzeitigkeiten, *die Divergenzen: vom Wesen zum Werk* Wagners hat Pierre Boulez in einer knappen Charakteristik so zusammengefaßt: „Während die Musik sicher und kraftvoll in die Zukunft blickt, schaut das Theater hartnäckig in die Vergangenheit." Man dürfe nicht übersehen, daß die mythische Dimension seiner Gestalten, die seinem Theater einen unerschöpflichen Interpretationsreichtum gebe, in den Ideenbereich der Frühromantik gehörten. Wagners literarische Erfindung sei um 1850 praktisch an ihrem Ende angelangt, zumindest stünden die Themen fest; „es bleiben noch dreißig Jahre einer zunehmend einzigartigen und überraschenden musikalischen Entwicklung, in deren Verlauf seine theatralische Welt unverändert bleibt". [...] „Zu der Zeit, da das so beharrlich eroberte, auf sich selbst konzentrierte Werk zu seiner Vollendung gelangte, hatten die Literatur und Dichtung die Gestade verlassen, an denen Wagner sich versenkte. Einer der auffälligsten Widersprüche seines Theaters besteht zwischen der Kraft der Mythen und Symbole, die

er schuf, und ihrer Überholtheit zu der Zeit, da er sie ins endgültige Werk setzt. […] Ein überaus starker nationalistischer Anstoß indessen genügte, um bestimmte zwielichtige Aspekte der Wagnerschen Mythen zum Alibi, ja sogar zur kulturellen Rechtfertigung umzumünzen."[67]
Wird in Wagners Inszenierungen der selbstgesetzte Anspruch eingelöst? Die Augen, die sich auf Richard Wagners Bühne zu seinen Lebzeiten richten, werden auch schon mit eben jenen Widersprüchen konfrontiert, die Boulez formuliert hat. Was sich auf der Bühne zeigt, ist bildkünstlerisch überholt, orientiert sich an einer deutschen Kunst der ersten Hälfte des 19. Jahrhunderts, die auch in den Augen mancher Zeitgenossen bereits anachronistisch ist. Vischer hat das schon in seiner Kritik an den Nazarenern scharf gesehen und deutlich gemacht. Die wenigen Versuche Wagners und später von Cosima, herausragende Künstler für die Gestaltung von Bühnenbildern zu gewinnen – bezeichnenderweise als Dekorationsmaler –, sind fehlgeschlagen. Makart und Böcklin sagen ab, und die Versuche, die Bühne in deren Stil auszustatten, wirken schal.
Ein weiteres Problem bildet die Bühnentechnik. Ihr gilt das besondere Interesse und Engagement Wagners; es werden zahlreiche aufwendigen technische Neuerungen erprobt und eingeführt, die später als wegweisend für gesamtkunstwerklerische Inszenierungen gerühmt und nachgeahmt werden, zu Wagners Zeit aber die angestrebte perfekte Illusion oft genug konterkarieren, was zeitgenössische Kritiken belegen. Bühnenereignisse kippen vom Erhabenen ins Lächerliche, vom Kultischen ins Banale. Text und Bild passen zusammen in ihrer rückwärts gerichteten Orientierung, nur die Musik enthält in Verbindung mit dem Gerüst der Mythen und Symbole und deren Struktur ein Potential für Aktualisierbarkeit. Läßt sich das nun an den Aufführungen, soweit sie in Bildern und Modellen dokumentiert sind, zeigen? Bei einem Durchgang durch diese Bilderbuchwelt sind wir auf die zeitgenössischen Entwürfe, Modelle, Fotografien und Darstellungen angewiesen.
Die umfangreichen und detaillierten Anweisungen Wagners zum Bühnenbild und zum Handlungsablauf auf der Bühne geben einen anschaulichen Eindruck von den Ansprüchen an Ausstattung und Bühnentechnik. Zum Beispiel im *Fliegenden Holländer*. Dort stellt die Naturgewalt des Meeres, die der Zuschauer erleben soll, eine besondere Herausforderung an die Theatermaschinerie dar, darüber hinaus sollen zwei aufgetakelte Schiffe bewegt, Wetter, Wind und Wellengang wechselnd dramatisiert, der Sprung Sentas vom Felsen ins Meer dem untergehenden Schiff des Holländers hinterher, und schließlich noch die Himmelfahrt der beiden in der Glorie

gezeigt werden. Eine Illustration dieser Szene vom Ende des dritten Aktes in der *Leipziger Illustrierten* glich allerdings eher der Bebilderung einer Moritat als einem bühnendramatischen Geschehen. Wenn das Publikum am Ende aber applaudiert, berichtet Wagner sogleich davon in einem Brief: „Daß der Maschinist herausgerufen wurde, ist ein sicherer Beleg für die entsprechende Darstellung der Scenerie, denn diese muß in dem letzten Akt wirklich von ungewöhnlicher Bedeutung und sehr phantasievoll aufgefaßt sein, um meinen Intentionen Wirkung zu verschaffen."[68] Für die Erheiterung des Publikums sorgten oft genug beengte Bühnenräume und begrenzte Technik. Wenn die Schiffe klein und unansehnlich ausfielen, „machte es lachen zu sehen, wie der Steuermann das Sprachrohr anlegte, um Leute anzurufen, die er fast mit der Hand erreichen konnte, oder zu hören, wie die Matrosen sangen ‚Steuermann, her zu mir!', während sie sich doch thatsächlich an ihm reiben konnten."[69] Stellt man die Bühnenbilder neben Bilder der Nazarener, neben Bilder von Rethel, Schnorr von Carolsfeld, Richter, Schwindt, so wird die inszenierte Orientierung daran deutlich sichtbar, und dann auch die stilistische Anlehnung an den mit Gottfried Keller befreundeten Arnold Böcklin und mit Hans Makart. Man nannte Wagner gelegentlich den Makart der Musik. Er kannte den „Malerfürsten" von Wien her und dieser hat auch den *Ring* in Bayreuth besucht. Im Grunde gleichen sich die Bühnenbilder der Wagnerzeit durchgehend wie die Motive und Themen: Burgen, mittelalterlich romanisch sich gebärdende Agglomerationen, Ruinen auf Bergen im Hintergrund; mittelalterliche Stadtbilder; Felsengrotten, gewaltige Höhlen, der Felsengrund im Rhein; knorrige Riesenbäume mit Durchblicken auf See und Meer, romantisch verklärt, Wald und Wiese; die Venus-Grotte im Tannhäuser hatte Delacroix zu einer romantischen, farbenfrohen Gouache mit einem Panther zu Füßen der Venus angeregt; Wagner läßt sich vom Park des Palazzo Rufalo bei Ravello inspirieren: „Klingsors Zaubergarten ist gefunden!" ruft er bei einem Besuch dort aus. Innenräume werden gemalt und aufgestellt als Gebilde aus keltischen, romanischen, gotischen, byzantinischen Versatzstücken; der Innenraum des Doms von Siena, den Wagner im August 1880 besucht, wird ihm zum Bild des Gralstempels im Parsifal; urige Baumhütten werden zu Eremitagen aufgestellt.
Die Figuren fellbehangen, gehörnt, flügelbehelmt; die Kostüme: an Minnesangdarstellungen orientiert, Dürer zum Vorbild nehmend; dann aber auch für die Parsifal-Aufführung in Bayreuth 1882 um die von Wagner beabsichtigte „weihevolle Einfachheit" bemüht. Er selbst skizziert Kostüme. Der Münchner Künstler Rudolf Seitz war beauftragt worden,

Entwürfe für *Parsifal* zu fertigen, die aber „den keuschen hohen Geist Papas" nicht befriedigten – so Cosima an ihre Tochter Daniela.[70] Wagner beklagt sich beim König darüber, statt seiner einfachen, aber poetischen Angabe zu folgen, habe Seitz ihm „unzüchtige Ballcostüme geschickt, wie sie etwa der berühmte Frauenschneider Worth in Paris für den demimonde erfindet, sehr verführerisch für die Herren vom Jockey-Clubb, auch recht gefällig für illustrirte Journale, nur unbegreiflich von einem Menschen, dem ich genau meine ganz neue Idee mitgetheilt habe. So geht es mir aber in Allem: Jeder weiß es besser, und namentlich schöner wie ich, der ich eben ein bestimmtes Etwas, eine ganz sichere poetische Wirkung, keinen Opern-Theater-Prunk aber, will."[71]

Bei der Betrachtung mancher Kostümentwürfe fällt besonders die Diskrepanz zwischen dem Stil und dem Charakter der Zeichnungen und ihrer in Kostüm und Körper umgesetzten Erscheinung auf der Bühne auf. Bernard Shaw hat das so beschrieben: „Diejenigen, die nach Bayreuth gehen, bereuen es nie, obwohl die Aufführungen dort oft alles andere als ergötzlich sind. Die Stimmen sind manchmal erträglich, manchmal abscheulich. Einige Sänger sind die reinsten lebenden Bierfässer, zu faul und zu eingebildet, um die Selbstbeherrschung und körperliche Disziplin zu üben, die man von einem Akrobaten, Jockei oder Boxer als selbstverständlich erwartet. Die Kostüme der Frauen sind prüde und albern. Zwar trägt Kundry kein früh-viktorianisches Ballkleid mit Rüschen mehr, und Freia ist mit einer seltsam modischen Kopie des geblümten Gewandes von Botticellis berühmtem Bild ‚Der Frühling' ausgestattet worden; aber die gepanzerte Brünhilde erklimmt noch immer mit sorgsam unter einem langen weißen Rock versteckten Beinen die Berge." Es überwiege „eine unerträglich altmodische Tradition von teils schwülstigen, teils historienmalerischen Attitüden und Gesten. Die erregendsten Augenblicke des Dramas werden als lebende Bilder mit posierenden Modellen aufgefaßt, statt als Szenen voller Handlung, Bewegung und Leben."[72]

Freilich stellte die Inszenierung der Wagner-Opern besondere Herausforderungen an die Bühnentechnik und brachte mit den damaligen technischen Möglichkeiten kaum zu bewältigende Probleme. Das geht aus Wagners zahlreichen und ausführlichen Szenenanweisungen hervor. Seine Anweisungen lesen sich eher wie Drehbücher für Filmproduktionen. Daß er dennoch, trotz der Risiken des Mißlingens, das oft genug von der Kritik genüßlich ausgemalt, von den begeisterten Anhängern aber durch Tränen hindurch übersehen wurde, dennoch hartnäckig an der Verwirklichung seiner Vorstellungen festhielt, ist bemerkenswert.

Die im folgenden zitierten Berichte über Inszenierungen lassen die Gratwanderungen zwischen dem angestrebten Erhabenen der Inszenierung und ihrem Umkippen ins Komische anschaulich werden. Da sind die Pferde auf der Bühne. Der Rezensent der *Bayerischen Zeitung* erhebt am 19. Juni 1867, nachdem er die Inszenierung allgemein gelobt hatte, dann doch Bedenken gegen „das Herbeiziehen der Pferde: denn erstens lehrt die Erfahrung, daß das Publikum beim Erscheinen von Pferden jedes Mal von einer gehobenen künstlerischen Stimmung in den Circus-Humor überzugehen pflegt, und zweitens ist man keinen Augenblick sicher, ob es nicht dem einen oder anderen Quadrupeden behagen wird, durch irgendeinen selbständigen Willensact die poetische Fiction auf's Grausamste zu stören. Man erinnere sich nur – des fatalen Gestampfes gar nicht zu gedenken – welch unendlich komischen Eindruck während der gestrigen Vorstellung das Pferde-Gewieher auch auf den ernstesten Zuhörer machte." Wagner hatte aber an dem realen Erscheinen der Pferde gelegen, monierte, daß die Intendanz versäumt habe, die Pferde auch dem Kostüm der Zeit gemäß verkleiden zu lassen, fügte sich aber der Anweisung des Königs, die Pferde zu streichen und so strich er auch die entsprechende Musik-Stelle.[73]
Bei der Aufführung des Ring stellte sich dieses Problem gleich mehrfach: beim wilden Ritt der Walküren behalf man sich mit einer Laterna-Magica, die wegen ungenügender Projektionsintensität nicht immer überzeugte; in der Münchner Aufführung, 1870, stürmten als Walküren verkleidete Stallknechte auf Pferden über die Bühne, was aber die Kritik auch nicht zufrieden stellen konnte. Man bemängelte das Risiko und die Kürze des Auftritts. In der Götterdämmerung schließlich hat sich Brünhilde auf ihrem Ross Grane in die Flammen des Scheiterhaufens, auf dem Siegfrieds Leiche brennt, zu stürzen. Zum Sprung-Problem notiert der Wiener Kritiker Eduard Hanslick: „Wer hätte sich nicht auf den Augenblick gefreut, wo Brünhilde nach ausdrücklicher Versicherung des Textbuches ‚sich stürmisch auf das Roß schwingt und mit einem Satz in den brennenden Scheiterhaufen springt?' Statt dessen führt Brünhilde ihre jämmerliche Rosinante gelassen zwischen die Coulissen und denkt nicht daran, weder sich zu ‚schwingen', noch zu ‚springen'."[74]
Brände und Fluten, Feuer und Wasser, Wolken, Nebel, Gewitter und einen begehbaren Regenbogen auf der Bühne zu realisieren, ist riskant, zumal wenn dann das Feuer durch einen Drachen ausgestoßen, im Wasser geschwommen werden soll und alle noch dabei singen. Für die Rheintöchter *Woglinde, Wellgunde* und *Flosshilde* wurden Schwimmwagen konstruiert, die mit einem Holzgerüst bestückt waren, in dessen Spitze auf einer

Stange die Rheintöchter in beträchtlicher Höhe, in einer Art Fischreuse festgeschnallt wurden. Drei Männer bedienten die Wagen, ein dirigierender Musiker, der Steuermann und derjenige, der die oben Schwimmende steigen und fallen ließ. Das Münchner satirische Blatt *Punsch* sah das so: „Wigala wogala weia / Bleib i auf der Schaukel, so muaß i speia / Wigala wogala wack / Fall i abi, so brich i's Gnack."[75] Auch der mechanisch gesteuerte Lindwurm machte von sich reden. Er kam aus London und war angeblich nach einem Entwurf von Böcklin gefertigt worden. Eine Vorstellung davon mag Böcklins Bild *Drache in Felsenschlucht* von 1870 vermitteln. Es ist wie mit den Pferden. Erscheint der Drache auf der Bühne, zieht er alle Aufmerksamkeit auf sich.

Damit farbige Dämpfe auf der Bayreuther Bühne zur Dramatik beitragen und Szenenwechsel vernebeln konnten, bedurfte es eines riesigen technischen Aufwandes. Ein kilometerlanges Netz von Gas-, Dampf- und elektrischen Leitungen für komplizierte Effekte mußten eigens konzipiert und gelegt, Dampfmaschine und Gastank installiert werden. Kein anderes Theater der Zeit verfügte über eine so ausgeklügelte und komplexe Bühnen-Technik. (T 11)

Zum Problem von Fiktion und Bühnenrealität schrieb Paul Lindau, er sei davon überzeugt, wie mißlich es sei, „bei der Nachbildung von Wirklichem auf der Bühne das Wirkliche selbst zu sehr zur Theilnahme heranzuziehen und es hart neben das zu stellen, was eben nicht durch Wirkliches nachzubilden ist. Wenn man es der Phantasie in vielen Punkten zu bequem macht, so ermattet sie eben und greift nicht mehr da ein, wo es der Dichter verlangt. Neben dem zu täuschend Nachgeahmten sticht das nicht täuschend Nachzuahmende durch seine Unnatürlichkeit ab."[76] Das aber wollte auch der König nicht wahr haben. Heutzutage sind diese Simulationsprobleme längst überwunden, die Faszination ist geblieben.

Ludwig II. als Bühnenkünstler

Ludwig II. will den historisch getreu nachgebildeten Ort bis ins Detail. Wagner sieht die Bühnendekoration als „schweigend ermöglichenden Hintergrund und Umgebung einer charakteristischen dramatischen Situation mitwirkend". Das schließt aber die im Hintergrund arbeitende Maschinerie nicht aus. Für Ludwig muß auch das Übernatürliche naturalistisch dargestellt werden, ungeachtet der jederzeitigen Gefahr des Kippens ins Komische oder gar Lächerliche. Er schneidet aus Wagners

Gesamtkunstwerk Partien aus und versetzt sie in die Realität der Umgebung, in der er selbst als Hauptdarsteller agiert: die *Venusgrotte* mit dem falschen Lohengrin, die *Hundinghütte*, die *Einsiedelei des Gournemanz* bei Linderhof, die *Sängerhalle* und den *Thronsaal* als *Gralstempel* auf Schloß Neuschwanstein. Für sein Schloß Berg läßt er sich Bildtafeln malen, die ihm seine Mythen- und Sagenwelt verlebendigen.[77] Detta und Michael Petzet verweisen in ihrem Buch *Die Richard Wagner Bühne König Ludwigs II.* darauf, daß die Einschätzung des bayrischen Königs als Mäzen Richard Wagners und als ein versponnener „Märchenkönig" zu kurz greife. Neben den genannten Stoffen bestimmten weitere Themenbereiche seine Interessen – der Orient sowie die Geschichte und die Formen der Repräsentation und Selbstdarstellung der absolutistischen Monarchie der Bourbonen. Bei den orientalischen Stoffen gab es auch eine Verbindung zu Wagner, der ja vorgehabt hatte, ein orientalisches Thema (*Die Sieger*) zu bearbeiten. Ludwigs Interesse für das Rokoko war und blieb Wagner dagegen völlig fremd. Ludwig träumte davon, als absolutistischer König im Schloß Herrenchiemsee zu leben – in einem „Kunstwerk der Vergangenheit, das er als einer der eigenwilligsten Bauherrn des Historismus schuf, während er zugleich als Mäzen Richard Wagners dem ‚Kunstwerk der Zukunft' die Bahn bereitete."[78] Als Bauherr des Historismus prägte er einerseits die Neuromanik und den romantischen Orientalismus von Neuschwanstein und Linderhof und andererseits das zweite Rokoko von Herrenchiemsee. Bedeutsam bleibt dabei, daß sowohl in seinem Theater, wie in seinen Schlössern immer die neuesten technischen Möglichkeiten eingesetzt, und durch seine Aufträge handwerkliche Traditionen und Fähigkeiten bewahrt wurden, sein Historismus zur Einrichtung einer Restaurierungswerkstatt (dem heutigen Landesamt für Denkmalpflege), und zum akribischen wissenschaftlichen Quellen-Studium historischer Kunst und Architektur angeregt und geführt hat. Das alles machte München zu einem Zentrum des Kunstgewerbes.

Dampfmaschine und Elektrizität setzen Illusionen in Bewegung

Ohne Dampfmaschine und Elektrizität wären die Träume des bayrischen Märchenkönigs jenseits grauer Politik Träume geblieben und wären die Theatermaschinerien Richard Wagners nicht in Gang gekommen. Um eine schwärmerisch geliebte Vergangenheit in Bildern zu erfahren, bedurfte Ludwig II. modernster Technik. Auch Wagner benötigte sie für die Bühnenrevolution seines „Kunstwerks der Zukunft". Der Blick zurück in eine Vergangenheit bedarf der Technik als Prothese. Widersprüche bilden sich auch in anderen Projekten der Zeit ab.

Theatralisch aufgeladene Symbolik sieht Friedrich Theodor Vischer im Großprojekt der Fertigstellung des Kölner Doms (1842-1880) als Symbol der deutschen Einheit. Er zitiert in seiner Kritik ausführlich die Schrift eines gewissen Anton Hallmann, vormals „Königl. Preuß. Hofbauinspektor". Dieser hatte sich polemisch mit dem geplanten Bau des Berliner Doms und dem realisierten Bau der Walhalla bei Regensburg auseinandergesetzt und vor allem mit der Fertigstellung des Kölner Doms.[79] Hier bezieht nun auch Vischer Stellung. Die Walhalla „ist jetzt fertig", schreibt Vischer, „lassen wir sie sanft ruhen in dem Tode, zu dem sie geboren ist, mag in dem griechischen Tempel an der Donau die Heilige X. Y. Z. neben Diebitsch Sabalkansy ruhig den Traum der Unsterblichkeit träumen! Der Dombau aber ist eben im Werke, und da ist es noch der Mühe wert zu reden, damit die Nachkommen wenigstens sehen, daß unter tausend Nüchternen, welche sich in die Begeisterung für das Abgestorbene hineinarbeiten, wenigstens einige Begeisterte waren, die das Werdende, das Jugendliche wollten." Vischer zitiert ausführlich, um daran seine eigene kritische Position gegen den Mythos der Vollendung des Kölner Doms vorzutragen. (T 12) Jeder Kreuzer, „den wir für galvanische Belebung eines Kunstleichnams ausgeben, wäre besser zu Suppen für die Armen verwendet", schreibt er und fährt fort: „Ein Leichnam aber ist es, von dem wir reden. Hätte der gotische Stil noch Lebenskraft gehabt, so wäre der Dom, der jetzt als sprechender Zeuge eines während seines Baues erloschenen Geistes dasteht, nicht unvollendet geblieben." Vischers zweites Argument läßt den Dom als ein rein ästhetisches Modell der gotischen Architektur deshalb nicht gelten, weil es ein Gebäude sei, „das für einen sehr bestimmten Gebrauch bestimmt ist und bestimmt bleibt: für den katholischen Kultus", und das könne nicht die Aufgabe Deutschlands sein. Und sein drittes Argument gilt der Frage, ob der Kölner Dom ein Symbol der deutschen Einheit sein soll. Hier zitiert Vischer noch einmal Hallmann: „Wohl uns, wenn Deutschland das Bedürfnis fühlt, einig zu sein, aber laßt uns, wenn wir das Bedürfnis zu gemeinsamen Schöpfungen fühlen, auch diesem Gefühle analog und es verkörpernd sein. Warum mit solchem edlen Triebe Maskerade spielen? Was soll überhaupt der Symboldienst bei einem Volke, welches gottlob so weit mündig, daß es die Idee selbst zu begreifen imstande ist! Das Symbol soll nur zur Erkenntnis der Idee führen, ist sie aber als solche erkannt, so ist das Symbol an sich gar nichts mehr nütze, und will man eine Idee durch Taten verwirklichen oder ins Leben treten lassen, so sollen es bei Gott keine symbolischen Taten und Werke sein, sondern solche, die das wahre Leben des Menschen bereichern und ihm nützlich sind."[80] Auch Semper hatte sich in seiner Abneigung und Ablehnung der Neugotik den Weiterbau des Kölner Doms als Beispiel genommen. Die Partei der Befürworter seien „Spekulanten für katholische und kryptokatholische Propaganda"[81]. Was hätten Vischer und Semper wohl zur Scheinrekonstruktion des Berliner Stadtschlosses oder zum Wiederaufbau der Dresdner Frauenkirche gesagt? Bekanntlich nutzte Ludwig II. in seinen Schlössern alle technischen Möglichkeiten, eben auch die Dampfmaschine zur Verwirklichung seiner surrealen Träume. Die durch Wagners Venusgrotte im Tannhäuser und durch die Blaue Grotte auf Capri angeregte Nachbildung der Grotte hoch oben im Berg hinter Schloß Linderhof ist durch versteckte Öfen beheizbar. Für eine Nacht wurden 10 Kubikmeter Holz verfeuert, um die Temperatur von 20 Grad zu erreichen. Auch das Wasser des Grottensees konnte erwärmt und mittels einer Maschine zum Wellenschlagen gebracht werden. Ein Wasserfall wurde nach Belieben zugeschaltet. Für die Beleuchtung, abwechselnd in Rot, Rosé, Grün oder Blau, hatte Werner von Siemens gesorgt. Außerhalb der Grotte installierte er Dampfmaschinen, die Generatoren zur Stromerzeugung antrieben. So konnte der König nächtens im goldenen Muschelkahn unter dem zusätzlich eingeschalteten Regenbogen-Projektionsapparat die jeweils herbeigebrachten Schwäne füttern und sich einbilden, er sei Lohengrin, während der genervte Elektriker und die sieben Heizer wohl lieber wieder in ihre Betten gestiegen wären.

Kunst und Künstler im Dunstkreis des Kunstwerks der Zukunft

Der Malerfürst Hans Makart hatte Wagner zu Ehren am 3. März 1875 in Wien ein Atelierfest veranstaltet. Alles was Rang und Namen hatte, war anwesend. Franz von Lenbach hatte dafür gesorgt, daß auch Gottfried Semper eingeladen wurde. Nach acht Jahren sahen sich die beiden Dresdner Revolutionäre wieder. Wagner habe Semper zuerst nicht erkannt, aber sie hätten sich dann wohl versöhnt. Beide hatten sich entfremdet, „weil Wagner meinte, Semper habe mit seinen Forderungen an König Ludwig II. dem großartigen Projekt eines Münchner Festspielhauses die letzte Realisierungschance genommen"[82]. Cosima und Richard Wagner fühlen

sich bemüßigt, Semper wegen dessen bescheidenen Auftretens zu bedauern.[83] Wagner bedankt sich im nachhinein bei Makart und bemerkt dazu mit dem gewohnten Dünkel: „Es war an jenem Abende schön bei Ihnen, denn man konnte durch die Erfolge Ihrer Gastlichkeit wirklich in den Wahn geraten man befinde sich wo ganz anders, in einer ganz anderen Zeit, und unter ganz anderen Menschen, als denen wir nun einmal stets nur zu begegnen haben."[84]
Makarts Dekorationskunst war auf Wagner nicht ohne Wirkung geblieben. Des öfteren ist auf die Ähnlichkeit bestimmter Kostüme und darstellerischer Posen zu Bildern von Makart hingewiesen worden, sowohl was Wagners privaten und gesellschaftlichen Habitus als auch den Inszenierungsstil betrifft. So hat man etwa bei der *Parsifal*-Inszenierung in Bayreuth (1882) die hingelagerte Marianne Brandt als *Kundry* in *Klingsors Zaubergarten* mit Makarts Bild der Schauspielerin Charlotte Wolter als *Messalina* (1875) verglichen. Vergeblich war auch der Versuch geblieben, Arnold Böcklin als „Dekorationsmaler" zu gewinnen.
Böcklin war, wie andere Künstler auch, kein Freund des Gesamtkunstwerks. Daß es eher zweitrangige Maler waren, die sich für Wagners Kunstwerk der Zukunft begeisterten, ist verständlich. Die Plastik wird hier allenfalls als Porträt-Kunst geschätzt, was man in Wagners entsprechenden Kommentaren bestätigt findet. Allerdings sind Cosima und Richard Wagner darauf bedacht, sich selbst in konventioneller Pose und von anerkannten und allgemein begehrten Porträtmalern wie Franz von Lenbach repräsentativ dargestellt zu sehen. Lenbach hat Richard und Cosima Wagner mehrfach in durchaus eindrucksvoller Manier porträtiert. Auch Lenbach gab Wagner zu Ehren im November 1880 ein Atelierfest, an dem auch Makart und Wilhelm Busch teilnahmen. Lenbach und Makart hatten sich auch 1876 bei den ersten Bayreuther Festspielen getroffen. Semper war auf Einladung Wagners als „Ehrenpatron" nach Bayreuth gekommen. Auch der Historienmaler Anton von Werner und Adolph von Menzel, Kaiser Wilhelm II. und die feine Gesellschaft Berlins waren damals im Publikum. Nachher klagte Lenbach allerdings, „das scheußliche Bayreuth hat mich ganz krank gemacht". Anläßlich seines Atelierfestes, bei dem er mit Wagner über Bismarck in Streit geraten war, beschwert er sich: „Ich habe durch die Wagnerei auch nicht die besten Zeiten gehabt: habe zwar den Wagnerfexen und sonst Leuten, welche den Kasperl von Bayreuth sehen wollten, einen Abend gegeben, bin aber schließlich mit Sr. Heiligkeit in einen Kampf ums Dasein gerathen und bin nun recht froh, die Herrschaften glücklich in Bayreuth zu wissen."[85]

Menzel lernte Wagner 1873 in Berlin im Salon der Gräfin von Schleinitz kennen, als Wagner aus der *Götterdämmerung* las. Die Zeichnung einer solchen Salongesellschaft stiftete Menzel für das Festspielhaus in Bayreuth. Dort hat er Wagner im August 1875 auf der Probe gezeichnet. Der Bildhauer Adolph Kietz erinnert sich daran: „Hans Richter dirigierte. Wagner las in der Partitur nach, bewegte sich aber dabei in seiner Erregtheit fortwährend nicht nur mit den Armen, sondern auch mit den Beinen. Meister Menzel hat dieses Bild, trotz der Dunkelheit im Zuschauerraum, in einer sehr charakteristischen Kreidezeichnung festzuhalten vermocht."[86] Menzel war es auch, der 1872 als erster eine Art Wagner-Denkmal noch zu dessen Lebzeiten schuf. Nach Art einer Totenmaske hängt im berühmten Bild der *Atelierwand* rechts unten im dramatischen Halbschatten die Gips-Maske inmitten von Torsi, Köpfen und Totenmasken berühmter Männer. Wagners wirkliche Totenmaske wird am 14. Februar 1883 in Venedig von Augusto Benvenuti abgenommen werden. Im selben Jahr 1872, in dem das Bild der *Atelierwand* entstand, hatte Menzel das erste große und realistische Industriebild begonnen: *Das Eisenwalzwerk*. *Mimes* Schmiede ist zur lärmenden Industriehalle geworden, der Schmied hat sich in Arbeitssklaven vervielfacht, *Nothungs* Stahl wird in Maschinen glühend gewalzt. *Wotan* steht als Fabrikherr am Ende der Halle, fast unsichtbar, aber durch die Komposition im Fluchtpunkt der Perspektive an herausragende Stelle gesetzt. Menzel hat es so nicht, nicht mythologisch, dennoch dramatisch gesehen. Was aber hat er gesehen, als er den *Ring* in Bayreuth sah? Und was sah Gottfried Semper, als er in Bayreuth im Publikum saß, inmitten all der angereisten Prominenz?[87]
1877 sah Semper sein fast vollendetes Dresdner Theater. Zur Eröffnung kam er nicht mehr, er war krank. Die Zeit in Wien und die Auseinandersetzungen dort um die Realisierung seiner Pläne zur Neugestaltung der Hofburg hatten ihm zu sehr zugesetzt. Ein letztes Mal reist er in den Süden. Lenbach drängt ihn, ihn nach Rom zu begleiten. Dort verbringt er den Winter, macht Ausflüge in die Campagna. Im Frühjahr 1879, am 15. Mai, stirbt er. Auf dem protestantischen Friedhof nahe der Caestius-Pyramide wird er begraben. Aber nicht einmal die Beerdigung verlief problemlos – wie vieles in seinem Leben. „Als der Sarg über dem offenen Grab niedergelassen wurde, brach ein Streit aus. Der deutsche Geistliche, der die Trauerfeier leitete, entsetzte sich darüber, daß der Physiologe Jakob Moleschott, ein alter Freund des Verstorbenen, eine lange Grabrede für seinen teuren Freund zu halten beabsichtigte. Als der Priester es ablehnte, diesen ungläubigen Materialisten sprechen zu lassen, begann der Streit,

und es war nur der Umsicht und schnellen Vermittlung Manfred Sempers zu verdanken, daß es über dem offenen Grab nicht zu Handgreiflichkeiten kam."[88]

Im Januar 1882, kurz nach der Vollendung des *Parsifal,* porträtierte Auguste Renoir Richard Wagner im *Hôtel des Palmes* in Palermo. Renoir hatte ihn zuvor schon nach einer Fotografie gezeichnet. Zum fertigen Bild meinte Wagner zu Cosima, es sähe aus, „wie das Embryo eines Engels, als Auster von einem Epikuräer verschluckt"[89]. Renoir berichtet über die halbstündige Sitzung in einem Brief an einen Freund unter anderem, Wagner habe von seiner Abscheu gegenüber den deutschen Juden gesprochen, und gefragt, ob die Franzosen immer noch die Komödianten lieben würden. Auch beim alten Wagner – ein Jahr vor seinem Tod – bricht im beiläufigen Gespräch sein abgrundtiefer Antisemitismus durch.

Nach der halben Stunde mochte Wagner wohl nicht mehr, schreibt Renoir weiter, „fünfunddreißig Minuten, das ist nicht viel, aber wenn ich vorher aufgehört hätte, wäre es sehr schön geworden, denn mein Modell verlor schließlich seine Heiterkeit ein wenig und wurde steif. Ich habe diese Änderungen zu sehr mitgemacht." Wagner wollte das Bild sehen: ‚Ah, Ah, Ich sehe aus wie ein protestantischer Priester.' Was auch wahr ist", so Renoir.[90]

Während seines Pariser Aufenthalts 1861/1862 hatte Wagner den neunundzwanzig Jahre jüngeren Gustave Doré kennengelernt. Er berichtet darüber in *Mein Leben*[91]: Doré habe beabsichtigt, „eine phantastische Zeichnung von mir im Akte des Orchesterdirigierens zu entwerfen. Zur Ausführung hiervon kam es allerdings aus mir unbekannten Gründen nicht, vielleicht, weil ich nicht mit besonderer Neigung darauf einging. Doch blieb mir Doré fortgesetzt zugetan. […] Unter die vielen Illustrationen, welche der ungemein produktive Mensch ausführte, beabsichtigte er auch die ‚Nibelungen' aufzunehmen; ich wünschte ihn nun hierfür mit meiner Auffassung dieses Mythen-Zyklus bekannt zu machen; […] so erlaubte ich mir, ihm den vor kurzem erschienenen Klavierauszug des ‚Rheingoldes', aus dessen Text ihm der Grundzug meiner Gestaltung des Stoffes am besten verdeutlicht werden könnte, zum Geschenk zu machen, womit ich ihm zugleich das von ihm zuvor mir überreichte Geschenk eines Exemplares seiner soeben erschienenen Illustration des ‚Dante' erwiderte." Dorés Illustrationen zur germanischen Mythologie sind offensichtlich als ironisches Glossar konzipiert und dürften kaum im Sinne Wagners ausgefallen sein. Doré machte die *Rheinische Mythologie* lächerlich, glossierte „die mettrinkenden Göttergestalten Walhallas, die schwerfälligen Barden Wotans, die todessüchtigen Recken Etzels und die vollbusigen Töchter des Rheins"[92].

Malerei der Vergangenheit als Theatermalerei

Um die Mitte des 19. Jahrhunderts hatte Wagner seine Themen literarisch abgeschlossen. Die Hauptwerke der Maler, die sich denselben Stoffen gewidmet hatten, waren gleichfalls um diese Zeit vollendet. Wagners Inszenierungen nach 1850 gaben in ihren Bühnenbildern diese bereits vergangene Bilderwelt der Nazarener und ihres Umkreises wieder. Im Unterschied zu Gottfried Kellers *Grünem Heinrich* in München und zu Friedrich Theodor Vischer in Tübingen, träumten sie von einem aus der Religion begründeten Gesamtkunstwerk. Die Formen des „Ungleichzeitigen im Gleichzeitigen" (Bloch) in der Kunst dieser Zeit aufzuzeigen, sollen einige Skizzen zu jener Kunst veranschaulichen. Zum Beispiel die *Nazarener* – der Name, der von den als solchen bezeichneten Malern nicht benutzt wurde – kam in Italien auf als „alla nazarena", als Kennzeichnung derjenigen, deren Haartracht wie bei „dem Nazarener" und wie bei Raffael und Dürer in der Mitte gescheitelt und schulterlang war. Auf ihrer Suche nach einem neuen und reinen Kunstideal aus „vaterländischen" Quellen waren die Lucasbrüder, so nannten sie sich, auf die Kunst Dürers und Raffaels gestoßen, auf die mittelalterlichen Epen und Sagen. Beeindruckt und beeinflußt waren sie besonders durch *Franz Sternbalds Wanderungen* (1789) von Ludwig Tieck und sie versenkten sich in die *Herzensergießungen eines kunstliebenden Klosterbruders* (1797) von Wilhelm Wackenroder. Sie zogen nach Rom und lebten klösterlich. Dann erweiterte sich ihr Kreis. Sie arbeiteten an Themen zur christlichen Heilsgeschichte, auch zur mittelalterlichen Geschichte und zu Mythenstoffen. Ludwig I., der Großvater Ludwigs II., besuchte sie in Rom und förderte sie in München durch Aufträge. Peter Cornelius, 1824 zum Direktor der Kunstakademie in München berufen, stattete die Decken der von Leo von Klenze erbauten Glyptothek aus (1820-1830). Bereits Ludwig I. begeisterte sich für das Nibelungenlied und verstand es auch als nationales Epos. Er betraute Julius Schnorr von Carolsfeld schon 1828 mit einem Freskenzyklus zu den *Nibelungen* im Königsbau der Münchner Residenz. Schnorr arbeitet daran mit Unterbrechungen und, zusammen mit Friedrich Olivier und Gustav Jäger, bis 1867. Im *Saal des Verrats* (1845) zeigt Schnorr Hagen beim tödlichen Speerwurf auf den von ihm abgewandten, aus einer Quelle

trinkenden Siegfried, während Gunter mit seinen Mannen im Wald beobachtend zurückgeblieben ist.
Alfred Rethel hatte den Karlssaal in Aachen 1847-1852 mit Fresken zur Geschichte Karls des Großen ausgestattet, sie gelten als Beispiele einer durch die Schule der Nazarener gegangenen Historienmalerei. Er plante Fresken zu den Nibelungen, zu Hannibals Übergang über die Alpen und erreicht vor allem durch seine Druckgrafik ein breites Publikum. Die Tafelbildmalerei bewegt sich im selben Rahmen, mit Varianten heroischer Landschaftsmalerei (zum Beispiel: Joseph Anton Kochs Gebirgslandschaften) oder idyllisch-romantischen Darstellungen zu Sagen und Märchen. (zum Beispiel: Moritz von Schwinds *Der Sängerkrieg auf der Wartburg*, 1837, und Ludwig Richters *Überfahrt am Schreckenstein*, um 1835). Schnorr von Carolsfelds Bild *Sturz vom Felsen* (1833) zeigt ein Liebespaar, das eng umschlungen, verfolgt von Hunden und einem finsteren Ritter, sich in die Tiefe stürzt. Das Paar flieht vor dem Grundherrn, der sein „Recht auf die erste Nacht" mit der Braut einfordern will. Romantisch werden Motive von Todes-Erotik, Sich-Entziehen, Sprung in die Freiheit angespielt. Auch Tristan und Isolde geben ein ähnliches Motiv. 1817 hatte Peter Cornelius bereits eine Reihe von Illustrationen zu den Nibelungen als Kupferstiche herausgegeben. Das Titelblatt zeigt einzelne Szenen in einem Architekturrahmen und soll später Düsseldorfer Künstler angeregt haben, es als lebendes Bild zu stellen. Von hier zum Bühnenbild ist es dann nicht mehr weit.
1849 wird Wilhelm von Kaulbach vom bayrischen König Ludwig I. als Direktor der Münchner Kunstakademie berufen. Und von eben diesem König hatte Kaulbach 1837 den Auftrag zu einem Bild mit dem Thema *Die Zerstörung Jerusalems durch Titus* erhalten. Er löst die Aufgabe zwischen 1837 und 1846 mit einem monumentalen Gemälde, nahezu 6 Meter hoch und über 7 Meter breit. Unmittelbar nach Fertigstellung hatte Friedrich Wilhelm IV. von Preußen eine Replik für das Treppenhaus des Neuen Museums in Berlin bestellt. Kaulbachs Bild wurde gerühmt und viel diskutiert. Er selbst schreibt dazu: Er habe den Abschluß eines großen mächtigen Reichs malen wollen, „den Zusammensturz einer sich ausgelebt habenden Kultur. Der Geist Gottes in der Geschichte ist es, den ich malen wollte." Matthias Kohn verweist in seiner Interpretation des Bildes darauf, daß das „geschichtsphilosophische Programm, die heilsgeschichtlichen Topoi, die Allegorien, ihre Allusion bzw. Anwendung auf die Zeitgeschichte, Anschauungs- und Bildungsgut der Freunde und Gönner des Künstlers waren."[93] Auch in den Vorlesungen zur Universalgeschichte von

Josef von Görres und in den Ästhetikvorlesungen von Moritz Carriere an der Münchner Universität wurden vergleichbare Vorstellungen, wie sie sich in Kaulbachs Gemälde niederschlugen, vermittelt. Kritik daran bleibt auf Formales bezogen. Jacob Burckhardts Anmerkungen zum Bild bedauern den Mangel an „Fortschritt des Stils". Vischer verdeutlicht an Kaulbachs Bild seine „Zustandsbeschreibung der jetzigen Malerei."[94]
In einer Kritik an der Wirkungsgeschichte des Gemäldes beklagt Matthias Kohn die ausgebliebene Auseinandersetzung mit der Inhaltlichkeit des Bildes und seinen geistesgeschichtlichen Grundlagen und Traditionszusammenhängen. Das Bestürzende seien nicht so sehr „die einer vorwissenschaftlichen und vorexegetischen Geschichtsspekulation zugehörigen Bildvorstellungen, auch nicht die der idealistischen Phase des Historismus zugehörige simultane Verknüpfung ganz unterschiedlicher bildrhetorischer Ebenen, sondern vielmehr die erschreckende Offenkundigkeit eines tief in die Geschichte, in die Kirchen- und Profangeschichte hinein gestaffelten antijudaistischen Traditionszusammenhangs."[95]
Zur großen Wirkung des Bildes haben sicherlich Reproduktionen einzelner Motive in Kunstblattsammlungen und Einzelblattausgaben beigetragen. Zwei solcher Einzel-Motive seien hier benannt: Auf der rechten Seite, der Seite der Gerechten des Gerichtsbildes, zieht Titus als Sieger im Jüdischen Krieg (70 n. Chr.) in das heils- und weltgeschichtliche Szenarium ein. Unten verläßt die christliche Gemeinde friedlich die zerstörte Stadt, beschützt von drei Engeln mit dem strahlenden Kelch, dem heiligen Gral. Auf der Gegenseite das Inferno, die Selbstzerfleischung und der in Panik fliehende Ahasver, die allegorische Gestalt des ewigen Juden, dem „Repräsentanten des jetzigen Judentums," so Kaulbach.
Wenige Jahre nach Vollendung des Bildes – es hängt seitdem in der Neuen Pinakothek in München, die Berliner Replik wurde im Zweiten Weltkrieg zerstört – verfaßte Richard Wagner 1850 seine infame Schmähschrift *Das Judentum in der Musik*. Wagners Pamphlet endet mit der tödlichen Empfehlung an die Juden: „Nehmt rücksichtslos an diesem, durch Selbstvernichtung wiedergebärenden Erlösungswerke theil, so sind wir einig und ununterschieden! Aber bedenkt, daß nur Eines eure Erlösung von dem auf euch lastenden Fluche sein kann: die Erlösung Ahasver's, – der *Untergang!*"[96]
Ein eindrucksvolles Moment des Gleichzeitigen und des Ungleichzeitigen liegt darin, daß zur selben Zeit, als Kaulbach sein Bild *Die Zerstörung Jerusalems durch Titus* beginnt, Semper von der kleinen jüdischen Gemeinde in Dresden den Auftrag zum Bau einer Synagoge erhielt. Sempers Bau

manifestiert auch die gesellschaftliche Anerkennung der kleinen jüdischen Gemeinde eindrucksvoll. Während Wagner das Pamphlet *Das Judentum in der Musik* schreibt (1850), widmet sich Semper in Paris erneut dem Entwurf einer Synagoge, die aber nicht realisiert wurde.
Stoffe und Themen Wagners waren in der ersten Hälfte des 19. Jahrhunderts weit verbreitet und in Bildmustern schon festgelegt. Veränderungen auf Wagners Bühnen bildeten sich erst nach seinem Tod und erst in den zwanziger Jahren des 20. Jahrhunderts heraus. Cosima Wagner hatte zu ihren Lebzeiten streng darüber gewacht, daß auch kein Detail verändert wurde. Die Bildmuster aber wirkten in illustrierten Büchern, in Drucken, in Sammelbildchen und in Fibeln noch nach, selbst Fritz Langs Nibelungen im Film sind nicht frei davon. Wie kam es zu diesen Stereotypen in der zweiten Hälfte des 19. Jahrhunderts? Bilderfabriken waren entstanden, Großbetriebe, in denen die Gemälde als Druckvorlagen dienten und in großen Auflagen als Lithographien, als Stiche, Öldrucke, dann als Chromolithographien in Schnellpressen mit Firnisüberzug (um dem Eindruck eines Originals möglichst nahe zu kommen) reproduziert wurden und den Markt überschwemmten, oder als Sammelbilder die ästhetische Sozialisation nicht nur von Kindern und Jugendlichen beeinflußten – wie Liebig's Fleischextrakt-Bildchen zu Wagners Leben und zu seinen Opern. Das war nicht mehr die kleine Werkstatt, wie die, in der der *Grüne Heinrich* Drucke von Hand einfärbte. An solche Massenprodukte banden sich dennoch Gefühle. Sie besaßen eine Aura, gerade weil sie als Andachts-, Sterbe- oder Schlafzimmerbilder so eingängig waren – und sind. Schnorr von Carolsfelds Nibelungenzyklus tauchte in Sagen- und Schulbüchern auf. Die Fresken von Piloty, Spieß und Schweiser aus Neuschwanstein gab es als Farbdrucke. Die von den Nazarenern geliebte gotische Fraktur-Schrift bestimmte vielfach die Typographie. Rethels Bibelillustrationen prägten bildhaft die protestantisch-christliche Ikonographie noch weit im 20. Jahrhundert. Judas und Hagen, das waren die Bösen und man sah es ihnen an. Thorwaldsens Christus wurde und wird tausendfach in allen Formaten reproduziert. Neue Techniken bringen neue Möglichkeiten. Semper und Vischer haben sich dazu geäußert. Das Galvanisieren spart Material und handwerklichen Aufwand. Selbst an das Galvanisieren von Toten als neue Konservierungsmöglichkeit dachte man.
Den Anfang industrieller Bildproduktion hatte schon Gustave Doré gemacht mit seinen über die Welt verbreiteten Illustrationen zur gesamten Weltliteratur. Konrad Farner hat Doré als „industrialisierten Romantiker" beschrieben. Seine Produktion war weitgehend arbeitsteilig und teilweise

sogar standardisiert – „nicht weniger als 136 verschiedene Xylographen stachen seine Zeichnungen ins Holz. [...] Dorés Massenproduktion war das Ergebnis einer ständigen Nachfrage, und diese Nachfrage wiederum das Resultat einer Massenproduktion, die die Nachfrage wiederum nicht nur rationell auswertete, sondern immerfort durch neue Warenangebote ankurbelte. Diese kapitalistische Produktionsmethode zeitigte allerdings eine künstlerische Produktion minderer Qualität, weil nicht wenige der Original-Entwürfe Dorés durch die Schnellarbeit der Xylographen und durch die Schematisierung der Vorlagen zu banalen Machwerken absanken. Aber diese Banalisierung entsprach wiederum dem Geist der Zeit, wie diesem die Kaufbedingungen entsprachen; nicht nur kostbar gebundene Prachtausgaben kamen für teure Goldfranken auf den Markt, sondern auch Lieferungen zu wenig Sous, und das sei, wie Farner festgestellt hat, durch Doré wie von keinem anderen Künstler realisiert worden, gemäß einem Diktum von Champfleury: „Le public du livre à vingt sous, c'est le vrai public!"[97]

All das aber widersprach der Wagnerschen Kapitalismus-Kritik seiner Zürcher Schriften fundamental. Wagner gab Doré dennoch einen gedruckten Klavierauszug der Rheingold-Partitur als Gegengeschenk für dessen Dante-Illustrationen. Daß er an einer der fulminanten Soireen im Salon Dorés in Paris teilgenommen hat, könnte man sich gut vorstellen. Immerhin war die Tochter des Bohemiens und Doré-Freundes Gautier, Judith Gautier, die späte Liebe Wagners in Bayreuth, die er heimlich besuchte, an der Hand durchs Festspielhaus führte und die mit glühenden Wangen seine Schwüre über sich ergehen ließ – wenn man dieser rührenden Darstellung glauben darf.[98] Daß Wagner während seiner Pariser Aufenthalte, wie enttäuschend sie nach dem Tannhäuser-Desaster auch gewesen sein mögen, von der in den sechziger Jahren dort allenthalben präsenten vielgestaltigen bildenden Kunst unberührt blieb, ist nicht besonders verwunderlich. Für ihn hatte die bildende Kunst dienende Funktion im Gesamtkunstwerk des Bühnenfestspiels.

4 Alltag & Kult

Korrespondenz, Begegnung, Hofhaltung

Korrespondenz, Begegnung und Hofhaltung bilden einen begrifflichen Rahmen, der, ausgemalt, die widersprüchlichen Szenen zwischen Alltag und Kult belebt. Eine solche Situation schildert Gottfried Keller in einem Brief nach seiner Rückkehr aus Berlin 1856: „Hier in Zürich geht es mir bis dato gut, ich habe die beste Gesellschaft und sehe vielerlei Leute, wie sie in Berlin nicht so hübsch beisammen sind. Auch eine rheinische Familie Wesendonk ist hier, ursprünglich aus Düsseldorf, die aber eine Zeitlang in Neuyork waren. Sie ist eine sehr hübsche Frau namens Mathilde Luckemeier, und machen diese Leute ein elegantes Haus, bauen auch eine prächtige Villa in der Nähe der Stadt, diese haben mich freundlich aufgenommen. Dann gibt es bei einem eleganten Regierungsrat feine Soupers, wo Richard Wagner, Semper, der das Dresdner Theater und Museum baute, der Tübinger Vischer und einige Zürcher zusammenkommen und wo man morgens 2 Uhr nach genugsamem Schwelgen eine Tasse heißen Tee und eine Havannazigarre bekommt. Wagner selbst verabreicht zuweilen einen soliden Mittagstisch, wo tapfer pokuliert wird, so daß ich, der ich glaubte aus dem Berliner Materialismus heraus zu sein, vom Regen in die Traufe gekommen bin."[1] Jeder von den Genannten, Keller eingeschlossen, bringt ein Stück der eigenen Lebensgeschichte mit. Aus Kellers umfangreicher Korrespondenz erfahren wir, was sich in diesem Zirkel abgespielt hat. Oft nur in knapper Formulierung charakterisiert er Bekannte, Freunde und Ereignisse. Wir erhalten so Kenntnis über Querelen und Intrigen, über sich verändernde wechselseitige Einschätzungen und Wertschätzungen, und wir bekommen einen Eindruck von der intensiven gegenseitigen Wahrnehmung der jeweiligen Arbeiten, Publikationen, Interessen und Zielsetzungen der Beteiligten.

Da gibt es die inszenierten gesellschaftlichen Treffen auf dem grünen Hügel im Hause Wesendonck.[2] Die spätklassizistische Villa Wesendonck, entworfen vom Zürcher Architekten Leonhard Zeugheer, war im Oktober 1857 bezugsfertig. Otto Wesendonck hatte 1857 auf dem Nachbargrundstück ein Haus errichten lassen, das er Wagner zur Verfügung stellte.

So konnte er gleichzeitig verhindern, daß dort eine Anstalt für psychisch Kranke durch den Arzt Binswanger eingerichtet wurde. Dann hatte es Gerüchte gegeben über die etwas zu engen Beziehungen zwischen der Hausherrin Mathilde Wesendonck und ihrem Nachbarn Richard Wagner. Um die Gemüter zu beruhigen, plante Mathilde zum Geburtstag ihres Gatten Otto eine festliche Hausmusik. Wagner brachte dreißig Musiker zusammen und dirigierte im Vestibül der Villa eine Reihe von Sätzen aus Sinfonien von Beethoven. Der Hausherr mochte Beethovens Musik lieber als die von Wagner.[3] „Tout Zürich" war erschienen, wegen des nahen Karfreitags mit einiger Beklemmung. Es sei ein glänzendes Fest gewesen, auf dem alle ausgezeichnet voreinander Theater gespielt hätten. Das Töchterchen des Hauses übergab „dem Meister einen prunkvollen, von Gottfried Semper entworfenen Dirigierstab (aus Elfenbein und Ebenholz) als Geschenk der Familie Wesendonck." Die Inschriften des Runenstabes, die Mathilde Wesendonck dem Drechsler Sieber angibt, sind die Namen der Opern: *Nibelungen, Rheingold, Walküre, Siegfried, Tristan und Isolde.* Der Dirigierstab gleicht der verkleinerten Form eines Thyrsusstabes. Wagners Version der Veranstaltung: „Das Unerhörte eines solchen Hauskonzertes schien alles in eine sehr erregte Stimmung zu versetzen; mir ward beim Beginn der Aufführung durch die junge Tochter des Hauses ein schöner, nach Sempers Zeichnung in Elfenbein geschnitzter Taktstock (der erste und einzige mir zum Ehrengeschenk gemachte) überreicht. […] Das Konzert soll hinreißend gewesen sein."[4]

Anschließend soupierte „der ganze beau monde" Zürichs. Nur Gottfried Keller verpaßte das Ereignis. Er hatte sich kurz vorher eine ramponierte Nase eingehandelt, als er beim „Sechseläuten", dem städtischen Frühlingsfest, nach Mitternacht bei einer wilden Tanzerei zu Boden gegangen war. Das Wesendoncksche Haus entwickelte sich zu einem Zentrum des Wagnerkults. Es sei „eine Zeit fast verklärten Daseins für alle gewesen, die in der schönen Villa auf dem grünen Hügel zusammenkamen", erzählt Eliza Wille, eine Freundin Richard Wagners, in ihren Erinnerungen. „Reichtum, Geschmack und Eleganz verschönerten dort das Leben. […] Die Hausfrau zart und jung, voll idealer Anlagen, war mit Welt und Leben nicht anders bekannt, als wie mit der Oberfläche eines ruhig fließenden Gewässers: geliebt und bewundert von ihrem Gatten, eine junge glückliche Mutter, lebte sie in Verehrung des Bedeutenden in Kunst und Leben. […] Die Einrichtung des Hauses, der Reichtum des Besitzers machten eine Geselligkeit möglich, an welcher jeder, der sie genossen, gerne zurückdenken wird."[5]

Ein besonderes Ereignis erregte die Zürcher Gesellschaft im Herbst 1856. Liszt war zu einem Besuch Wagners mit der Fürstin Sayn-Wittgenstein und ihrer Tochter im Hotel *Baur au Lac* abgestiegen. Die Fürstin, Liszts Lebensgefährtin, hielt Hof mit Soupers und Audienzen. „Mit Eisenstaub präparierte Zigarren rauchend, zitierte sie einzeln die ganze Koryphäenkorona der beiden Hochschulen zu sich, um sie später in ihren Gesellschaften en masse zu präsentieren. Und sie kamen alle mit ihren Damen."[6] Keller wurde, wie er berichtet, „versuchsweise auch ein paarmal zitiert, aber schleunigst wieder freigegeben". Und er merkt noch an: „Richard Wagner ist durch die Anwesenheit Liszts, der seinetwegen kam, wieder sehr rappelköpfisch und eigensüchtig geworden, denn jener bestärkt ihn in allen Torheiten. Die Ferschtin Wittgenstein hat mit allen gelehrten Notabeln Zürichs Freundschaft geschlossen, schreibt lange Briefe an sie und schenkt ihnen ungeheure Gipsmedaillons Liszts. [...] Ich allein bin dunkel vor ihren Augen geblieben und habe weder Brief noch Medaillon, worüber ich mich nicht zu fassen weiß."[7] Auch Wagner, dem „ihre entsetzliche Professorensucht" auf die Nerven ging – er bezeichnete die Professoren einmal als „Affen auf dem Baum der Erkenntnis"[8] – wurde von ihr ins Hotel Baur au Lac zitiert.[9] Natürlich wird auch musiziert und vorgelesen, auch bei Wagner zu Hause. Wagner hat bei allen möglichen Gelegenheiten gern und offenbar die Gemeinde beeindruckend aus seinen eigenen Werken vorgelesen und vorgesungen.

Das gesellschaftliche Leben in Zürich wird auch durch die Hochschulen bestimmt. Darüber gibt wiederum Keller in Briefen Auskunft. „Sonst ist ein schrecklich reges Leben hier. Alle Donnerstag sind akademische Vorlesungen à la Singakademie in Berlin, im größten Saal der Stadt, wohin sich die Weiblein und Männlein vielhundertweise drängen und gegen zwei Stunden unentwegt aushalten. Semper hat einen allerliebsten und tiefsinnigen Vortrag gehalten über das Wesen des Schmuckes. Vischer wird den Beschluß machen mit dem ‚Macbeth'. Daneben sind eine Menge besonderer Zyklen der einzelnen Größen, so daß man alle Abend die Dienstmädchen mit den großen Visitenlaternen herumlaufen sieht, um den innerlich erleuchteten Damen auch äußerlich heimzuleuchten. Freilich munkelt man auch, daß die spröden und bigotten Zürcherinnen in diesen Vorlesungen ein sehr ehrbares und unschuldiges Rendez-vous-System entdeckt hätten und daß die Gedanken nicht immer auf den Vortrag konzentriert seien."[10] Und: „Die Bildungssucht in Zürich grassiert immer fort, alle Wochen wenigstens zwei Vorlesungen vor Damen und Herren. Die Norddeutschen und die Süddeutschen bekriegen sich dabei wegen der

Aussprache. So hält Vischer sehr hübsche Vorträge über Shakespeare, die Sachsen und Preußen mokieren sich aber über sein Schwäbeln, worüber er wütend wird."[11]
In den Korrespondenzen gibt es Kritik, und die ist nicht selten ironisch gefärbt. An Hermann Hettner schreibt Keller: „Ich gehe jetzt oft mit Richard Wagner um, welcher jedenfalls ein hochbegabter Mensch ist und sehr liebenswürdig. Auch ist er sicher ein Poet, denn seine Nibelungentrilogie enthält einen Schatz ursprünglicher nationaler Poesie im Text. Wenn Sie Gelegenheit haben, so lesen Sie doch dieselbe, Sie werden es gewiß auch finden. Auch Semper sehe ich, dieser ist ein ebenso gelehrter und theoretisch gebildeter Mann, als er genialer Künstler ist, und persönlich ein wahrer Typus der einfachen und gediegenen Künstlernatur. Er sagte, er habe den letzten Strich am Dresdner Museum noch fertig gemacht, als eben der Generalmarsch geschlagen wurde, und ist nun bekümmert, daß die kleine achteckige Kuppel oben dennoch nicht nach seiner Angabe fertig gemacht wurde. Diese Dresdner Gruppe hier unterscheidet sich überhaupt vorteilhaft von den anderen Gruppen."[12] Und am 30. April an Ferdinand Freiligrath: „Dann ist auch Richard Wagner, ein sehr begabter Mensch, aber auch etwas Friseur und Charlatan. Er unterhält einen Nipptisch, worauf eine silberne Haarbürste in kristallener Schale zu sehen ist etc. etc."[13]
Wagner seinerseits hatte, zumindest in den ersten Jahren der Bekanntschaft, eher ein gönnerhaftes Verhältnis zu Keller. Und Emil Ermatinger fragt sicher nicht zu Unrecht, „ob es dem schlichten und allem Scheingepränge abholden Dichter immer wohl gewesen ist in diesen prunkvollen Assembleen, in der jedermann Wagner Weihrauchkerzchen anzündete, um ihren Duft selber an seinen Kleidern mit nach Hause zu tragen." Wagner mokierte sich gelegentlich über Kellers gesellschaftliche Ungewandtheit. Wenn Keller das Geistvollste sagte, sei es doch so seltsam polternd herausgekommen, wie wenn man einen Sack Kartoffeln ausschüttelte. Ermatinger berichtet eine Geschichte, wie Keller mitten in einer großen Tafelrunde beim Streit über einen Schriftsteller, „unter maßlosem Schimpfen, eine kleine vor ihm stehende Beige kostbaren japanischen Porzellans mit der Faust zertrümmert habe und völlig wütend abgeführt werden mußte"[14].
Die Hofhaltung der Mathilde Wesendonck beschreibt Hans Erismann so: Sie habe sich als Dichterin mit Selbstbewußtsein verstanden, „geadelt durch die fünf von Wagner vertonten Gedichte, weswegen sie sich auch berechtigt fühlte, in philosophisch-abstrakten Diskussionen mit hochge-

stochenen Exkursen mitzureden." Für viele habe da ein „zu penetranter Weihrauchgeruch in der Luft gelegen, so daß etliche sich den Einladungen zu entziehen suchten. Es sei verbürgt, daß Semper einmal beim Nachhausegehen aus einer solchen Gesellschaft einen kräftigen Fluch ausgestoßen habe, um sich mit einem gewaltsamen Ruck wieder auf den realen Boden gesunder Normalstimmung zu retten."[15]
Und auch Vischers Temperament gab dazu kontrastreiche Szenen. Vischer ärgerte sich stets über die dortigen Deutschen, die sich hier über Deutschland mokierten. So kam es einmal bei Wesendoncks mit Wagner zum Krach, „als dieser gegen Ende eines Diners stark auf die Deutschen zu schimpfen begann und sie niederträchtige Naturen nannte. ‚Niederträchtig finde ich es nur', soll Vischer empört ausgerufen haben, ‚wenn ein Deutscher im Ausland seine eigene Nation herabsetzt', nahm seinen Hut und ging in der verlegenen Stille."[16] Kleinere Mißgeschicke konnten die weihevolle Stimmung stören und dafür war kaum einer geeigneter als Vischer, der sein Lebtag mit der Tücke der Objekte zu kämpfen hatte. Anstelle einer Entschuldigung dafür, daß er einer Dame einen gewaltigen Riß in den Rock getreten hat, schnauzt er sie wegen ihres „impertinent großen" Kleides an. Oder er bewundert die schöne neue Damastdecke bei einer Kaffeetafel, beißt in einen Kuchen, die Sahne spritzt heraus, er greift nach seinem Taschentuch und wirft dabei die volle Kaffeetasse um. Eine ähnliche Szene finden wir dann später wieder in seinem Roman *Auch Einer*.
Daß Keller, Semper und Vischer sich eher in einer Kneipe treffen, scheint naheliegend, wie solche Briefstellen zeigen: „Mit Vischer, Burckhardt und Hitzig trinke ich zuweilen des Abends ein Schöppchen, wozu manchmal noch Semper kommt, welcher ein kindlich hypochondrisches Wesen ist, aber sich zu einem famosen und sehr beliebten Lehrer aufgearbeitet hat, ein weiteres Zeichen seines tiefliegenden und vielseitigen Ingeniums."[17]
Und über Vischer: „Vischer ist bei allen Launen doch noch einer von denen, die einen Halt gewähren und deren Fleisch von guter und echter Textur ist. Auch hat er eine schöne künstlerische Ader, welche nicht nur seinem Metier zugut kommt, sondern auch seinen Umgang angenehm macht."[18]
Ein schönes Zeichen der fortdauernden Freundschaft zwischen Keller und Semper findet sich in dem bereits erwähnten Traum Gottfried Kellers. Ein Jahr nach Sempers Tod, im Mai 1880, erzählt Keller: „Mit Staub bedeckt und unordentlich gekleidet, kommt der gestorbene Freund ins Zimmer hereingeschlüpft; ihm nach die Schatten vieler Zürcher Weiber und Män-

ner vom Rindermarkte her, die Keller in seiner Jugend alle gekannt hat, jedoch längst vergessen hatte. Auf die Frage, ob er denn nicht gestorben sei, antwortet Semper: Wohl! Aber er habe Urlaub genommen; denn dort, wo er sich seitdem befunden, sei's nicht zum Aushalten. Darauf habe er still das Zimmer wieder verlassen, von dem ihm nachhuschenden Gesindel begleitet, und unter der Tür noch einmal gerufen: ‚Gehen Sie nicht dorthin, Herr Keller! Schlechte Wirtschaft dort!'"[19]

Erinnerung und Denkmal-Kult

Eine rückwärts gewandte *Allegorie der Erinnerung* hatte Alfred Rethel als Zeichnung zu seiner Verlobungsfeier mit Marie Grahl am 7. Februar 1851 in Dresden entworfen. Zur Feier wurden lebende Bilder eingeübt, und die Verlobte sollte als *Erinnerung* selbstgedichtete Verse vortragen. Die Zeichnung war gedacht als Modellskizze für die Pose und für die Kostümierung. Rethel verkehrte im Hause des Malers Grahl in Dresden, dem Brautvater, einem Schwiegersohn des Bankiers Oppenheim. Gottfried Semper hatte dessen Palais in Dresden zwischen 1845 und 1848 entworfen. Rethels Zeichnung, obwohl aus einem privaten Anlaß entstanden, ist exemplarischer Ausdruck einer künstlerischen Auffassung, die in der Mitte des 19. Jahrhunderts bereits der Vergangenheit angehörte. Die Frauenfigur ist in einen weiten, mit Sternen besetzten Umhang gekleidet, sie hat ein Vergißmeinnicht-Sträußchen in der Hand und aufs Herz gedrückt; die andere Hand liegt flach auf einem zugeschlagenen Folianten auf einem mittelalterlichen Lesepult, dem Buchrücken ist in karolingischen Majuskeln die Aufschrift „Gegenwart" eingeprägt. Ihr Kopf ist zurückgeneigt, die Augen sind geschlossen, und ihr Haar ist mit Efeu bekränzt, dem Sinnbild der Unsterblichkeit, einem Symbol von Freundschaft und Treue, vegetativer Kräfte und Sinnlichkeit und gilt wegen seiner Anschmiegsamkeit und seines Bedürfnisses sich anzulehnen, auch als Symbol der Weiblichkeit und dient daher auch als Brautschmuck.
Erinnern als rückwärts gewandte Verklärung führt zu großen und kleinen Denkmälern, zum Speichern in privaten und öffentlichen Archiven, zum Sammeln und musealen Präsentieren. Das 19. Jahrhundert ist reich an Erinnerungsmalen und Denkmälern, auch als Folge von Kultformen um Ereignisse und Personen. Von daher liegt es nahe zu fragen, ob und wie die Öffentlichkeit sich der Protagonisten, die hier Gegenstand der Betrachtungen sind, gedenkt, und ob sie sich ihrer auch heute noch erin-

nert. Es gibt Porträts, Zeichnungen, Grafiken, Gemälde, Fotografien, Gegenstände aus dem persönlichen Gebrauch aufbewahrt in Vitrinen, Schränken und Kästen von Archiven, aufgehängt an Wänden von Historischen Museen und Gedenkstätten, abgebildet in Büchern und, wenn es ein Anlaß nahelegt oder erfordert, etwa bei runden Geburts- oder Todesjahren, abgebildet auf Plakaten oder Broschüren. Gottfried Keller hat seinen Platz in der Literaturgeschichte gefunden. Gottfried Semper ist in der Kulturgeschichte und Ästhetik für besonders Interessierte zu finden; Grundzüge seines Werkes haben wieder an Aktualität gewonnen. Friedrich Theodor Vischer vergessen? Kursiert nur noch, außerhalb von Ästhetik und Kulturtheorie, seine treffende Formel von der „Tücke des Objekts"? Und Richard Wagner? Man kann einen Test im Bekanntenkreis machen. Keller kennt man vielleicht noch von der Schule her; Semper kaum, Vischer nicht, Wagner? Ja Wagner – und gleich mit rigoros ablehnendem oder zustimmendem Kommentar der Anhänger des Kultes um Wagner, seltener sind Zwischentöne.

Eine der wichtigsten Eigenheiten von Denkmälern sei, „daß man sie nicht bemerkt", schreibt Robert Musil im *Nachlaß zu Lebzeiten*. Es gebe nichts auf der Welt, „was so unsichtbar wäre wie Denkmäler. Sie werden doch zweifellos aufgestellt, um gesehen zu werden, ja geradezu, um die Aufmerksamkeit zu erregen; aber gleichzeitig sind sie durch irgend etwas gegen Aufmerksamkeit imprägniert, und diese rinnt Wassertropfen – auf Ölbezug – artig an ihnen ab, ohne auch nur einen Augenblick stehenzubleiben."[20] Zu diesem Paradoxon, und es geradezu auf den Kopf stellend, komme bei Wagner ein zweites, meint Günter Metken.[21] Man glaube nämlich viel mehr Denkmäler von ihm gesehen zu haben, als es tatsächlich gibt. „Das heißt, Mnemosyne, die ohnehin im ‚Fall Wagner' den breiteren Weg über Souvenir und Kitsch ging, fordert einen Statuenwald, und so fühlt man sich von Denkmälern umstellt, wo bis auf wenige Ausnahmen keine sind." Musil habe also doppelt recht, wenn er meint: „Was aber trotzdem immer unverständlicher wird, je länger man nachdenkt, ist die Frage, weshalb dann, wenn die Dinge so liegen, gerade großen Männern Denkmale gesetzt werden? Es scheint eine ganz ausgesuchte Bosheit zu sein. Da man ihnen im Leben nicht mehr schaden kann, stürzt man sie gleichsam, mit einem Gedenkstein um den Hals, ins Meer des Vergessens."[22]

Günter Metken zeichnet die Geschichte der Wagner-Denkmäler als Geschichte solcher Widersprüche nach. Wo man sie vermutet, sind sie nicht zu finden, oder beggnen unvermutet als Büsten, wie in Venedigs Giardini, Verdi gegenübergestellt; oder museal in der Villa Tribschen bei

Luzern; weniger unerwartet in der Halle der „rühmlich ausgezeichneten Teutschen", der Walhalla über der Donau bei Regensburg, 1913 zum einhundertsten Geburtstag dort aufgestellt, in den Schlössern des königlichen Gönners als Porträts und als Büste von Caspar von Zumbusch (Wagner verteilte davon Gipsabgüsse); und natürlich im *Haus Wahnfried* in Bayreuth. Leipzig, Wagners Geburtsstadt, hat sich mit einem Denkmal für ihren Sohn schwer getan. Außer der Kolossalbüste, die bereits zu Wagners Lebzeiten 1881 im Stadttheater aufgestellt worden war, scheiterten alle weiteren Anläufe, auch an Geldmangel. Schließlich beauftragte man den berühmten und vielbeschäftigten, in Sachen Musiker-Denkmal erfahrenen Leipziger Künstler Max Klinger. Er hatte schon das Denkmal für Beethoven, das für Brahms für die Hamburger Musikhalle und den Kopf von Franz Liszt gestaltet und schien damit für ein neuerliches Engagement zu Gunsten Wagners prädestiniert. Aber auch dieses Unternehmen scheiterte.

Klingers Modell für Leipzig zeigt Wagner „in einen weiten togaartigen Mantel gehüllt, auf einer Estrade stehend, eher römischer Feldherr oder Redner denn Musiker. Die rechte Hand hängt herunter, die linke ist im Gewand vergraben, dessen Umschlag sie hält. Halb Künstlercape, halb antikischer Faltenwurf." Klinger habe wohl zunächst an eine mehr oder weniger enthüllte Gestalt gedacht. „Die Entwürfe zeigen einen hageren, älteren Mann, anfangs von weitem Tuch umschlossen, dann mit entblößtem Rücken, ja Gesäß, bis am Ende wieder alle Körperpartien außer dem rechten Arm bedeckt sind. [...] „Es ist etwas Komisches an diesem knochigen Alten mit der unverkennbaren spitzen Nase."[23] Zum Entwurf von 1904 zitiert Metken einen Kommentar, der dazu anmerkt, es sehe so aus, als wolle Klinger „Protest einlegen gegen die phrasenreiche, reklamehafte Art des heutigen Bayreuth. Eine ganz fest umrissene, vier Meter hoch ragende mantelumhüllte Figur. Wird man nicht in einigen Jahrzehnten Klingern dafür danken, daß er uns den nationalen Meister aus allem musikalischen Nebel und Familienweihrauch gelöst als einen imposanten, zielsicheren Schaffer, als ernsten, überragenden Kämpfer und Helden dargestellt hat? Und das in einer Zeit, wo die Denkmalsplastik im übrigen Deutschland noch in kindischem Allegorienkram und im Figurenüberschwang zu ersticken drohte."[23] Klinger überarbeite auch diesen Entwurf, bringt an den Seiten des Sockels nun doch allegorische Figuren an – die Musik, die Dicht- und die Schauspielkunst – und an zwei weiteren Flächen Figuren aus Wagners Opern: Siegfried, Mime, den getöteten Drachen und Parsifal und Kundry. Die Grundsteinlegung auf der dafür errichteten Treppenan-

lage erfolgt 1913. Der Erste Weltkrieg unterbricht die Arbeit. Der Sockel mit den Reliefs aus Tiroler Marmor gelangt erst nach Klingers Tod (1920) in den Leipziger Palmengarten. Dort bleibt er stehen. Damit scheint die Leipziger Wagner-Denkmal-Geschichte beendet.
In einem Epilog verweist Metken auf den weiteren Verlauf der Wagner-Denkmal-Geschichte im „Dritten Reich". Adolf Hitler wollte ein Richard-Wagner-National-Denkmal. Es gab einen Wettbewerb. Vorgeschlagen wurden unter anderem „dämmrige Ehrenhallen und Rundbauten mit Fresken oder Fenstermalereien nach Gralsmotiven und dem im Zentrum aus einer Gralsschale auflodernden Feuer. Steinkreise und andere Ringbauten nahmen auf den ‚Ring'-Zyklus Bezug." Das angenommene „Projekt von Emil Hipp wollte ‚Tausende' Andächtiger auf gepflastertem Hof um einen mächtigen, altarähnlichen Block scharen, dessen vier bis zehn Meter messende Seiten Darstellungen von Mythos, Schicksal, Erlösung und Bacchanal wohl als Stufen des Wagnerschen Werks tragen sollten. Den Hof, auf dem noch ein Rheingoldbrunnen und eine Siegfriedstatue eingetragen waren, rahmte eine Mauer mit 19 flach herausgehobenen Szenen aus Wagners Opern. […] Ursprünglich auf 1940 angesetzt, verzögerte sich die Errichtung des Denkmals durch den Kriegsausbruch. Und als es 1945 endlich fertig und fast ganz bezahlt war, bekundete die Stadt Leipzig aus politischen Gründen kein Interesse mehr. Der Künstler konnte für die angelaufenen Lagerkosten nicht mehr aufkommen; sein Denkmal ging in den Besitz des Kalksteinwerks in Kiefersfelden über, das es dann stückweise an Interessenten verkaufte. So endete in privater Hand, was hochfahrend als Nationaldenkmal mit Hitlers Leipziger ‚Gelöbnis zu Wagner' begonnen hatte – eine deutsche Farce, getreuer Spiegel dieses Millenarismus von nur zwölf Jahren Dauer."[24]
Bereits 1903 war im Berliner Tiergarten ein Richard-Wagner-Denkmal im Beisein des Sohnes von Wilhelm II., des Bildhauers Gustav Eberlein und des Stifters Kommerzienrat Leichner eingeweiht worden. Anton von Werner, der von Wilhelm II. favorisierte Schlachtenmaler, hat die Szene in seiner Manier gemalt und auch Menzel als dabei Anwesenden aufgenommen.
1933 hatte Richard Guhr im Liebesthaler Grund in Pirna – an der „Werdestätte des Lohengrin" – Wagner als „Hüter des Grals", umgeben von Figuren seiner Werke, monumental vor eine Felswand gestellt.
Noch einmal, 1934 wird ein Denkmal für Leipzig geplant. In einem „Wort an den geistigen Adel der Nation, mit Hinweis auf eine vorbildliche Denkmalslösung" wird eine monumentale Anlage entworfen und gefei-

ert. Formen werden symbolisch überfrachtet und mythisch, ja religiös aufgeladen. (T 13) Der Kommentar zum geplanten Monument ist nicht nur durch eine maßlose, von hohlem Pathos getriebene Sprache bestimmt. Der Text und der Denkmalentwurf selbst verdeutlichen zudem, wie weit man sich hier schon von Wagner entfernt hat, worauf Hartmut Zelinsky mit einem Zitat aus einem Brief Wagners an Hanslick vom 1. Januar 1847 hingewiesen hat: „Schlagen Sie die Kraft der Reflexion nicht zu gering an; das bewußtlos produzierte Kunstwerk gehört Perioden an, die von der unsern fern ab liegen: das Kunstwerk der höchsten Bildungsperiode kann nicht anders als im Bewußtsein produziert werden."[25]
Aber es ist eben kein Zufall, daß ein solches Pathos am Werk und an der Person Wagners aufbricht. Links und rechts der Auffahrt zum Festspielhaus in Bayreuth stehen heute auf hohen Sockeln die vom prominenten Nazi-Bildhauer Arno Breker geschaffenen Büsten von Cosima und Richard Wagner.
Solchem Denkmalkult gegenüber nehmen sich die Erinnerungsmarken für Keller, Semper und Vischer bescheiden aus. Kellers großer Kopf ruht – wie abgeschnitten und allerdings monströs – auf einem Natursteinblock vor einer Versicherungsanstalt am Zürcher Mythenquai. Auf Semper verweisen zwei Denkmäler in und vor der ETH Zürich, auf den Brühlschen Terrassen in Dresden von Johannes Schilling (1891/1892). Schilling hatte auch die Quadriga auf dem Dresdner Theater ausgeführt; eine Semper-Büste von Kaspar-Clemens von Zumbusch (1906) steht im Kunsthistorischen Museum in Wien. Vischers Porträt-Plakette ziert, zusammen mit Mörike, Kerner und Strauß, einen Obelisken in Ludwigsburg, und es gibt einige Porträtbüsten (von seiner Enkelin Dorle und von Adolf Donndorf).

Parodie und Karikatur

Sicher ist es kein Zufall, daß Person und Werk von Richard Wagner von Anfang an zu Karikatur und Parodie reizen, sie geradezu herausfordern. Handelt es sich doch bei den Inszenierungen des Gesamtkunstwerks um hochkomplexe und das heißt auch von Personen und von Technik abhängige und damit störungsanfällige Unternehmungen, und bei den Selbstinszenierungen des Meisters um Gratwanderungen zwischen hoch gestimmter Feierlichkeit und Banalitäten und Bagatellen des Alltags. *Über das Erhabene und Komische* handelte bereits Vischers Habilitationsschrift von 1836. Im Abschnitt *Übergang zu dem Komischen* schreibt er:

„Hat nämlich im Erhabenen das eine der beiden Momente des Schönen, die Idee, das Übergewicht bekommen, so wird das andere, die Erscheinung, nun auch sein Recht haben wollen und, wo immer möglich, der Idee ein Bein stellen. Dies geht aus dem einfachen logischen Gesetze hervor, daß Gegensätze einander bedingen, und erweist sich in der Erfahrung durch den anerkannten Satz, daß *vom Erhabenen zum Lächerlichen nur ein Schritt ist.* Jeder wird sich hiebei sogleich erinnern, daß kein Dichter leichter parodiert werden kann als der pathetische. Das Lächerliche ist der uralte Todfeind des Erhabenen, und zwar am wirksamsten dadurch, daß er nicht von außen kommt, sondern daß das Erhabene ihn im eigenen Schoß trägt."[26] Im Kapitel, *Das Komische* beschreibt Vischer das Erhabene als eine Erwartung, welche „im Komischen zerstäubt. [...] Veranlaßt ist sie durch ein sich ankündigendes, in mehr oder minder pathetischem Schwunge begriffenes *Erhabenes;* aufgelöst wird sie durch das Bagatell eines bloß der niederen Erscheinungswelt angehörenden Dings, das diesem Erhabenen, vorher verborgen, nun auf einmal unter die Beine gerät und es zu Fall bringt. Man kann dies auch so ausdrücken, und es eröffnet sich dann ein interessanter Durchblick: das Komische sei ein *deutlich* gemachtes Erhabenes. Denn die Deutlichkeit besteht im Hervorheben der sinnlichen Einzelheiten, und diese sind es, die alsbald den Schein des Unendlichen aufheben. Es wird sich Jeder erinnern, wie oft ihm eine erhabene Stimmung zerplatzt ist, wenn er sich den Gegenstand derselben in der Nähe ansah. Doch hat diese Bestimmung nicht den Wert einer Definition; denn wenn auch alles Komische als ein deutlich gemachtes Erhabenes dargestellt werden kann, so ist darum nicht alles deutlich gemachte Erhabene komisch."[27]
Satirische Züge finden sich auch in Vischers Schriften zur Mode, über Frauen, Politik, Kirche und vor allem über die Tücken des Alltäglichen.[28] Vischer hat sein Leben lang sich selbst und andere mit gezeichneten Kommentaren begleitet. Auch Gottfried Keller kommentiert seine Staatsprotokollnotizen mit Karikaturen. Gottfried Semper war der streng und stilbewußt zeichnende Architekt. Von Richard Wagner sind Karikaturen der eigenen Person nicht vorstellbar. Umso mehr gaben er selbst, sein Habitus, die Formen seiner Selbstinszenierung, sein Umgang mit Geld und Geldnöten, sein Verhältnis zum bayrischen König Ludwig II., zu den Frauen, zum Luxus Anlaß zu Karikaturen in satirischen Zeitschriften und Illustrierten. Auf einer Zeichnung aus der Münchner Tristan-Zeit tritt ein bekrönter Hans von Bülow im Pelz, mit Schirm und Reisetasche hinter einem Vorhang hervor und trifft in einem antikisierten Raum auf das leicht

gewandete Paar Cosima und Richard. Der beigegebene Text lautet: „Und ich entführ' sie doch, das steht schon im Homer! Richard Paris." Eine andere Karikatur zeigt die große Cosima, die den kleinen Richard untergehakt hat, hinter beiden her geht Hans von Bülow, die Partitur zu Tristan und Isolde unterm Arm. Das Blatt *Markes Klage* und weitere Notenblätter fallen heraus. Die Inschrift: „In der Maximiliansstraße nach der Probe zu Tristan und Isolde. Nach der Natur gezeichnet von M. Schultze, 1864." Eine weitere Karikatur aus *Der Puck*, Leipzig 1876, zeigt Wagner als Dompteur mit Peitsche inmitten dreier nackter Walküren auf wild springenden Pferden. Titel: „Bayreuthiana. Wie sich der Uneingeweihte den Walkürenritt vorstellt." Auch Wagners Werke gaben reichlich Anlaß zu Parodien. 1857 schreibt Johann Nestroy seine Zukunftsposse *Tannhäuser* und führt sie auf. 1852 war, ebenfalls in Wien, ein *Tannhäuser* aufgeführt worden – *Ein Dramatisches Gedicht mit Gesang und Tanz in 3 Akten. Nach einer deutschen Volkssage von Heinrich Ritter von Levitschnigg. Musik vom Kapellmeister Franz von Supé.*[29]
Eine weitere Herausforderung zu Satire und Parodie ist Wagners Sprache. Auch wenn er von manchen als Dichter gepriesen wird und er selbst von seiner Dichtkunst überzeugt war, nehmen sich doch zumindest in seinen theoretischen Schriften Passagen wie Parodien auf das eigene Schreiben aus. Eine Kostprobe aus *Kunst und Klima* von 1850: „Die spätere bildende Kunst war der Luxus, der Überfluß der hellenischen Kunst: in ihr spendete die Blume des hellenischen Kunstwesens die reichen Säfte, die sie im reinmenschlichen Kunstwerke, aus sich erzeugt und in ihrem keuschen Blüthenkelche noch verschlossen hielt, als Überfülle an ihre Umgebung: sie ist die Samenvergeudung der überreichen, kraftstrotzenden hellenischen Kunst. Dieser Same fiel, von dem Menschen ab, wieder auf die umgebende klimatische Natur, und auf ihrem Boden, zwischen Gesträuch und Bäumen, auf Felsen, Fluren und Auen entsproßten diesem Samen die üppigen Gebilde menschlicher Kunst, die von der Überfülle menschlichen Vermögens zu uns bis in die heutige Zeit ihre Kunde gelangen ließen."[30]
Um 1859 zeichnet Wilhelm Kaulbach den Karton für ein Fresko mit dem Titel: *Die Erzeugung des Dampfes*. Eine nackte männliche Figur (Vulkan), an dessen Fersen, Haupt, Rücken und aus dessen Geschlecht Flammen züngeln, begattet eine gleichfalls nackte Frau (Quellnymphe), die über einem Topf, aus dem Wasser fließt, hingestreckt liegt. Der so erzeugte Dampf kondensiert und verwandelt sich in anthropomorphe Wassertropfen, die in der Form angedeuteter weiblicher Figuren kopfüber in das Quellwasser voller springender Fische zurückfallen. Auf der anderen Seite

stößt eine die Fäuste ballende, energiegeladene nackte männliche Figur mit Drachenflügeln Dampf aus. Als Allegorie der Bewegungsenergie ist die Figur an ein Rad auf Schienen gekettet, das von ihr angetrieben wird. Das Beispiel ist eines von vielen, in denen seit Beginn der industriellen Revolution Technik und Sexualität aufeinander bezogen und ineinander verschränkt werden. Man bedient sich erotisierender, sexueller Metaphern nicht zuletzt, um das Neue und noch Fremde in die Hülle kulturell bekannter, akzeptierter und nobilitierender Allegorien oder mythologischer Figuren und Bilder zu stecken.

Für die Exaltiertheit von Wagners Sprache und deren sexueller Metaphorik hat im Zusammenhang mit Momenten des Rauschhaften Theodor W. Adorno eine solche Textstelle zitiert. Er zeigt, daß Wagner das Unbewußte für Wirkungszusammenhänge entdeckt habe, als „technologische Bewußtseinsfeindschaft" sei das Unbewußte das „Apriori des Musikdramas". Musik solle die „entfremdeten und verdinglichten Beziehungen der Menschen anwärmen und klingen lassen, als wären sie noch menschlich". Das Musikdrama vereinige die Künste, „um sie rauschhaft zu vermischen". Das bringe Wagners „begehrlich-idealische Sprache unter das Gleichnis der sexuellen Vereinigung".[31] Ein Beispiel: „Das nothwendig aus sich zu Spendende, der nur in der brünstigen Liebeserregung aus seinen edelsten Kräften sich verdichtende Samen – der ihm nur aus dem Drange, ihn von sich zu geben, d. h. zur Befruchtung ihn mitzutheilen, erwächst, ja an sich dieser gleichsam verkörperlichte Drang selbst ist – dieser zeugende Samen ist die dichterische Absicht, die dem herrlich liebenden Weibe Musik den Stoff zur Gebärung zuführt." Dieser Text steht am Ende des zweiten Teils von *Oper und Drama* und endet mit einem langen Gedankenstrich, darunter: „Belauschen wir nun den Akt der Gebärung dieses Stoffes."[32] Adorno verweist noch auf eine Bedeutungsverschiebung, die mittelbar in den Karikaturen zu Wagners Werk ihren Ausdruck finden. In der Gestalt Wotans träten „Rebell und Gott, Mythologie und bürgerliche Gesellschaft als Rebus zusammen. Wahrhaft in seinem Bilde: dem des Wanderers, der im dunkelblauen, langen Mantel, einen Speer als Stab in der Hand, auf dem Haupte einen breiten runden Hut mit herabhängender Krempe, Mime, Alberich, Erda und Siegfried nacheinander zum Gespräch aufsucht. Es sei seine Gestalt, die als bürgerliche aus Wagners Werk in die nachlebende Gesellschaft eingetreten scheint: der rüstige, ältere Mann mit Schlapphut, Wettermantel – ‚Havelock' –, Vollbart und Brille als Symbol der Einäugigkeit." Adorno zitiert dann ein Spottgedicht aus dem „nachmals selbst alldeutschen Simplizissimus-Thoma auf den völkischen Kleinbürger: ‚ich schreite kühn, hussa, hojo, mit langem Schritt aus dem Büro', und danach: ‚Ich krieg' vom Froste keine Beul: heul!'" Die kollektive Schlagkraft solcher Karikaturen stamme aber nicht von der bürgerlichen Wagnernachfolge, „sondern von den bürgerlichen Modellen, die in den ‚Rollen' der Musikdramen ursprünglich zum Bilde verdichtet waren." Und so spreche alles dafür, „daß ihre Insignien die jener von Marx verhöhnten species des deutschen Revoluzzers vom Schlage des Turnvaters Jahn und der Burschenschaften sind. Die alten Germanen wurden einmal als Patrone von Freiheit zitiert, welche die Gesundheit eines verlorenen Urzustandes wiederherstellt. Ihre lächerliche, väterlich-autoritäre Gestik war die desjenigen, der sich seinen Schritt nicht vorschreiben läßt. Der nationalistische Bart wollte der höfischen Konvention opponieren, der Schlapphut dem Zylinder, und der Havelock beruft sich auf die Natur, der er trotzt, weil man vorgibt, als Elementarwesen ihr selbst zuzugehören."[33] Den gesellschaftlichen Zusammenhang solcher Feststellungen mit Wagners *Ring* und seinen Figuren sieht Adorno als gegeben: „Wenn aber", so Adorno, „die ‚deutschen Sozialisten' von Anbeginn nur scheinbar welche gewesen sind, so bedeutet ihre allegorische Einwanderung in den Wotan des Rings ihre bürgerliche Versöhnung: sie sind selber zu Vätern geworden, ihre Wut rationalisiert sich als väterliches Strafgericht, wie ihre Versöhnlichkeit als die des Vaters auftritt, der dem Kinde eine gute Nacht wünscht und der Welt ein gutes Nichts. Von ihrem Aufstand ist geisterhaft nichts übriggeblieben als ihr bloßes Erscheinen. Wotan ist die Phantasmagorie der begrabenen Revolution. Er und seinesgleichen gehen als spirits um an den Stellen, an denen die Tat mißlang, und ihr Kostüm hält zwangsvoll wieder schuldbewußt das Gedächtnis an den versäumten Augenblick in der bürgerlichen Gesellschaft fest, der sie als Fluch der verfehlten Zukunft die Urvergangenheit voragieren."[34]

Dazu paßt das Sgraffito, das Wagner an der Fassade seines Hauses *Wahnfried* in Bayreuth anbringen ließ. In einem Brief an Ludwig II. vom 1. Oktober 1874 schreibt er: „In Wahrheit hatte meine Frau den vortrefflichen Gedanken, von einem uns befreundeten jüngeren Historienmaler, Krausse aus Weimar, welcher diese Kunst vorzüglich erlernt hat, ein ‚Scrafito' ausführen zu lassen. Dieses stellt in monumentaler Zeichnung das ‚Kunstwerk der Zukunft' dar. Die Mitte nimmt der germanische Mythos ein; da wir charakteristische Physiognomien haben wollten, bestimmten wir hierzu den Kopf des verstorbenen Ludwig Schnorr; ihm fliegen von beiden Seiten die Raben Wotan's zu, und er kündet nun die empfangene Mähre zweien Frauengestalten, von denen die eine die antike Tragödie, mit der Porträtähnlichkeit der Schroeder-Devrient, die andere aber die Musik, mit dem Kopfe und der Gestalt Cosima's darstellt; ein kleiner Knabe, als Siegfried gewappnet, mit dem Kopfe meines Sohnes, blickt an ihrer Hand mit muthiger Lust zur Mutter Musik auf. Ich glaube, das Ganze wird vortrefflich gerathen."[35]

Daß Wagner die Sgrafitto-Technik anwenden läßt, ist möglicherweise durch Sempers Vorliebe für diese Technik zur Gestaltung von Fassadenflächen angeregt, wie Semper sie an der Nord-Seite des ETH-Gebäudes und am Turm der Sternwarte der ETH in Zürich verwendet hatte. In einem Beitrag für das *Beiblatt zur Zeitschrift für bildende Kunst* von 1868 gab Semper eine detaillierte Darstellung über *Die Sgraffito-Dekoration,* auch über die Sgraffito-Arbeiten am Gebäude der ETH und der Sternwarte.[36]

Auch Wagners Worterfindungen und Wortspiele, zum Beispiel der Gesang der Rheintöchter am Beginn von *Rheingold* – „das Weia! Waga! / Woge, du Welle, / walle zur Wiege! / Wagalaweia! / Wallala weiala weia!" – haben Parodien angeregt; so Vischer in der Pfahldorfgeschichte seines Romans *Auch Einer.* Dort singt der Druide, begleitet von eigenartigen Instrumenten und einer ebensolchen, neuartigen Tonsetzung: „Sende, o Nebliche, /Mondscheinschwebliche! / Sende das kitzliche, / Prickelnde, bitzliche, / Kratzende, kritzliche / Uebel uns nur! / O Selinur! / Pfisala, Pfnisala, Pfeia! // Gleitende, Wehende! / Spindelumdrehende! / Hüte vor Stopfungen, / Stockungen, Pfropfungen, / Nasigen Knopfungen / Gnädig uns nur! / O Selinur! / Pfuisala, Pfuiala, Pfuia! // Schenke, o Schimmernde, / Röhrichtdurchflimmernde! / Lästigen Fließungen, / Hustigen Niesungen / Läuternde Schließungen / Schenke sie nur! / O Selinur! / Leiala, Fleiala, Fleia!"[37]

Eine weitere Form des Umschlagens vom Erhabenen ins Komische, ja Lächerliche hat mit den historischen Veränderungen der Wahrnehmungsweisen zu tun. Betrachten wir heute die fotografischen Dokumente der Aufführungen zur Zeit Wagners, die Posen der darstellenden Sängerinnen und Sänger, deren Kostümierungen, die mit Kuhhörnern bestückten Helme der Helden, das für die Himmelfahrt eingesetzte Puppenpaar des Holländers und der Senta, die Requisiten, wie sie im Wagners Haus *Wahnfried* in Bayreuth gezeigt werden, so kann sich nur schwer eine Vorstellung einer ernsten Weihe im Bühnenfestspiel einstellen. Es gab ja genügend Kritik am Zwiespältigen des Eindrucks. Und Wagner selbst war nicht immer glücklich und zufrieden mit den Inszenierungen. Wir sollten also nicht nur von den übriggebliebenen Versatzstücken her unsere Schlüsse ziehen. Auch Bernard Shaws Kritik an den merkwürdigen Erscheinungen,

Gesten und Posen der Sängerinnen und Sänger und an den Aufführungen hinderte ihn nicht an einer differenzierten und würdigenden Betrachtung der Opernkunst Wagners. Eine kleine Dokumentation dieser Art der Wagner-Rezeption, der Satiren, Karikaturen und Parodien, findet sich heute im Keller des Hauses *Wahnfried* mit dem Hinweis, daß es wohl besser sei, so etwas zu zeigen und nicht zu verschweigen. Verschwiegen wird in diesem Haus allerdings weitgehend die Rezeption und Adaption Wagners und seiner Kunst im „Dritten Reich".

Rezeption als Kult

„Wagnerismus ist eine vorwiegend, wenn nicht ausschließlich außermusikalische Art und Weise der Wagner-Rezeption. Wagner, der weitaus größere außermusikalische Wirkung zeitigte als je ein Komponist vor oder nach ihm, beeinflußte mehr noch als die Musik, die Literatur, die Kunsttheorie, das Theater sowie Elemente des philosophischen und politischen Denkens seiner Zeit, in geringerem Maße auch die bildenden Künste. [...] Der Wagnerismus unterscheidet sich von der bloßen Wagner-Begeisterung, dem ‚Wagnerianertum', weniger durch eine reflektiertere und kenntnisreichere intellektuelle Aneignung der Wagnerischen Kunst, [...] (der ‚Wagnerismus' schließt selbst weitgehende Unkenntnisse des Wagnerschen Werkes nicht aus), als vielmehr dadurch, daß diese Kunst in oft eigenwilliger Verbindung mit bestimmten geistigen, literarischen u. a. Strömungen und Anschauungen gebracht und als deren Grundlage oder Rechtfertigung verwandt wird. Nicht selten werden eigene Programme und Ideologien auf Wagner projiziert."[38]
Auch als „Wagnerist"– gemäß dem ausgeführten Zitat aus einem Richard-Wagner-Handbuch – sollte man sich hüten, Wagners Wirkung in seiner Zeit auf die „Literatur, die Kunsttheorie, die bildende Kunst, das philosophische und politische Denken" zu überschätzen. Das gilt freilich nicht für die „Wagnerianer" und damit für den Wagner-Kult. Damit ist eine Rezeptionsform distanzlosen Hörens und Sehens gemeint, die sich auch ins Diffuse auflösen und sich ins Ideologische fortspinnen läßt und darin funktionalisiert werden kann; von außen betrachtet kippt sie nicht selten ins Mißverstandene, Lächerliche, ja Groteske. Das gilt für alle Heldenverehrung oder den Kult um hochgezogene Kultfiguren und deren Dunstkreis.

Ein Beispiel dafür, in dem sich solche Momente auf banale Weise amalgamieren: 1904 veröffentlicht Hedwig Dietz unter dem Pseudonym *Nemo* ein Buch mit dem Titel: *Auch Eine*.[39] Die Autorin erzählt in Tagebuchform. Sie ist mit einem vergeistigten Wissenschaftler, Bär genannt, verheiratet, flieht aus der Stadt in die Natur, in ihr Sommerhaus (selbstverständlich mit Personal). Weshalb sie sich auf Vischers Roman *Auch Einer* mit ihrem Titel *Auch Eine* bezieht, bleibt dunkel. *Nemo* phantasiert sich in eine harmonisch-idyllische Natur ohne Tücke. *Bär*, der harmlose Geistesarbeiter, kann sie nicht verstehen. „Aber du, Richard Wagner, du verstandest den Wald, du hast ihm seine eigenartige Melodie abgelauscht und meisterlich hast du dies Zauberleben und Weben in deinen Noten festgehalten; aus aller Herren Länder strömen die Menschen in dein dunkles Haus, um dort das Waldesrauschen zu hören und zu empfinden, wie viele aber kennen wohl den wirklichen, den lebenden Wald? Es ist heute ganz besonders still ringsum. – Dort schreitet eben ein Bursch von hohem Wuchs und lichtem Haar, bist du Siegfried? Nein, du bist ja schon lange, lange tot und Siegfriednaturen sind nicht mehr ‚modern'!" Das gesunde, eben nicht Entartete vertrete Nemo, so Haverkamp. Die Freundin *Waldtraute* kündigt ihren Besuch im Wald an: „Hojotoho! Hojotoho! Heiaha, heiaha' tönte es da zurück. – Erstaunt legte ich die Hand an die Augen. – ‚Wie kommst Du plötzlich hierher, Waldtraute, das ist ja ganz reizend. Ich habe heute viel an Dich gedacht – ich habe dich so lange nicht mehr lachen hören, und du weißt, ich brauche dein Lachen oft so nötig.' ‚Drum schickt mich Wotan gerade heute und läßt dir sagen: die Bäume ziehen jetzt nur ihr altes Kleid aus, um bald wieder ein neues, grünes anzuziehen.'"[40]
In *Auch Eine* verstehe sich *Nemo* als eine von den Wenigen, so Haverkamp, „die noch übrig sind und standhalten, die die Verbindung zu der wahrhaft schöpferischen Macht noch besitzen – der Natur". Dabei mag dann Wagner als Chiffre für die Verbindung zur „schweren, dunklen Erde stehen". War Wotan hier Auftraggeber einer Botschaft, so mußte der Einäugige wenig später seinen hohen Namen für die Reklame einer trivialen Glühbirne hergeben. Vor solchem Mißbrauch des erhabenen Götterhimmels gab es keinen Schutz.
Im Ruhrgebiet wird etwa zur selben Zeit eine weitere Gottheit aus dem nordischen Personal herbeizitiert: *Freya* und der *Folkwang*. Am 9. Juli 1902 eröffnet Karl Ernst Osthaus sein *Folkwang-Museum* in Hagen in Westfalen.[41] Das Interesse an nordischen Mythen hatte auch ihn schon früh erfaßt und ihn der *Alldeutschen Bewegung* zugetrieben, für die er im „deutschsprachigen Raum", von Wien bis Brüssel agitierte. Verwandt-

schaftlich verbunden ist er mit einem Freund Richard Wagners und mit Joseph Arthur Graf von Gobineau. Dessen programmatisch antisemitische Schrift über die *Ungleichheit der menschlichen Rassen*[42] überzeugt Osthaus von der Überlegenheit der nordischen Rasse, was ihn für die *Alldeutschen* prädestiniert. Als Student in München hört er unter anderem bei dem Wagnerforscher Heinrich von der Pforten eine Vorlesung über die Entwicklungsgeschichte der deutschen Oper; beschäftigt sich auch mit Semper und bleibt nicht unbeeinflußt von Julius Langbehns verhängnisvoll reaktionärem Bestseller *Rembrandt als Erzieher. Von einem Deutschen.*[43]
Folkwang nennt Osthaus also sein Museum. Nicht die Bezeichnung des Saals der Göttin Freya aus der Edda, der Göttin der Schönheit und der Liebe in Walhall, dem Totenreich der Krieger, sei damit gemeint, sondern, darauf legt man bis heute Wert, die Bedeutung „Menschenwiese, Volksanger, Versammlungsort. Das Museum Folkwang soll dem Volke dienen, sein Versammlungsort sein." Und so war es in der *Westfälischen Zeitung* am 6. Juli 1902 zu lesen: „Osthaus hat sein Museum Folkwang getauft. Unter diesem Namen ist uns der Palast der Freya in der nordischen Mythologie überliefert. Freya symbolisiert das Schaffen überhaupt, das Schaffen in Natur und Kunst, – das Schaffen in Schönheit. Freya: Die Göttin der Schönheit! So erschien dem Gründer eines neuen Heims für Erzeugnisse der Kunst und Wissenschaft gerade diese germanische Schirmfrau alles Hohen als die alleinige beide Sphären gleichzeitig umspannende Repräsentantin. Und ‚Folkwang' nannte er das ihrem Schutze anvertraute, ihrem schöpferischen Prinzip gewidmete stattliche *Haus.*"[44] Seitdem ist auch im Ruhrgebiet Gesamtkunstwerk eine magische Vokabel und *Folkwang* ein funktionalisierter Mythos.

Das Kunstwerk der Zukunft *als synästhetisches und mediales Ereignis*

Am 17. Februar 1860 schreibt Charles Baudelaire an Richard Wagner über sein Musik-Erleben beim Hören von *Tannhäuser* und *Lohengrin*, schildert es als „eine wahrhaft sinnliche Wollust, die jener gleicht, in die Lüfte zu steigen oder auf dem Meere gewiegt zu werden. [...] Überall ist etwas Entrücktes, Entrückendes, etwas, das höher hinaus geht, etwas Äußerstes, Superlatives. So zum Beispiel, um einen Vergleich mit der Malerei zu wagen, entsteht vor meinen Augen eine weite Ebene aus dunklem Rot. Wenn dieses Rot Leidenschaft darstellt, sehe ich es gradweis übergehen in alle Tönungen von Rot zu Rosa bis zur Weißglut im Schmelzofen. Es erschiene schwierig, ja unmöglich, zu etwas noch Lohenderem zu steigern; und doch: eine letzte Rakete wird einen noch weißeren Lichtstrahl über das Weiß werfen, das ihm als Untergrund dient. Das wäre, wie man sagen könnte, der äußerste Schrei der zu ihrem Paroxysmus gesteigerten Seele."[45] Musik wird zum synästhetischen Stimulans. Nicht nur Baudelaire setzt sich ihm aus. Nach der *Tannhäuser*-Premiere wird die 1885 gegründete *Revue Wagnérienne* zum Diskussionsforum für die Theorie des Gesamtkunstwerks. Günter Metken hat daran erinnert, daß – neben Dichtern wie Mallarmé, Verlaine, in ihren Anfängen auch Claudel und Paul Valéry – auch Maler von diesen Ideen beeindruckt waren und sich „bei ihrer Suche nach Farbklängen und musikalischen Anordnungen, die Bilder zu Trägern seelischer Schwingungen, geistiger Bedeutungen, letztlich von Ideen und Symbolen allgemeiner Art werden lassen" auf Wagner berufen hätten.[46] Arbeiten von Gustave Moreau und Odilon Redon wurden auf dem Salon von 1885 als „peinture symphonique" beziehungsweise als „peinture wagnérienne" besprochen. Redons Lithografien *Brünhilde* von 1886 für die *Revue Wagneriénne* und *Parsifal* von 1892 zeigen eher eine geistige Übereinstimmung als eine direkte musikalische Inspiration. Redon strebe „bildnerisch souveräne, anschauliche Symbolfiguren" und keine „thematischen Überlappungen"[47] an.

Daß Kandinsky von inneren Zusammenklängen zwischen Malerei und Musik zutiefst überzeugt war, bezeugen seine Äußerungen. Bereits in seiner Schrift *Über das Geistige in der Kunst* von 1911/1912 und in der Programmschrift *Der Blaue Reiter*, die er zusammen mit Franz Marc 1912 herausgab, dort in seinem Beitrag *Über die Formfrage und Über Bühnenkomposition* mit der eigenen Bühnenkomposition *Der gelbe Klang*, in diesen Schriften entwickelt Kandinsky sein synästhetisches Konzept der Interdependenz von Malerei und Musik. Dabei setzt er sich auch mit Wagners Musiktheorie auseinander. Er veranschaulicht seine eigene Erfahrung eines Hör-Seh-Erlebnisses als Übersetzung der Wagnerschen Tondramatik in Bilder. Klärend hilfreich bei seinen Versuchen der Verbildlichung dieser Erfahrung seien, wie Kandinsky sagt, „dafür und für sein ganzes weiteres Leben, ‚der Heuhaufen' von Monet – und eine Wagneraufführung im Hoftheater – ‚Lohengrin'" gewesen. „Klang, der innere Klang", wird für Kandinsky zu einem Schlüsselbegriff seiner theosophisch geprägten Kunsttheorie.

Wagner zerlege das polyphone Klangmaterial und die tonalen Idiome in die „betörende Farbenpracht eines schillernden, polychromen Klangkos-

mos", argumentiert Neumeyer. In diesem Interesse an „der revolutionären Theorie der Polychromie" würden sich Wagners und Sempers Interessen treffen und würden schließlich von Nietzsche als dem dritten Vertreter der Polychromie weitergeführt.[48] Wagners Begriff der „Tonmalerei", als die „eigentliche, lebengebende Seele" der Musik bezeichne auch die Nähe zur Malerei. Hier sieht Neumeyer eine gewisse Nähe zu Vischer. Allerdings darf nicht übersehen werden, daß Vischer in seiner Ästhetik mit derlei Analogiebildungen weit behutsamer und eher skeptisch umgeht.
Die Farbe des Klangs beschäftigt heute auch Gehirnforscher, die das Zustandekommen von Farbhören in Experimenten untersuchen. Demnach beruht dieses Farbhören (das vor allem bei Frauen vorkomme) auf ungewöhnlichen Verknüpfungen von Gehirnregionen, die für verschiedene Sinneswahrnehmungen zuständig sind. Die Forscher kamen zu dem Ergebnis, daß bei Menschen mit synästhetischen Erlebnissen jener Teil im Sehzentrum des Gehirns aktiviert wurde, der für Farbwahrnehmung zuständig ist. Man fandet in weiteren Experimenten heraus, daß Farbhören ein angeborenes und kein erlerntes Phänomen sei, Synästhesie also auf einer funktionalen Störung im Gehirn beruht, daß es sich mithin um einen vererbbaren Gendefekt handelt[49]. Ob der schrill-bunte Medienmix heute als Cross-Over, untergehend im Rauschen, ein Ersatz für synästhetische Erfahrungen ermöglichende Gendefekte sein kann, wird von solchen Studien nicht erfaßt.
Weltatem überschreibt Friedrich Kittler einen Beitrag *Über Wagners Medientechnologie*. Lakonisch stellt er fest: „Wagners Musikdrama ist das erste Massenmedium im modernen Wortsinn. Seine Gleichzeitigkeit mit unseren Sinnen entspringt seiner Technologie."[50] Kittler verweist auf eine Passage in Wagners Zürcher Schrift *Das Kunstwerk der Zukunft,* in der Wagner ironisch bemerkt, „daß Dichtung ihrer Leserschaft bloß den Katalog einer Bildergalerie anbieten konnte, nicht aber die Bilder selbst". Es lohnt sich, Wagners Text hier ausführlicher zu zitieren. Zunächst rühmt Wagner die Erschaffung der Tragödie als gemeinsame schöpferische Tat des Volkes von Athen. Als aber „die nationale Volksgenossenschaft zerbrach, da bemächtigten sich die Professoren und Doktoren der ehrbaren Litteratenzunft, [...] die gelehrten Insekten (!) [...] des in Trümmer zerfallenden Gebäudes" und stoppelten Literaturgeschichte zusammen. Die Folgen: „Die einsame Dichtkunst – *dichtete* nicht mehr; sie stellte nicht mehr dar, sie *beschrieb* nur; sie vermittelte nur, sie gab nicht mehr unmittelbar; sie stellte wahrhaft Gedichtetes zusammen, aber ohne das lebendige Band des Zusammenhaltes; sie reizte zum Leben, ohne selbst

zum Leben zu gelangen; sie gab den Katalog einer Bildergalerie, aber nicht die Bilder selbst. Das winterliche Geäst der Sprache, ledig des sommerlichen Schmuckes des lebendigen Laubes der Töne, verkrüppelte sich zu den dürren, lautlosen Zeichen der *Schrift*: statt dem Ohre theilte stumm sie sich nun dem *Auge* mit; die Dichterweise ward zur *Schreibart*, – zum *Schreibstyl* der Geisteshauch des Dichters."[51] Die folgenden Seiten sind bei Wagner angefüllt mit Sprachbildern, die allesamt die Ärmlichkeit und Bedürftigkeit der „Litteratur" belegen sollen, eine höhnende Verabschiedung der sogenannten „Gutenberg-Galaxis" noch vor deren Verabschiedung durch Medientheoretiker.

Das Musikdrama sei eine Maschine, schreibt Kittler, die auf drei Ebenen oder Datenfeldern arbeite: „erstens die verbale Information, zweitens das unsichtbare Bayreuther Orchester, drittens die szenische Visualität mit ihren Kamerafahrten und Nebelscheinwerfern avant la lettre. Der Text wird eingespeist in eine Sängerkehle, der Output dieser Kehle in einen Verstärker namens Orchester, der Output dieses Orchesters in eine Lightshow und das Ganze schließlich ins Nervensystem des Publikums. Zu guter Letzt, wenn die Leute verrückt sind, ist jede Spur von Buchstaben getilgt. Daten, statt ins Alphabet der Bücher und Partituren encodiert zu werden, werden von Medien verstärkt, gespeichert und wiedergegeben. Das Musikdrama schlägt alle Literatur." Erst wenn die vollkommene Hörwelt medientechnisch exakt hergestellt sei, könne auch ihre Kopplung mit einer Sehwelt ins technische Zeitalter treten. „Ein Schallraum, der dank seiner Rückkopplungen die altmodische Sichtbarkeit von Schauspielerkörpern nicht mehr braucht, erlaubt Parallelschaltungen mit der neuen, nämlich technischen Sichtbarkeit des Films."[52] Als Belege dafür werden häufig – auch von Kittler – der abgedunkelte Zuschauerraum und die Verwendung der Laterna Magica in Bayreuth bei der Premiere des *Rings* 1876 angeführt, mit deren, allerdings noch schwacher Bildprojektion, der Ritt der Walküren illusioniert werden sollte. Ergänzt wird die Hervorhebung dieses medientechnischen Zaubers um den Hinweis auf die Empfehlung von Houston Stewart Chamberlain, Wagners Schwiegersohn und Autor des antisemitischen Werkes *Grundlagen des 19. Jahrhunderts* (1899), das Julius Streicher als „bedeutendstes Buch seit dem Evangelium" bezeichnen sollte, in einem Brief vom 23. März 1890 an Cosima: „Führen Sie diese Symphonie [Liszts Dantesymphonie, H.S.] mit versenktem Orchester im nachtdunklen Raume auf, und lassen Sie im Hintergrunde Bilder vorbeiziehen – und Sie werden sehen, […] alle geraten in Ekstase."[53] Gemeinhin verbindet man das mit der Vorwegnahme des Kinos.

In Coppolas Film *Apocalypse now* (1979/2001) wird Wagners Musik zur Begleitmusik für die Hubschrauber anstelle der Walküren. Und Fellini unterlegt in seinem Film *Otto e mezzo* (1962) die Szene, in der Marcello Mastroianni als Filmregisseur seine Frauen und Mädchen im Frauenhaus mit der Peitsche dressiert mit Klängen des Walkürenritts. Erinnert sei auch an die Volksempfänger-Installationen von Edward Kienholz. Aus den einander zugeordneten Radioapparaten tönt Wagners Walkürenritt-Musik. Und schon in den Anfängen des Films begleitet nicht selten Wagners Walkürenritt die Stummfilme. Im Katalog der Ausstellung *Der Hang zum Gesamtkunstwerk* hat Dominik Keller in seinem Beitrag ‚*Gesamtkunstwerke' in der amerikanischen Kinolandschaft der zwanziger Jahre* darauf hingewiesen, daß Wagner die Filmmusik entscheidend beeinflußt und zu den meist gespielten Komponisten gehört habe. Bereits 1911 habe der Filmkritiker Stephan Bush für die Verbindung der dramatischen Handlung und des musikalischen Ausdrucks im Sinne des Wagnerschen Gesamtkunstwerkes plädiert. Keller zitiert einen weiteren Kritiker mit dessen Feststellung, Wagners Theorie der Synthese aller Künste erfahre jeden Tag in jedem Kino im ganzen Land ihre demokratische Bestätigung. „Das Leitmotiv wurde zu einem wichtigen Strukturelement im Aufbau der Begleitmusik, nicht nur für die Charakterisierung der Protagonisten, sondern auch von häufig wiederkehrenden Handlungssituationen."[54] Überhaupt wäre die Inszenierungskunst des Kinos der zwanziger Jahre als Lichtspiel in der „Lichtburg" mit ihren synästhetischen Reizen – von den exotischen Raumausstattungen über das Ornament der *Klingsor-Girls* im Kronleuchter bis zu olfaktorischen Dämpfen, Parfümzerstäubern und Berieselungen, dem Rauschen der *Mighty Wurlitzer* Kinoorgel, die alle Geräuscheffekte produzieren konnte und bis zu neunzigköpfige Orchester abgelöst hatte – ein lohnendes Feld, dem Fortleben des Wagnerschen Gesamtkunstwerks in amerikanischer Version nachzuspüren, und es nicht erst in Jimi Hendrix *Electric Ladyland* (1968) oder bei *Pink Floyd* aufzusuchen.[55]

Frauen

Im Blick zurück auf Zürich oszillieren die denkwürdigen Begegnungen in den fünfziger Jahren des 19. Jahrhunderts zwischen freundschaftlichem Umgang, gesellschaftlicher Konvention und Neigungen zum Personenkult, wie er sich vor allem um Wagner ausgebildet hatte. Gottfried Semper und Gottfried Keller entzogen sich diesem Kult. Und Friedrich Theodor Vischer fiel zuweilen durch schwäbische Direktheit auf. Angesehen und geschätzt in der Zürcher Gesellschaft waren die öffentlichen Vorlesungen. Frauen waren eifrige Hörerinnen in Vischers Vorlesungen, zumal in der späteren Zeit in Stuttgart, wo selbst der württembergische König und die Königin zuweilen im Saal saßen. Ungeachtet der zahlreich anwesenden „Frauen von allen Altersklassen, darunter viele Engländerinnen, Amerikanerinnen", auf den für sie bestimmten „Polsterstühlen, dicht vor dem Katheder", begann er seine Vorlesung stets: „Meine Herren! Die Frauen „verziehen ihm gern dies scheinbare Übersehen; sie wußten ja gut genug, wie höflich und rücksichtsvoll er sonst ihnen gegenüber war; er wollte wohl mit dieser Anrede nur betonen, daß er nicht gekommen sei, die Damen zu unterhalten, nach Art so mancher Vortragender, sondern hier ein ernstes Lehramt ausübe"[56] Darüber und über Vischers Lebensweise und seine weit über Zürich, Tübingen und Stuttgart hinausreichende Wirkung, über die Ehrungen, die ihm zuteil wurden, berichtet Ilse Frapan, die bewundernd zu seinen Füßen gesessen hatte, in ihrer Vischer-Biographie von 1889.

Über Wagners Verhältnis zu den Frauen ist viel geschrieben und zusammengetragen worden, bis hin zu ganzen Auflistungen.[57] Aufschlußreich ist Dieter Schicklings Buch: *Abschied von Walhall. Richard Wagners erotische Gesellschaft*, weil der Autor die erotischen Beziehungen der handelnden Figuren im Werk, zum theoretischen und musikalischen Werk allgemein, zum Weltbild und zur Person Wagners selbst und in seiner Beziehung zum Weiblichen vor Augen führt.

„Höchstens ein Frauenbild im großen Styl könnte mich aus dem Gleichgewicht bringen – wahrscheinlich zu meinem Unglück." Ob sich Wagner diesen Satz aus Vischers Roman *Auch Einer* hätte zu eigen machen wollen, mag bezweifelt werden. Vischer und die Frauen, auch das wäre ein Thema über Männerphantasien im 19. Jahrhundert.[58] Es würde eine Darstellung der Geschlechterdifferenz in seiner Ästhetik ebenso einschließen und diskutieren müssen – bis zu den zahlreichen Äußerungen in Briefen an Freunde, die seine Phantasien vom Frauenideal beschreiben – wie die desaströsen Erfahrungen seiner Ehe. Entsprechende Äußerungen Vischers gestatten einen Einblick in die Gespaltenheit von Anspruch und Wirklichkeit und zeigen die Gratwanderungen zwischen großem Ideal und banaler Alltäglichkeit. (T 14)

1844 hatte Vischer Thekla Heinzel geheiratet. Sie schien zunächst seinen Vorstellungen zu entsprechen: „Hohe Gestalt muß sie haben, dunkle

Augen und Haare, Stil und Anmut und etwas von höherer Bedeutung." Aber schon bald spricht er gegenüber den Freunden Märklin und Strauß nicht nur von ihren Vorzügen, sondern auch von ihren Mängeln. Seine Quintessenz: „Wenn ich ein Pferd haben muß, und zwar wenn der Arzt gesagt hat: jetzt mußt du es haben, und ich finde eines, das ich erst zureiten muß, aber gutwillig, schlank, feurig, schön gebaut nur mit dem Fehler einer Fußgalle am Huf; ich bin ein Tor, wenn ich es nicht nehme."[59] Die Ehe wird zum Alptraum. Schon vor der Hochzeit schrieb Vischer seinem Freund Rapp: „Thekla wird mein Geschöpf und mein Werk sein: Ich kriege ein ganz anderes Weib als der Prinz Albert von England; ich bin Herr in meinem Haus: Sie wird mich pflegen, ich werde es gut haben. Ich werde nicht befehlen müssen." Wenige Monate später schreibt er ihm, die Ehe gehe gut, mitunter „rauschend über kleine Steinchen", und Thekla fügt an, „manchmal ziemlich rauschend über kleine Steinchen"[60]. Die Zerrüttung war nicht aufzuhalten. Thekla scheint nicht die Frau gewesen zu sein, wie sie Vischer in Briefen schilderte. Andrea Hauser hat anhand von Thekla Vischers Briefen gezeigt, daß sie die Gründe des Scheiterns gesehen und zu benennen verstanden habe. Man hat – wie Vischer übrigens selbst – darauf verwiesen, daß Kloster- und Stiftsleben von Jugend an, neben dem Selbstverständnis des Mannes von der Geschlechterrolle gegenüber der Frau im 19. Jahrhundert, diese verqueren und durchaus verhängnisvollen Haltungen Vischers Frauen gegenüber verursacht hat. Schlaffer/Mende gehen davon aus, daß die Männergesellschaft in Kloster und Stift Vischers Verhältnis zu Frauen zeitlebens deformierte. „Ein asketisches Erziehungsideal setzte Traumbilder von Frauen frei, antik-idealisch und abstrakt, die sich mit der Wirklichkeit nicht decken ließen, schon gar nicht mit den angeschwärmten und geküßten Pfarrers- und Bürgerstöchtern, an denen sie vergeblich probiert wurden. Die Liebe blieb papieren."[61] Und Vischer in *Mein Lebensgang*: „wir waren sehr verliebt und eines der vorgeschrittensten Gemüter kam auf den Gedanken, den Namen der Geliebten auf ein Zettelchen zu schreiben und dieses zu fressen; eine Idee, die starke Nachfolge fand, obwohl es nicht besonders schmeckte."[62]
So scheint es nicht verwunderlich, wenn es zu all diesen Widersprüchen in Vischers Verhalten zu Frauen kam. Schlawe hält es für ein „psychologisches Rätsel", daß Vischer ein Tübinger Dienstmädchen schwängert, während er gleichzeitig in eine Tübinger Bürgerstochter verliebt ist, die er zwar überschwenglich in Briefen an Mörike preist – sie bringe ihn in „beste ideale Stimmung"–, die ihm aber durch ihre Eltern wegen seiner „Irreligiosität" unerreichbar bleibt. Vischer habe wohl geglaubt, so

Schlawe, als Kämpfer für den Fortschritt manche der überkommenen Moralbegriffe stürzen zu dürfen. An seine Frau Thekla schreibt Vischer später: „Viele Männer erlauben sich vor der Ehe die Befriedigung eines Triebs auf dem Wege des Kaufs. Sie haben dabei den Vorteil, daß die Sache keine Folgen hat, Geheimnis bleibt. Ich verschmähte das, und in einem Alter von 32 Jahren forderte die Natur auf einem zwar nicht löblichen, aber doch verzeihlichen Wege einen Beweis, der mit den traurigen Folgen endete."[63] Man könnte dies als den Versuch einer nachträglichen Rechtfertigung des Tübinger Fehltritts ansehen, der ihm im übrigen nicht unerhebliche Scherereien eingebracht hatte.

Besonders deutlich wird Vischers Frauenbild in seinem Roman *Auch Einer*. Schlaffer/Mende bringen es auf die Formel: Hedwig, die Hausfrau, blaß und brav, Cordelia, die Heilige, fad und fern, Goldrun, die Hure, klug und brünstig, allemal seine schönste Frauenfigur.[64] Das gespaltene Frauenbild findet sich auch in Bildern und Objekten in Vischers Wohnung, wie Andrea Hauser bemerkt hat. Was sich hier vergegenständliche, sei ein Grundkonflikt des Mannes in der bürgerlichen Gesellschaft: das Gegeneinander von „guter Frau" (Heilige) und „böser Frau" (Hure) – „Madonna del Granduca" und „Ariadne". Frauen würden zu Projektionsflächen für die Phantasien des Mannes. Das gespaltene Frauenbild des 19. Jahrhunderts, ein „Frauenbild der Höhe, was angebetet wird, aber asexuell sein muß und die ‚niedere Frau', deren Sexualität bedrohlich wirkt" – resultiere aus einer rigiden bürgerlichen Moral, durch die die Sinnlichkeit auf Kosten der Frau abgewehrt werde.[65] Das Bild einer *reinen* Frau, das Gegenbild zur Venus im *Tannhäuser*, erträumt sich Vischers *Auch Einer*. (T 15)

Wie ist der Raum beschaffen, in dem Vischer diesen Traum träumt, das heißt aufschreibt? Fotografien von seiner Stuttgarter Wohnung in der Keplerstrasse 34, nahe dem Polytechnikum, hat Robert Vischer nach dem Tod seines Vaters anfertigen lassen.[66] Über dem nach dessen Angaben gefertigten, zur möglichen Vermeidung von Tücken schmucklosen Stehpult stehen auf einem Brett drei Kleinplastiken. Soweit auf dem Foto erkennbar, ist die kleine Figur der Gipsabguß einer Sandalen lösenden Aphrodite nach antikem Vorbild. Die beiden anderen sind eine klassisch gewandete Frauenfigur und die *Ariadne auf dem Panther*, eine verkleinerte Replik von Johann Heinrich Danneckers Plastik. Die vielfältigen Aneignungen und Wandlungen des Ariadne-Mythos sind Stoff für eine eigenen Geschichte. „Friedrich Nietzsche wird am Ende Briefe an Ariadne alias Cosima Wagner schreiben. Hans von Bülow versteht sich als Perseus,

Cosima als Ariadne und Wagner als Dionysos, um dieses Dreiecksverhältnis Nietzsche gegenüber zu charakterisieren", so Joachim Köhler, der sich auf einen Bericht von Nietzsches Schwester beruft.[67] Ariadne und Dionysos als Lenker eines von Panthern gezogenen Wagens bekrönen das triumphbogenartige Hauptportal von Gottfried Sempers zweitem Dresdner Hoftheater. Schon beim Entwurf für das Münchner Festspielhaus triumphierten Ariadne und Dionysos über der herausgehobenen architektonischen Geste des Hauptportals. Für Sempers Auffassung von Theater und Architektur ist dieses Motiv bedeutsam.

Die skulpturale Darstellung der *Ariadne* durch Johann Heinrich Dannecker gab schon zu Beginn des 19. Jahrhunderts Anlaß zu bürgerlicher Erregung. Erste Studien dazu entstehen ab 1803 in Ton, die überlebensgroße Figur wird in Marmor zwischen 1810 und 1814 ausgeführt. Von Anfang an zog diese Plastik, das Bild der Nackten – Ariadne auf dem wilden Tier, dem Panther – große Aufmerksamkeit auf sich. Der um sie entstehende Kult mehrte Ruhm und Ansehen des Künstlers. Der Besuch in dessen Stuttgarter Atelier, wo zunächst die Fassung aus Gips ausgestellt war, wurde zum gesellschaftlichen Ereignis – auch Vischer hat das Atelier besucht und dort das Gipsmodell der Ariadne gesehen. Die allgemeine Faszination entsprang der Verbindung vom nackten, weiblichen Körper mit dem wilden Tier. Die Begeisterten konnten darin wohl auch Schillers Diktum von „Anmut und Würde" verkörpert sehen: „So wie die Freiheit zwischen dem gesetzlichen Druck und der Anarchie mitten inne liegt, so werden wir jetzt auch die Schönheit zwischen der Würde, als dem Ausdruck des herrschenden Geistes, und der Wollust, als dem Ausdruck des herrschenden Triebes, in der Mitte finden."[68] Ariadne, von Perseus verlassen, von Bacchus, dem Gott, zur Braut gekürt, scheint schon die „Würde" der Unsterblichkeit zu tragen. „Wollust" verkörpert die lässig auf dem gezähmten wilden Tier, dem Begleiter des Gottes, hingelagerte, nackte Figur. Als „Bezähmung der Wildheit durch die Schönheit" hat man in einem zeitgenössischen Kommentar das plastische Bild verstanden wissen wollen. Die Angst vor der Nacktheit der Frau führte dann zur Interpretation als einem vergeistigten Götterbild; oder – und nicht selten – offen oder insgeheim zu einem schönen Bild der Wollust, das, wenn so gesehen, sich alsbald gesellschaftskonform ins göttliche Bild verflüchtigen konnte – eine Gratwanderung zwischen Würde und Lust.

Eine würde- ja weihevolle Präsentationsform hatte Dannecker selbst seinem Auftraggeber für die Ausführung in Marmor, dem vermögenden Frankfurter Bankier Simon Moritz von Bethmann, angeraten. In einer

tempelartigen Rotunde mit Kuppel, unter bestimmtem Lichteinfall, sollten räumlich und szenisch das Hauptereignis vorbereitend, auf Konsolen Gipsabgüsse von Antiken, und schließlich die *Ariadne auf dem Panther*, drehbar auf ihrem Sockel aufgestellt werden. Ein Bild des Malers Hohnbaum von 1863 zeigt das *Ariadneum*, wie es zugleich als repräsentative Folie für den preußischen Generalkonsul von Bethmann gedient hat. Es zeigt ihn inmitten von festlich gekleideten Damen und Herren der Gesellschaft, von Teilnehmern des Frankfurter Fürstentages.[69]
All dies trägt dazu bei, daß auch in reproduzierter und miniaturisierter Form, etwa in Biskuit-Porzellan (unglasiertes Porzellan), noch ein matter Schimmer des Kunstglanzes auf den Besitzer fällt. Vor allem ist es die Ambivalenz von wilder Sinnlichkeit und göttlicher Schönheit, die auch noch als Miniatur im bürgerlichen Zimmer Spielraum für eigene Phantasien läßt. Auch dieses schöne Stück blieb von Parodien – Ausweis ihrer Gratwanderung – nicht verschont. Horst W. Janson hat aus den 1840er Jahren einen Limerick dazu gefunden: „There was a young lady of Niger / Who smiled as she rode on the tiger. / They came back from the ride / With the lady inside / And the smile on the face of the tiger."[70] Und Wilhelm von Humboldt schrieb 1816 an seine Frau, nachdem er die Ariadne in Frankfurt gesehen hatte: „Gott weiß, daß ich die Magerkeit nicht liebe und die Nacktheit nicht hasse, aber die Ariadne ist zu dick und zu nackt."[71]
Vischer besaß einige galvanoplastische Nachbildungen von antiken Kleinplastiken und Gefäßen. Er schätzte die neuen Reproduktionstechniken, sah darin auch Möglichkeiten der Geschmacksbildung durch Anschauung. Die Originale kannte er von seinen zahlreichen Reisen zu den Museen. Zur Wertschätzung der Reproduktion zählte auch die Lithographie. An der Schreibtisch-Wand hingen lithographierte Nachzeichnungen pompejanischer Wandmalereien von W. Ternite, dessen Arbeiten Vischer auch besprochen hatte, darunter eine von der Dichterin *Sappho*. Über seinem Sofa im Wohnzimmer hingen gleich drei Madonnen von Raffael, die *Madonna della Sedia*, die *Sixtinische Madonna* und die *Madonna del Granduca*, und als Pendant zur weltlichen, sinnlichen Frau im Arbeitszimmer, die vergeistigte Frau und Mutter. Bereits in seiner Habilitationsschrift *Über das Erhabene und Komische* von 1837 notierte Vischer zur *Sixtinischen Madonna* (er hatte das Bild als junger Mann bei seinem Besuch in Dresden gesehen): „Wir sehen in der Sixtinischen Madonna die vollendete Weiblichkeit Fleisch geworden, und jetzt glauben wir an die Wahrheit nicht nur des weiblichen, sondern jedes Ideals."[72] Auch Richard Wagner schätzte Madonnenbilder. In Venedig versäumte er nicht, in der

Frari Kirche die ihn stets beeindruckende *Assunta,* Tizians Himmelfahrt Mariens zu besuchen. Martin Gregor-Dellin spekuliert darüber und fragt, ob für Wagner Tizians Maria deshalb so faszinierend war, weil sie für ihn möglicherweise „fatale Ähnlichkeit mit Mathilde" gehabt habe.[73] Vischer stellte auf seinen, aus weiß glasierter Keramik zylindrisch aufgebauten Kachelofen Repliken und Gipsabgüsse von Antiken, die im Laufe der Zeit eine typische Ofen-Patina annahmen – so neben einem weiblichen Torso den Abguß eines hellenistischen Frauenkopfes und die *Venus von Milo* aus dem Louvre. Dazu paßt – sicher nicht auf Vischer gemünzt – ein kleines Gedicht von Gottfried Keller:

Venus von Milo

Wie einst die Medizäerin
Bist, Ärmste, du jetzt in der Mode
Und stehst in Gips, Porz'lan und Zinn
Auf Schreibtisch, Ofen und Kommode.

Die Suppe dampft, Geplauder tönt,
Gezänk und schnödes Kindsgeschrei;
An das Gerümpel längst gewöhnt,
Schaust du an allem still vorbei.

Wie durch den Glanz des Tempeltors
Sieht man dich in die Ferne lauschen,
Und in der Muschel deines Ohrs
Hörst du azurne Wogen rauschen!

Die Venus von Milo spielt aber bei Keller noch an anderer Stelle eine bedeutsame und mehrschichtige Rolle: im *Sinngedicht.* Keller konnotiert diese Figur und deren Instrumentalisierungen mit verschiedenen Facetten bildungsbürgerlicher Verkleidung und Verzeichnungen, bis hin zur Zersplitterung individuellen Glücks in einem falschen Rahmen gesellschaftlicher Konventionen zwischen Kommerz und krampfhaftem Kulturbemühen. Gegenüber der Dissonanz von stabiler finanzieller Basis und darauf, als „Luxusbedürfnis" und verbrämendes Ornament „die Teilnahme an der Kultur" sei Keller nicht zuletzt durch seine Bekanntschaft mit den Wesendoncks hellhörig gewesen, wo Mathilde „ehrgeizig dilettierend einen Kunst- und Künstlerhimmel um sich her unterhielt."[74]

In der Blütezeit dieser Venus-Affektion gab es immer wieder das Bedürfnis, die unvollständige Figur zu ergänzen. Und dieses Bedürfnis nach Vervollständigung des Fragmentarischen der Venus wird von Keller in der Novelle *Sinngedicht* aufgenommen und in verschiedenen Brechungen und mit anspielenden Untertönen aufgezeichnet: – als reproduzierte Kultfigur aus Gips, aufgestellt „auf eigenem Postament"; – als gemaltes und entgegen dem von der Malerin gegebenen Versprechen verkauftes und ausgestelltes Bild einer als Venus posierenden Ehefrau und die Frau als lebendes Bild in der Pose der Venus, vor dem Spiegel den schönen nackten Körper mit einem Damasttuch nach Art des Vorbildes umhüllend und den Augen des überraschend heimgekehrten Mannes unwissend darbietend. Das führt aus kleinbürgerlicher Bildungsenge zur Katastrophe. Das Ende der Gips-Venus: auf einem „vierrädrigen Kärrchen, auf welchem die Venus von Milo stand und ein wenig schwankte, obgleich sie mit Stricken festgebunden war", wird sie von Arbeitern entsorgt.

Kultobjekt, Bagatelle, Tücke des Objekts

Vischer hat seinen Arbeitsplatz unter Gesichtspunkten der Zweckmäßigkeit eingerichtet. Und dennoch wenden sich die Dinge gegen ihn, so wie er dies sein *alter ego* im Roman *Auch Einer* sagen läßt: „So lauert alles Objekt, Bleistift, Feder, Tintenfaß, Papier, Cigarre, Glas, Lampe – Alles, Alles auf den Augenblick, wo man nicht Acht gibt. Die Bagatellen verschwören sich am Schreibtisch gegen den Schreibenden: Alles wie verhext. Will ich eifrig fortlesen, so wollen zwei Blätter nicht auseinander. Beim Schreiben ist die Nässe der Tinte, und daß man nicht schon etwas Anderes hat erfinden können, ein heilloser Umstand. Tags hundertmal ein Fließblatt einlegen! Darüber vergißt man die besten Gedanken. Und Sand? Dieß Grüseliche nicht zum Ertragen. Feder will sich nicht schneiden lassen, und mit Metall kann ich nicht schreiben. Alles Papier zu glatt; [...] Tinte auch klebrig. Und verschüttet, zwei wichtige Seiten im Buch zum Teufel! Alles fällt. Tisch wackelt. Schreibunterlage will sich nicht flach legen. Es ist nicht anders, es muß Teufel geben."[75] So verwundert kaum, wenn A. E. ein System der „inneren und äußeren Teufel" aufstellen will und an diesem absurden Versuch scheitert. Daß er in der einfachen Form der Dinge Rettung vor dem tückischen Zufall sucht, ist nicht überraschend. Vischers *Auch Einer* beschwört Einfachheit und Eigensinn eines Dings – einer Taschenuhr zum Beispiel. (T16) Oder sein Schreib-

tischstuhl. Nach eigenen Angaben hat er ihn herstellen lassen. Hart und trocken der einfache, an den Ecken gerundete Sitz, die gedrechselten Füße schräg verankert, die gedrechselten Sprossen der Lehne rhythmisch rund gekerbt, das abschließende Querholz der Lehne ein einfaches, im Umriß geschwungenes Brett mit einem Loch zum Anfassen, die Sitzhöhe der Körpergröße des kleinen Mannes angepaßt. Da steht auch er nun – wie der Ofen und die anderen Dinge etwas verloren im Städtischen Museum in Ludwigsburg: der Stuhl ein Ausstellungsstück? Oder gar ein Kultobjekt? Schließlich hat sich Vischer, darauf sitzend und schreibend, mit der Zweckmäßigkeit und der Kehrseite der Dingwelt literarisch beschäftigt und praktisch herumgeschlagen. Woher rührt das Interesse am Inventar von Schreibräumen und Dichterstuben? Es hat fast den Anschein, als habe auch das Inventar eine hermeneutische Funktion. Literaten geben nicht selten selbst über ihre Schreibgewohnheiten- und -umstände Auskunft.[76] *Der Platz, an dem ich schreibe*, lautet zum Beispiel die Überschrift eines Aufsatzes von Arno Schmidt.[77]
Gottfried Keller charakterisiert in einem Brief an Vischer den Roman *Auch Einer* als den „monumentalen Bau eines Monologs"[78], selbst wenn wir in der Figur des cholerischen Reisenden *A. E.* Merkmale psychischer Neigung zur Selbstquälerei wittern und die psychologische Deutung der Fehlleistungen hinzunehmen, die Freud in seiner *Psychopathologie des Alltagslebens* (1904) herausarbeitet. Freud verweist auf Vischer und die *Tücke des Objekts* und darauf, die Rolle des Objekts selbst nicht zu unterschätzen.
Hierauf bezieht sich auch Victor von Weizsäcker in seiner *Pathosophie*.[79] Phänomenologisch, so Weizsäcker, gehöre zur Tücke „die Überraschung, der Verdruß, Ärger und Zorn, die Vermutung feindlicher Absicht und die listige Benutzung einer objektiven Konstellation. Das Tückische ist also eine bestimmte objektive Konstellation für mich." Sie bekommt den Beiklang „gerade hier und gerade jetzt, das heißt objektiv für mich, perspektivisch auf mich zentriert". Wesentlich dabei sei, so Victor von Weizsäcker, „Verklebung und die Verschränkung des Objektiven mit dem Subjektiven."[80] Daß das Leben die Logik nicht zu lieben scheint und die Dinge auch noch immer anders sind, macht nicht nur oft ihren Unernst aus, sondern eben auch ihre Tücken.[81]
Als befreiende Katharsis im Katarrh feiern die Druiden das Niesen, Spucken und Husten in *A. E.* s Pfahldorfgeschichte. Im Zusatz zu *Mein Lebensgang* schildert Vischer ausführlich, wie das Buch *Auch Einer* und die Figur des *A. E.* sich über einen langen Zeitraum entwickelten. Zur

Pfahldorfgeschichte hatte ihn in Zürich eine Sammlung von Ausgrabungen aus Pfahldörfern in Schweizer Seen angeregt. Da kein vernünftiger Grund auszumachen war, „warum die Leute auf Seen wohnten", mußte ein Kult erfunden werden, der im Widerstreit des Gottes *Grippo*, er ist für den Katarrh zuständig, und der milden Mondgöttin *Selinur* ausgetragen und vom Druiden zelebriert wird. Die Konfrontation des ideologisch zurückgebliebenen Pfahldorfs mit den Vertretern des technischen Fortschritts, den Barden einer anderen Gemeinde, führt zwangsläufig zum Konflikt. Daraus ergab sich „ein anziehendes, belustigendes Bild, das recht wieder auf die Relativität der Zeit hinwies; liegt doch eine Parallele mit unserer Ära auf der Hand: der Aufgeklärtere mußte den Anhängern des Alten als ein Zerstörer, ein Ketzer, als ein giftiger Verneiner und Ironiker erscheinen; er mußte verfolgt werden, mußte in Gefahr kommen, zum Scheiterhaufen verdammt zu werden."[82]
Der Sorge „vor dem Geruch des Antiquarischen" enthebt sich Vischer durch „Humorisieren". Der „ironische Zug" bezieht sich auf die Anfänge des „modernen Fabrikwesens, bei den Bardenschulen auf unsere Polytechniken und Universitäten". Er habe „ein Salzkörnchen Satire hineingeworfen, in der vom Druiden veranstalteten Musik"; „es stecken ferner in den zwei Barden ein paar harmlose Beziehungen auf schweizerische Persönlichkeiten: dies einfach ein Scherz, keine Satire". Gemeint sind Ferdinand Keller, Entdecker der Pfahlbauten, als Barde *Feridun Kallar* und der Freund Gottfried Keller als Barde *Guffrud Kullur*. Als *Kullur* beim Fest im Pfahldorf auftritt, wird er so beschrieben: „ ,Groß ist er nicht' sagte Bürger Porrex zum Nachbarn Ferrex. ,Aber sieh', was für ein edles Haupt,' erwiderte dieser und hatte Recht, denn unter der klaren Stirne wölbten sich in feinem Bogen die Brauen über den lichtvollen dunklen Augen, die Adlernase deutete auf Feuer und Schwung, und auf die süße Gabe des rhythmischen Wortes die wohlgeformten, nur leicht geschlossenen Lippen. ,Und wie schön er den Kopf trägt,' ergänzte Bürger Liwarch die beiden andern, ungesucht stolz und aufrecht stand das bärtige Haupt auf dem schwungvoll gezeichneten Halse."[83]
Vischers freundlicher Hinweis auf den kleinen Barden *Kullur* bezieht sich auf Kellers Körpergröße. Aber Vischer selbst maß – wie Wagner – nur 1,65 Meter. Ob sich diese Körpergröße für das Selbstverständnis und die Selbstwahrnehmung der Drei ausgewirkt hat, ist eine psychologische Frage. Vischers Unglück sei es jedenfalls, so ein Bekannter, „daß er nicht einen halben Schuh länger sei; dann würde er nicht immer notwendig finden, vor seiner Ehre Schildwache zu stehen."[84]

Im Roman stiftet „der Katarrh" die Verbindung zwischen der Figur *A. E.* und der Pfahldorfgeschichte, er war „der Magnet". Denn unter „den Übeln, mit denen der Mann es zu tun hat, mußte eines in den Mittelpunkt gerückt werden, dies forderte ein bekanntes poetisches Gesetz. Der Katarrh ist ohne Frage eines der lästigsten, da er nicht nur die Atmungsorgane in bekannter Weise peinigt, sondern auch das Gehirn affiziert, die Stätte des Denkens umnebelt, da man krank ist und doch nicht für berechtigt gilt krank zu sein, da endlich seine Beschwerden unschickliche Erscheinungen mit sich führen. Soll er darum unbrauchbar sein?"[85] Besonders auffallend sind die Anspielungen auf Wagner in der Zeichnung des Druiden *Angus.* Als dieser beim Fest sein Werk zur Aufführung bringt, erklärt er, er habe vor allem auf musikalischen Schmuck Wert gelegt, mehr noch als auf den Text und hierin schmeichle er sich, „durch seine Komposition möglicherweise eine neu Ära in der Musik hervorzurufen"[86]. Mit anderen Worten, er kündigt das *Kunstwerk der Zukunft* an. Ist man erst einmal in Vischers Roman auf solche satirischen oder auch ironischen Beziehungen aufmerksam geworden, glaubt man auf doppeltem Boden zu gehen. Selbst in den Hütten der Pfahlbauten sieht man dann Sempers *Karaibische Urhütte.* Und so gerät auch der Streit auf dem Schiff bei der Fahrt auf dem Vierwaldstättersee über „eine Umgestaltung des Rütli" zu einem Streit über architektonische Kunstformen. Für *A. E.* ist dies eben letztlich eine Frage des Stilbegriffs. Zur Klärung entwickelt er seine Theorie der Baustile. Er unterscheidet „den rein katarrhalischen oder den Katarrh- und Frostbeulenstil: dies ist der gotische, mit einer Vorstufe, dem romanischen, mit dessen Ergründung und schärferer Begriffsbestimmung ich noch beschäftigt bin; der Renaissancestil, wie er aus dem römischen hervorgegangen, gehört einerseits noch zur rein katarrhalischen Form – schon wegen seiner Vorliebe zu Hallen und Loggien –, enthält aber andererseits Keime, um aus ihm den absoluten Stil, das heißt den reinen Segensstil zu entwickeln."[87]
Ein Schnupfenanfall beendet zunächst jede weitere Erklärung. Und erst viel später ergibt sich für *A. E.* die Möglichkeit, das Rätsel des „reinen Segensstil" zu lösen. Hierbei sei „in den neuen Stil aus der klassischen Architektur ein System von kannelierten Pilastern für die Dekoration der Schauseite, ebenso zu dem Kranzgesimse wesentlich die Hängeplatte mit den kleinen Zäpfchen an den ‚mutuli', genannt ‚guttaae' oder Tropfen herüberzunehmen, am Sockel dann eine Reihe schön und entgegenkommend ausgebreiteter Nastücher auszumeißeln. [...] Und so weiter und so weiter; kurz, alle Formen müssen aussprechen: hier tritt nur ein, hier soll dir's

bequem gemacht werden, hier darfst du dir normalen ‚Verlauf' versprechen und unbehinderte Pflege."[88] Die Vermutung liegt nahe, daß Vischer mit dem „Segensstil" seinem Kollegen und Freund Semper ein weiteres Denkmal setzen wollte. Möglicherweise bezog sich Vischer hier auf die allgemeine Aufregung um die Art und Weise der Denkmalgestaltung des Rütli als dem Ort des Bundesschwurs. Es hatte für die Ausgestaltung dieses Schweizer Nationaldenkmals im Laufe der Zeit verschiedene Vorschläge gegeben. Auch Semper hatte sich um 1862 mit zwei Projekten beteiligt und heftigen Streit entfacht, woraufhin er sich zurückzog. Der Streit zwischen den Barden als den Progressiven und den Druiden als den Rückständigen läßt sich auf Vischers eigene Erfahrungen in Tübingen und Zürich beziehen.[89] Ob er allerdings das in der Walhalla bei Regensburg angebrachte Relief kannte, das auch Barden und Druiden zeigt, und ob er das zur Einweihung der Walhalla eigens komponierte Walhalla-Lied und den dort aufgeführten „Barden-Gesang" kannte, ist ungewiß.
Wem „die Welt zur Erkältung des Absoluten" wird, der beschafft sich dann auch fürs Kleine das entsprechende Gerät. In Vischers Arbeitszimmer stand ein Spucknapf, zu jener Zeit nichts Außergewöhnliches. Vischers Objekt gleicht eher dem Taufbecken für den *Pfnüssel*, oder einer Opferschale für *Grippo*. Eine kreisrunde, tellerartige, profilierte Scheibe trägt auf einem vasen- und säulenförmig fein gedrechseltem Fuß eine dunkel gebeizte, wiederum profilierte Holzschale mit flachem Holzdeckel, in die eine weiße Porzellanschale eingesetzt ist.
Schlechterdings unvorstellbar ist ein solcher Gegenstand im Salon der *Villa Wahnfried* in Bayreuth. Wagner hatte sie mit seiner Familie am 28. April 1874 bezogen. Der vor Wagners Haus „in doppelter Lebensgröße" auf einen Sockel gestellte Bronzekopf von Ludwig II., sollte auf „den holden Schirmherrn" verweisen. Dann die in der Fassade „eingegrabenen Verse: Hier wo mein Wähnen Frieden fand – ‚Wahnfried' sei dieses Haus von mir benannt!" Dem Eintretenden „werden die Marmorbilder der Halle, der Fries mit dem Nibelungen-Ringe des Weiteren sagen, was es mit dem außen stehenden Bronze-Gebilde für das ‚Wahnfried' für eine weihliche Bewendung habe!"[90] Über die Einrichtung von Wagners Arbeitszimmer gibt eine Beschreibung der Gouvernante Susanne Weinert detailliert Auskunft. (T 17)
Penibel beschreibt Wagner in zwei Briefen an den König auf dessen Nachfrage seine Wohnsituation und seinen Tageslauf. Der erste Brief (Februar 1869) zeichnet die Situation in Tribschen nach, der zweite (Oktober 1874) auf dieselbe Weise den Alltag im Haus Wahnfried.[91] Dort wird um 1 Uhr

zur Mahlzeit geläutet, Wagner durchschreitet zusammen mit Cosima die Halle, diesen „von allen bewunderten Raum, in dem der Marmor herrscht, d. h. die sechs Zumbusch'schen Statuen, welche einst mein huldreicher Wohltäter mir schenkte, so wie meiner Frau und meine eigene Marmorbüste; die erstere auf meine Bestellung von einem alten Freund Kietz in Dresden, höchst gelungen ausgeführt, die letztere von Zumbusch nach dem von Ihnen bestellten Modelle für Cosima ausgeführt. [...] Durch diese Halle gelange ich nun mit Cosima in die bescheidene Speisestube, wo ich die Kinder um den Familientisch antreffe und, nachdem alles gehörig geliebkost ist, das gemeinsame Mahl eingenommen wird. Hier entscheidet sich die Laune des Tages."[92] Beinahe so wie überall, zwischen Weiheraum und „Speisestube", zwischen guter Stube und Wohnküche spielt das Leben. Aber eben doch mit Unterschieden. In anderem Zusammenhang, aber dennoch auch hier treffend, hat Vischer einmal angemerkt, es komme eben immer auf das Wie an. Auf die Wohnungseinrichtungen und die Gegenstände der Gründerzeit paßt, wenn auch in einem anderen als von Semper gemeinten Sinn, das Diktum vom „Karnevalskerzendunst" und vom „Bekleiden und Maskieren". Draperien und Überzüge allenthalben.[93]

Richard und Cosima Wagner sind seit dem 25. August 1870, nach der einen Monat zuvor erfolgten Scheidung Cosimas von Hans von Bülow, nun auch offiziell ein Paar. Seit dem Frühjahr 1866 bewohnen sie ein feudales Landhaus in Tribschen direkt am Ufer des Vierwaldstättersees. Dort ist Friedrich Nietzsche, Professor in Basel, seit Mai 1869 regelmäßig Gast und wird, wie Briefe von Cosima und Richard Wagner belegen, zum nützlichen Dienstmann, der Besorgungen und Einkäufe aller Art erledigt, die Bibliothek ordnet, Manuskripte Wagners lektoriert. Die Bestellungen, die ihm aufgetragen werden, reichen von der Beschaffung des Dürerschen Kupferstichs *Melencholia I* (Nietzsche begnügt sich für die Auftraggeber mit einem billigeren Nachdruck), Tüll mit Goldsternen für die Ausstattung des Christkindes, Rosenstöcken zu des Meisters Geburtstag, auch „ein Pfund ächter russischer caviar wäre sehr willkommen", bis zu seidener Unterwäsche, „feinste Ware" wäre Wagner willkommen.[94]

Besonders pikant war Cosimas Auftrag an den dienstwilligen Basler Professor, Zeichnungen einer silbernen Ampel zu beschaffen, die Semper für die Synagoge in Dresden entworfen hatte. Nietzsche solle im Namen einer ungenannt bleiben wollenden Dame Semper um die Zeichnungen bitten. Semper entspricht dem Wunsch und schickt eine maßstäbliche Zeichnung mit dem Hinweis auf den Dresdner Juwelier, der damals die Ampel

angefertigt hat, oder hatte anfertigen lassen (er ist sich dessen nicht mehr ganz sicher). Da Wagner und Semper um diese Zeit wegen der Münchner Vorgänge sich überworfen hatten, und Cosima fürchtete, es könnte ruchbar werden, daß sie einer jüdischen Firma einen Auftrag erteile, mußte Nietzsche noch einmal einspringen und mit der Firma unter falschem oder eigenem Namen (Cosima hatte ihm das freigestellt) Kontakt aufnehmen. Als Dank erhält er von Cosima den Brief Sempers, den Nietzsche Cosima geschickt hatte, zurück, mit der Bemerkung, ein Autograph von Semper sei doch immer wertvoll. Zwar wurde die Ampel zu Wagners 57. Geburtstag am 22. Mai 1870 nicht fertig, dafür war ein Pferd vom Bayernkönig als Geschenk in Tribschen angekommen. Zur Taufe des Sohnes Siegfried am 4. September 1870 konnte die Ampel schließlich übergeben und eingeweiht werden.[95]
Nun ist über Wagners Geschmack manches geschrieben worden, und man mag Adorno zustimmen, wenn er davon spricht, daß die immer noch im „Schwang befindlichen privaten Einwände gegen Wagners Person und Lebensführung etwas unsäglich Subalternes haben"; und daß „wer sie hervorzerrt, klebrige Hände" bekomme. Was immer gegen ihn vorgebracht werde, „ohne zu vermitteln zwischen der in ihm konzentrierten künstlerischen Produktivkraft und der Gesellschaft", sei „pure Spießbürgerei". Dazu erinnert Adorno an die Wagner-Biographie von Newman, der mit Recht unterstrichen habe, „wie verlogen die Entrüstung etwa über die Verschwendungssucht Wagners sei, gegenüber der Tatsache, daß während all der Jahre, die er in der Emigration lebte, die Theater an ihm sich reich verdienten", während er habe darben müssen[96].
Was hier aber am Lebensstil und seiner Verwirklichung im Gegenständlichen interessiert, ist ihre Bedeutung für kultureller Phänomene des 19. Jahrhunderts in ihren fundamentalen Widersprüchen.

5 Gegenwart des Vergangenen

Daß Gottfried Semper in jüngster Zeit in Publikationen, auf Symposien wieder diskutiert, und in Ausstellungen zu seinem 200. Geburtstag geehrt wird, hat wohl nicht nur mit einem pflichtschuldigen Gedenken fachlich Interessierter zu tun. Daß Richard Wagners Musik-Dramen in zahlreichen Opernhäusern in unterschiedlichen Versionen und Inszenierungen aufgeführt werden, hat wohl nicht nur mit dem Kult um Bayreuth zu tun. Daß Friedrich Nietzsches Schriften in Medientheorien und zu deren philosophischer Fundierung zitiert werden, ergibt sich auch aus seiner Beziehung zu Wagner, dessen Werke gerade nach der viel beschworenen Verabschiedung der Gutenberg-Galaxis an Aktualität gewonnen haben. Neu ist allerdings, daß das Augenmerk auf die Impulse gerichtet wird, die von Gottfried Semper auf Wagner wie auch auf Nietzsche ausgingen, was von Nietzsche-begeisterten Medientheoretikern bislang noch nicht zur Kenntnis genommen wurde. Daß Friedrich Theodor Vischers Gesamtwerk nicht, oder allenfalls partiell diskutiert wird und allenfalls am Rande in den Publikationen, die die Zusammenhänge, Verbindungen, Wechselwirkungen zwischen ihm, Wagner, Semper und Nietzsche zum Gegenstand haben, verwundert. Daß Gottfried Keller immer noch gelesen wird, bleibt zu hoffen.

Der hohe Ton und die Gegenstände – Pathos und Bagatelle

Liest man die ästhetischen Theorien, die gleichzeitig – in den Zürcher Jahren etwa zwischen 1850 und 1870 – von Semper, Vischer und Wagner verfaßt wurden, zudem die Arbeiten von Nietzsche ab 1869, dem Beginn seiner Besuche in Tribschen, so manifestieren sich darin ganz unterschiedliche Sprachformen und Sprachebenen; man könnte auch sagen: Tonarten. Wagners Sprach-Pathos wurde immer wieder hervorgehoben, ebenso die Widersprüche, Ungereimtheiten und die halb- oder unvergorenen Textanleihen aus allen möglichen Bereichen. Daß es von Nietzsche Anleihen bei Semper gegeben hat, darauf hat unlängst Fritz Neumeyer aufmerksam gemacht. Da Wagner „nicht an jedem Tag der Woche Schopenhauerianer oder auch nur Wagnerianer" gewesen ist, wie Bernard Shaw angemerkt hat, könne Wagner „beinahe uneingeschränkt gegen sich selbst zitiert werden"[1]. Daraus könnte nun geschlossen werden: Vergessen wir seine Theorien und konzentrieren wir uns auf das Werk, auf seine Musik-Dramen. Aber aus zwei Gründen ist hier der Bezug auf Wagners Kunstschriften aufschlußreich. Der erste Grund hat mit dem Interesse an der personalen Konstellation zu tun: zur gleichen Zeit am selben Ort. Die Genannten diskutieren miteinander und gegeneinander, auch weil die Tonarten zu verschieden sind.

Wagner hat gelegentlich so getan, als schaue er Semper bei der Abfassung des *Stils* über die Schulter. So schreibt er: „Doch fesselte ihn (Semper) bereits eine große kunstliterarische Arbeit, welche er, nach manchem Zwischenfalle und Wechsel seines Verlegers, späterhin unter dem Titel ‚Der Stil' ausführte. Ich traf ihn öfter über den Zeichnungen zu den dem Werke beizugebenden Blättern, welche er mit großer Sauberkeit selbst auf Stein ausführte. Er gewann diese Arbeit so lieb, daß er behauptete, an den großen Bauunternehmungen liege ihm gar nichts; als Künstler interessiere ihn das kleinste Detail mehr."[2] Der zweite Grund für die Betrachtung von Wagners Kunstschriften liegt in der Bedeutung der Geschichtlichkeit der Sprache Wagners. Kann das Wagnersche Pathos beim Wort genommen werden? Es transportiert ja auch Inhalte, die in der vagen Sprachverpackung Räume für Interpretationen öffnen und Wirkungen zur Folge haben, die sich, wenn nicht als verhängnisvoll, so doch als problematisch erwiesen haben und nicht einfach, weil als historisch eingestuft, marginalisert werden können. Wagners pathetisches Sprechen hat Nachwirkungen auf kulturelles und kulturpolitisches Denken und Handeln, es beeinflußt Kleidung, Möblierung, Accessoires, gesellschaftlichen Umgang. Alles zusammen ermöglicht die Inszenierung gesellschaftlicher Rollen – und diese Inszenierungskunst fasziniert auch noch im 20. und 21. Jahrhundert.

Davon verschieden sind Vischers Sprache und Habitus. Deren Prägnanz und Anschaulichkeit kommt besonders in der Form des Aphorismus zur Geltung. Der fragmentarische Stil entspricht seiner Abneigung gegen jegliche Art einer aufs Ganze zielenden Systematik. Nicht zufällig hing über seinem Schreibtisch ein kleines Gipsrelief mit dem Kopf des Autors der *Sudelbücher*, Georg Christoph Lichtenberg. Oder wie es Schlaffer formuliert: „Enttäuscht von den systematischen Spekulationen des philosophischen Idealismus, auf die er zunächst gesetzt hatte, entdeckte – oder sagen wir besser: ertappte – er die komische (aber nicht heitere) Wirk-

lichkeit der bürgerlichen Alltagskultur unterhalb der erhabenen Sphäre von Kunst und Poesie. Als Pendant zu seiner ‚Ästhetik oder Wissenschaft des Schönen' betrieb er Kulturkritik als ‚Wissenschaft des Unschönen'. Sie galt nicht dem gesellschaftlichen Ganzen, das er für hoffnungslos und dennoch für akzeptabel hielt, sondern den konkreten Einzelheiten, die er für verbesserungsbedürftig und verbesserungsfähig hielt."[3]
Daß Sempers Schriften keine sonderlich flüssige und leichte Lektüre bieten, ist immer wieder, auch von ihm selbst, festgestellt worden. Daß seine Theorien zur Ästhetik, zur Architektur und zur Kunstindustrie heute wieder Anlaß zur Reflexion bieten, wird in neueren Publikationen erkennbar, so etwa in Fritz Neumeyers Buch *Der Klang der Steine. Nietzsches Architekturen*, wobei das Interesse des Autors den von Semper ausgehenden Impulsen und den Wechselwirkungen zwischen Semper, Wagner und Nietzsche gilt. Gleiches gilt für Harry Francis Mallgraves Biografie: *Gottfried Semper. Ein Architekt des 19. Jahrhunderts.*

Die Künste vom Theater her zu denken

Mallgrave faßt Sempers Verständnis der monumentalen Architektur im Begriff der „Theatralität". Semper gehe es darum, mit architektonischen Mitteln den Betrachter zu beeindrucken, „und ihm damit deutlich vor Augen zu halten, daß er Teilnehmer eines größeren kommunalen Rituals sei, sodaß der anonyme bürgerliche Betrachter, ganz ähnlich wie sein Vorgänger in der Antike, es genießen [konnte], auf einer prachtvollen öffentlichen Bühne eine Rolle zu spielen und anderen bei demselben Spiel zuzuschauen"[4]. Sempers Sinn für Theatralität manifestiere sich „in den räumlichen und szenischen Mitteln, die in seinen Entwürfen zur Anwendung kommen. Sein bewußter Einsatz von dramatischen Effekten diente dazu, den Betrachter zu beeindrucken, zu belehren und zu unterhalten." Diese Haltung entdeckt Mallgrave auch in Sempers „allegorischen Effekten, in seiner Meisterschaft, ein Ensemble von Formen zu komponieren und in der unvergleichlichen Fähigkeit, seine Gebäude so zu situieren, daß sie maximale urbane Wirkung erzielen"[5].
Faßt man Theatralität als einen Begriff, der nicht nur für Sempers Baukunst, sondern für seine gestalterische Tätigkeit insgesamt Geltung hat, so gilt er auch für seine Entwürfe von Gebrauchsgegenständen. Von den Entwürfen und Ausführungen der *Deckelvase* aus Meißner Porzellan (1836) oder dem Entwurf für eine *Punschbowle* (1851) oder dem *Pfeiler-*

tisch mit Kabinettschränkchen (1854) wird man sagen können, daß diese Gegenstände mit theatralischer Gebärde auftreten. Mallgrave zeigt, daß Wagner dem künstlerischen Einfluß Sempers in seinem Verständnis der „dramatischen Kunst als symbolisches Wiederbeleben ursprünglich sozialer Riten" letztlich auch den Begriff des Gesamtkunstwerks schulde.[6] Und er zeigt die Nähe und Parallelität im Denken Sempers und Wagners, wie sie sich schon aus Sempers frühen Schriften in Wagners Bemerkungen zur Architektur im *Kunstwerk der Zukunft* findet. In bezug auf die Theaterarchitektur wird sich das später ändern und am krassesten im zweiten Bau des Dresdner Theaters und in den Plänen für München im Unterschied zu Wagners Theaterbau in Bayreuth manifestieren.

Fritz Neumeyers Studie zu Nietzsches Auseinandersetzung mit den ästhetischen Schriften Sempers macht klar, wie Semper und Wagner und daran anschließend Nietzsche die Künste vom Theater der attischen Antike her denken und neu zu orientieren suchen. Wie unmittelbar die Semperschen Schriften, von der Polychromie-Schrift bis zum *Stil*, auf Nietzsches Denken und Schreiben eingewirkt haben – zum Teil in direkt von Semper übernommenen oder nur leicht variierten Passagen –, Neumeyer belegt es im Detail. Auch wie präsent Semper durch seine Schriften für die Tribschener Gesellschaft von Cosima von Bülow (dann Cosima Wagner), Richard Wagner und Friedrich Nietzsche gewesen ist, wird an Schilderungen aus Briefen und Tagebüchern deutlich. Cosima liest Wagner aus Sempers inzwischen gedrucktem und von Nietzsche nach Tribschen geschicktem Vortrag *Über Baustile* vor, und man diskutiert darüber. Aber Nietzsche war für die Tribschener nicht nur als Dienstbote und Lektor nützlich. Er verfaßte eine Kampfschrift gegen das Buch von David Friedrich Strauß *Der alte und der neue Glaube* von 1872. Das war ganz im Interesse, wenn nicht gar im Auftrag von Wagner, der gegen Strauß eingenommen war wegen dessen Intervention gegen Wagners Verdrängung des alten Hofkapellmeisters in München. Da Strauß und Vischer von Tübinger Studienzeiten her eng befreundet waren, zielte Nietzsches Pamphlet gegen Strauß zugleich auf Vischer. Das Groteske daran ist, daß die Freundschaft zwischen Strauß und Vischer durch Vischers Kritik an eben diesem Buch zerbrochen war. Vischer hat es abgelehnt, sich zu Nietzsches Kritik an Strauß zu äußern. An seinen Sohn Robert schreibt er, ein Professor Nietzsche in Basel habe ein freches Buch gegen ihn und Strauß geschrieben, aber er werde nicht antworten.

Neumeyer geht bei der Diskussion von Nietzsches Schrift gegen Strauß und implizit gegen Vischer auf Wagners und Sempers Kritik am Eklektizismus und Historismus ein, und er zitiert auch Sempers bekanntes Diktum aus dessen Polychromie-Schrift: „Nur einen Herrn kennt die Kunst, das Bedürfnis." Bei Wagner lautet das so: „Nur das wirkliche Bedürfnis macht erfinderisch." Nietzsche verdichte dies: „In diesem chaotischen Durcheinander aller Stile lebt aber der Deutsche unserer Tage: und es bleibt ein ernstes Problem, wie es ihm doch möglich sein kann, dies bei aller seiner Belehrtheit nicht zu merken und sich noch dazu seiner gegenwärtigen ‚Bildung' recht von Herzen zu freuen. Alles sollte ihn doch belehren: ein jeder Blick auf seine Kleidung, seine Zimmer, sein Haus, ein jeder Gang durch die Straßen seiner Städte, eine jede Einkehr in den Magazinen der Kunstmodehändler; inmitten des geselligen Verkehrs sollte er sich des Ursprunges seiner Manieren und Bewegungen, inmitten unserer Kunstanstalten, Concert-, Theater- und Museenfreuden sich des grotesken Neben- und Übereinander aller möglichen Stile bewußt werden. Die Formen, Farben, Producte und Curiositäten aller Zeiten und aller Zonen häuft der Deutsche um sich auf und bringt dadurch jene moderne Jahrmarkts-Buntheit hervor, die seine Gelehrten nun wiederum als das ‚Moderne an sich' zu betrachten und zu formulieren haben; er selbst bleibt ruhig in diesem Tumult aller Stile sitzen."[7] Man stelle sich einen Augenblick lang vor, Nietzsche habe dies in einem von Cosima für ihn eingerichteten Zimmer im Landhaus in Tribschen geschrieben – in einer Umgebung mithin, die in vielem das Anschauungsmaterial dieser Kritik abgegeben haben könnte.

Wie zufällig sich andererseits die Verhältnisse in Tribschen auch ergeben, veranschaulicht eine Eintragung von Cosima Wagner in ihr Tagebuch vom 6. Januar 1872: „Ernst gestimmt lasen wir noch gestern in dem neuen Buch und mit immer wachsender Freude. [Sie lesen in Nietzsches gerade erschienener Schrift: *Die Geburt der Tragödie*, H. S.] Zwei Probleme beschäftigen uns noch, der Bau des Theaters, wie ein Theater eigentlich sein sollte; die Zeichnungen Semper's betrachtend, und nicht befriedigt mit der Lösung nach außen, sagt R., am Ende sei es ein Glück gewesen, daß es nicht zur Ausführung kam!"[8] Ungeachtet des Zerwürfnisses zwischen Wagner und Semper wegen der „Münchner Episode" (Manfred Semper) bleiben Affinitäten zwischen den beiden bestehen. Wagners Musik bevorzugte mit ihrem Ideal des Fließenden, Gleitenden und Entgrenzten ebenso das Ephemere gegenüber der architektonischen Erstarrung wie Sempers Theorie. Auch Vischer hat sich in seiner *Ästhetik* zum Verhältnis von Baukunst und Musik geäußert: Ist die Baukunst dadurch, „daß sie die

Stimmung in der harten Materie kristallisiert, gefrorene Musik, so kann man die Musik, welche dieses Band löst, aufgetaute Baukunst nennen."[9] Semper wie Wagner beziehen, so Neumeyer, „aus dem Bewußtsein, ‚organisch' schaffende Künstler zu sein, Positionen gegen die historisch geronnenen Formen ihrer Kunst. Beide vereint der Anspruch, die Bedingungen des Kunstwerkes aus der Ursprünglichkeit des Lebens selbst zurückzugewinnen. Sieht der eine im Volkslied den Anknüpfungspunkt zur Erneuerung der Musik und voller Verachtung auf den dekadenten Kulturbetrieb der Oper herab, so erscheint dem anderen der mit Bastteppichen als Wänden ausgekleidete Pfahlbau einer ‚Karaiben-Hütte' auf der Weltausstellung 1851 in London als Offenbarung der elementaren Architektur."[10] Hier ist es nicht ohne Reiz, noch einmal an die Hütten des Pfahldorfs im Roman *Auch Einer* zu erinnern. Vischers Geschichte könnte auch als Satyrspiel auf den hohen Ton gelesen werden.

Dionysos und Ariadne

Semper bekrönt die Exedra vor der Apsis des Münchner Theaters mit einer Quadriga. Vier Panther sind vor den Wagen gespannt, der Dionysos, das Haupt bekränzt und den Thyrsus-Stab schwingend, und Ariadne zum Olymp führen soll. Mallgrave hat darin ein Symbol der „architektonischen Theatralität" Sempers gesehen. Und wie bei allen Monumentalbauten von Semper sei es die Ikonographie, mit der er „die dekorativen Effekte zu hoher Theatralität orchestriert"[11]. Im triumphalen Gestus der Quadriga sieht er bei Semper eine ausdrückliche „Priorität des Dionysischen vor dem Apollinischen" und verweist auf die „historische Koinzidenz mit Nietzsches fast gleichzeitigem Buch ‚Die Geburt der Tragödie aus dem Geist der Musik'"[12]. Zur einzigen Ausführung gelangt die Quadriga mit Dionysos und Ariadne auf der Exedra des zweiten Dresdner Theaterbaus.[13] Bereits im Entwurf für das Theater in Rio de Janeiro und in den Fassadenrissen für das Münchner Festspielhaus ist sie eingezeichnet. Mit der Verwirklichung für die Dresdner Oper war der Rietschel-Schüler Johannes Schilling im Mai 1871 beauftragt worden.[14] In triumphalem Gestus führt Dionysos Ariadne ins Götterreich. Unter dem Panther-Gespann stehen vier der neun Musen, sie stellen einen Bezug zu den „dionysisch inspirierten theatralischen Künsten" her[15]: Thalia und Melpomene, die Musen des komischen und tragischen Dramas, und Terpsichore und Polyhymnia, die Musen des Tanzes und des ernsten Gesanges. Die von Gottfried Semper geplante Bekrönung des Wiener Theaters, gleichfalls mit Dionysos und Ariadne, hatte Hasenauer zu Gunsten von Apoll erfolgreich verhindert.

Wagners Besorgtheit um die Wirkung des eigenen Werks, des Gesamtkunstwerks, tritt am Bayreuther Bau gegenüber dem Semperschen Theater in Dresden besonders deutlich in Erscheinung. Man kann Wagners Argument aus seiner Rede bei der Bayreuther Grundsteinlegung von der „gewollt dienenden und armen Hülle des Hauses" als Beleg dafür nehmen, daß einzig das Werk wirken soll. Deswegen überzeugt die Konsequenz, mit der er seine Ziele verfolgt. Wenn im Theater die Lichter ausgehen, „lebt und athmet das Publikum nur noch in dem Kunstwerke"[16].

„Zum Raum wird hier die Zeit"

Skepsis ist gegenüber Spekulationen angebracht, die nahelegen wollen, Wagner habe die Einsichten moderner Naturwissenschaften – etwa Einsteins Relativitätstheorie – in seiner Kunst, wenn nicht vorweggenommen, so doch gewähnt. Gerade an Gurnemanz' Satz aus dem ersten Aufzug des *Parsifal* – „Zum Raum wird hier die Zeit" – knüpfen sich solche Spekulationen.[17] Demgegenüber sei eher auf ein anderes Phänomen verwiesen – parallel zur Wahrnehmung des Fließens in der Wagnerschen Musik – auf das Phänomen einer veränderten Wahrnehmung der Welt beim Blick aus dem Abteilfenster der Eisenbahn. Als Beleg für diese Korrelation dienen einige Auszüge aus Berichten über Wahrnehmungen und Erfahrungen beim Besuch der Musikdramen von Wagner. Zur Uraufführung der *Meistersinger* an der Münchner Hofoper im Juni 1868, die Wagner selbst einstudierte und die Hans von Bülow in Anwesenheit des Königs dirigierte, schrieb der Musikkritiker Eduard Hanslick zum „eigenthümlichen Principe" Wagners: „Es ist das bewußte Auflösen aller festen Form in ein gestaltloses sinnlich berauschendes Klingen, das Ersetzen selbständiger, gegliederter Melodien durch ein unförmlich vages Melodisiren. Man kann dafür Wagner's schiefes Wort ‚unendliche Melodie' getrost als technischen Ausdruck gebrauchen. [...] Ein kleines Motiv beginnt, es wird, ehe es zur eigentlichen Melodie, zum Thema sich gestaltet, gleichsam umgebogen, geknickt, durch fortwährendes Moduliren und unharmonisches Rücken höher oder tiefer gestellt [...] . Mit ängstlicher Vermeidung jeder abschließenden Cadenz fließt diese knochen- und muskellose Gestaltung, sich immer wieder aus sich selbst erneuernd, ins Unabsehbare fort."[18]

Der Dirigent Felix Weingartner erinnert sich an die Parsifal Aufführungen 1882, die Hermann Levi dirigierte, der als Jude von Wagner anfänglich abgelehnt wurde. Erst auf die entschiedene Intervention des Königs gibt Wagner nach. Weingartner schreibt: „Der Zuschauerraum verdunkelt sich vollständig. Atemloses Schweigen tritt ein. Wie eine Stimme aus einer anderen Welt setzt das erste großlinige Thema des Vorspiels ein. [...] Als Gurnemanz sich anschickte, Parsifal zu Gralsburg zu geleiten, ergriff mich ein leiser Schwindel. Was geschah? Mir war es, als ob sich das Haus mit allen Zuhörern in Bewegung setzte. Die durch eine Wandeldekoration bewerkstelligte Umgestaltung der Szene hatte begonnen. Die Illusion war vollkommen. Man schritt nicht, man wurde getragen. ‚Zum Raum wird hier die Zeit.' – Auf je zwei oder drei beiderseits der Bühne hintereinander aufgestellten Säulen wickelten sich entsprechend abgestimmte Prospekte ab, bis die letzte Felswand sich vorbeischob und das in herrlichen Dimensionen gemalte Innere der Gralsburg vor uns stand. Genau auf den C-dur Akkord ergoß sich Licht über das majestätische Bild. Eine beispiellose Wirkung war mit den einfachsten Mitteln hervorgebracht."[19]
Nietzsche hat Wagners Musik erstmals 1879 „ihren flüssigen Untergrund, ihre Bodenlosigkeit" zum Vorwurf gemacht. Dafür sieht Neumeyer bei Nietzsche zwei Argumente: „Wagners Musik verleugne die physiologischen Voraussetzungen der bisherigen Musik, weil es zur natürlichen Bewegungsart des Menschen gehöre, daß er *gehe* und nicht *schwimme*." Das zweite Argument betreffe Wagners Verhältnis zu den Künsten, genauer zur Architektur. Nietzsches ganze Kritik münde in den Vorwurf, „Wagner fürchte die feste Form, die Versteinerung, den Übergang der Musik ins Architektonische"[20]. (T 18) Nietzsches Feststellung zu Wagners Musik entspricht den Hörerfahrungen seiner Zeitgenossen. Solchen Wahrnehmungen und Erfahrungen entsprechen, ohne das eine mit dem anderen zu erklären, die Veränderungen der Wahrnehmung durch das Eisenbahnreisen seit der Mitte des 19. Jahrhunderts. Jacob Burckhardt beschreibt diese Erfahrung 1840 so: „Die nächsten Gegenstände, Bäume, Hütten und dergleichen kann man gar nicht recht unterscheiden; sowie man sich danach umsehen will, sind sie schon lange vorbei."[21] Neben der Vielzahl zeitgenössischer Berichte von Reisenden selbst gibt es auch Versuche, in Bildern die Veränderungen der Wahrnehmung beim Blick durch die Abteilfenster aufzuzeichnen. Darstellungen dieser neuen Seh-Erfahrung des Vorüberfließens der Landschaft finden sich in satirischen und illustrierten Zeitschriften zwischen 1850 und 1860. Schon in William Turners Bild *Regen Dampf Geschwindigkeit* von 1844 hatten sich Konturen

als Bestimmungsstücke des Gegenständlichen aufgelöst. In den grafischen Versuchen, für diese neuen Seherfahrungen des Flüchtigen, Fließenden, Vorüberziehenden eine Form zu finden, verschwimmt und verflüchtigt sich alles Feste. Räder von Lokomotiven schieben sich fahrig ineinander, Maschinenkörper und ausgestoßener Dampf vermischen sich und scheinen sich aufzulösen. Manche Darstellungen nehmen futuristische Formen schon vorweg. Bei der Einfahrt in den Tunnel wird die Wahrnehmung abrupt unterbrochen, reduziert sich auf die Empfindung fließender Bewegung und die rhythmischen Geräusche des ratternden Zuges, das Abteilfenster wird zum *Schwarzen Quadrat*: „Der Zuschauerraum verdunkelt sich vollständig. Atemloses Schweigen tritt ein. Wie eine Stimme aus einer anderen Welt setzt das erste großlinige Thema des Vorspiels ein."[22]

Tagträume – surreal

Tagträume sind auch Reisen ins Unbewußte. Die Grenzen zwischen Wachen und Träumen sind fließend. Die Wahrnehmung der gegenständlichen Welt löst sich in ihrer Bestimmtheit auf und gewinnt andere Bedeutung. Victor Hugo schrieb in einem Brief im Sommer 1837 über eine solche Reiseerfahrung: „Die Blumen am Feldrain sind keine Blumen mehr, sondern Farbflecken, oder vielmehr rote oder weiße Streifen; es gibt keinen Punkt mehr, alles wird Streifen; die Getreidefelder werden zu langen gelben Strähnen; die Kleefelder erscheinen wie lange grüne Zöpfe; die Städte, die Kirchtürme und die Bäume führen einen Tanz auf und vermischen sich auf eine verrückte Weise mit dem Horizont."[23]
Unübertroffen nennt Vischer gleich im ersten Satz seiner Schrift *Der Traum*, (1875)[24] „den Traum einen dunklen Poeten" und findet damit eine Formulierung, die ein halbes Jahrhundert später die Surrealisten hätten aufschreiben können. Nicht wenige Grenzsituationen zwischen Wachen, Phantasieren, Träumen finden sich bei Gottfried Keller. Eine Tagträumerin sei die Züs in Kellers Novelle *Die drei gerechten Kammacher*. Bei ihr, „der schlauen Rechnerin", werde das Zwanghafte des Phantasierens besonders spürbar, hat Loosli angemerkt, so etwa, „wenn sie absurde Sätze aneinander reiht und aufschreibt, oder eitle und geschwätzige Reden hält"[25], man könne geradezu von einer Art écriture automatique sprechen. Vom Zusammentragen von Dingen, von kleinen, belanglosen wie von kostbaren, von Trouvaillen und artifiziellen Objekten, versammelt in einer Art privater Kunst- und Wunderkammer, erzählt Gottfried Keller.

In gewisser Weise manifestiert sich darin das „Wahnhafte der Materie", wie es Victor von Weizsäcker in seiner *Pathosophie* nennen würde, ohne sich jedoch – wie bei Vischer – in die Dimension der Tücke zu verwandeln. Keller schildert keine Idyllen. Seine Figuren bewegen sich auf fragilen Gerüsten, auch wenn sie in den Einkleidungen ihrer Oberflächen massiv und zuweilen drastisch erscheinen wollen. So etwa wachse sich der Münchner Fastnachtszug im *Grünen Heinrich* zu einem „Tagtraum gigantischen Ausmaßes aus" und stehe nicht nur für das individuelle Scheitern der Künstler-Protagonisten im Roman; der Umzug müsse, so Loosli, zugleich „als großangelegte Kritik der Selbstdarstellung des Bürgertums in der Kunst verstanden werden". Bei Keller erscheint Sempers Formel vom „Maskiren der Realität" und vom „Karnevalskerzendunst und der Maskenlaune als der wahren Atmosphäre der Kunst" mit ihrer Kehrseite als resignatives, wohl aber doch zureffendes Bild der Situation der Kunst und der Künstler in der Mitte des 19. Jahrhunderts, betrachtet ohne die hohen Töne Wagners und Nietzsches. Solche „hohen Töne" werden dann im Umbruch zum 20. Jahrhundert wieder von Künstlern und Architekten angestimmt oder nachgesungen. Sie machen sich oft nicht die Mühe, die Partituren, das heißt die Texte selbst und genau zu lesen. Aber das ist eine andere Geschichte.

Das „untere" und das „obere Stockwerk"

„Die Idee und die Kultur sind für Vischer die höchsten Bestimmungen des Menschen und seiner Gesellschaft, die sich im Prozeß der Ausbildung der modernen Welt zum oberen Stockwerk entwirklicht und entmächtigt haben. Der Idealist repräsentiert daher für Vischer nicht eine Weltanschauungsform, sondern, wie er im ‚Auch Einer' zeigt, den mit sich und der Welt zerfallenen und zwischen einem höheren ‚Ich Ia' und einem niederen ‚Ich Ib' gespaltenen Bürger des 19. Jahrhunderts."[26] Vischer läßt zu diesem Bild vom oberen und unteren Stockwerk seinen *Albert Einhart* ins Tagebuch des *Auch Einer* eintragen: „So entstand eine zweite Welt in der Welt, eine zweite Natur über der Natur, die sittliche Welt. Dies heiße ich für meinen Bedarf das zweite Stockwerk. Wie nun jene Naturtypen nach so langen, harten Prozessen festgestellt sind, als wären sie ewig festgestanden, so die sittliche Ordnung. [...] Mir will es aber immer vorkommen, als sei in dem ersten Stockwerk ein Zorn, ein Gift darüber, daß es das zweite tragen muß, als sei da – ein – ein Etwas, ein Rachgeist, Tücke, nach den höheren Wesen, nach den Zimmerleuten des zweiten Stockwerks mit Nadeln, mit Pfriemen, haarfeinen Dolchen durch die Dielenspalten hinaufzustechen. – –"[27] Ob Vischer damit, was naheliegend erscheint, auf das Modell eines zweistöckigen Hauses in der Leibnizschen Monadenlehre anspielt, ist ungewiß. Neumeyer hat, ohne auf Vischer Bezug zu nehmen, diesbezüglich einen Zusammenhang zwischen dem Leibnizschen Haus und Nietzsches und Sempers Denken gesehen.[28] Hier sei an eine Stelle in den *Prolegomena* zum *Stil* erinnert[29]. Dort zählt Semper jene Mängel auf, die in Vischers Bild vom „oberen und unteren Stockwerk" das Behaust-Sein so erschweren: „das Zufällige, Ungereimte, Absurde, das uns auf jedem Schritte der irdischen Bahn begegnet, und dem Gesetze, das wir belauscht zu haben glauben, schnöde ins Antlitz schlägt. [...] Chöre der Leidenschaft im Kampfe unter sich und mit Sitte, Gesetz; Phantasie im Gegensatz der Realität, Narrheit im Widerspruche mit sich selbst und dem All, nichts als Zerwürfnisse, denen uns die Künste, indem sie diese Kämpfe und Konflikte abschließen, im engen Rahmen fassen und als Momente endlicher Sühne benützen, für Augenblicke entreißen. Aus diesen Stimmungen gingen die lyrisch-subjektiven und die dramatischen Kunstmanifestationen hervor."[30]

Vischer nimmt auf die ihm eigne Weise den Kampf gegen den vernunftfeindlichen Zufall im „unteren Stockwerk" auf. Es ist der Kampf der „Vernunftwut" gegen die „Tücke des Objekts" und damit gegen den Zufall, der – wie Vischer lakonisch sagt – „noch schneller ist, als unsere Strategie". Der stets erneuerte Kampf und die erfolglosen Strategien gegen den Zufall erfordern die ganze Aufmerksamkeit gegenüber dem Objekt. Diese skeptische Beobachtung der Welt der Dinge ist nicht mehr die der Romantik, wie sie Eichendorff noch 1838 lyrisch gefaßt hat:

Schläft ein Lied in allen Dingen,
Die da träumen fort und fort,
Und die Welt hebt an zu singen,
Triffst du nur das Zauberwort.

Auch Eduard Mörike, dem Freund Vischers, gelingt es noch in seiner Zurückgezogenheit in der schwäbischen und hohenloheschen Provinz, durch Dichters „Zauberwort" Dinge „zum Singen" zu bringen. Mörike selbst hat sein Gedicht *Der alte Turmhahn* als *Idylle* bezeichnet. Der banale Wetterhahn, einst auf dem Kirchturm von Cleversulzbach, erzählt nun vom Ofen im Pfarrhaus herunter – es ist sein vorletzter Standort,

seinen letzten hat er inzwischen im Schiller-National-Museum in Marbach gefunden – seine Geschichte, und er erklärt auch die Geschichten, die auf den Ofenplatten zu sehen sind. Das erinnert an den Bericht der Frau Marthe im Prozeß um den *Zerbrochenen Krug* in Kleists Lustspiel. Vor Gericht erklärt sie, „was er ihr vorher war", ehe der Krug zerbrochen wurde. Dazu erzählt sie die Geschichten, die auf dem Krug dargestellt waren, als Ausweis des Wertes. Ein Herausgeber von Kellers *Die Leute von Seldwyla*, Philipp Witkop, wagt einen großen Vergleich. Er sieht in Kellers Erzählung *Die drei gerechten Kammacher* den Spießbürger als Gegentypus des Bürgers – „nach Zahl und Bedeutung gesteigert und zu einer Reinheit und Eindringlichkeit ausgebildet, die ihn nicht minder monumental macht als die episch-heroischen Typen der Weltliteratur. Züs Bünzlin, die Helena, um die hier gerungen, der Wettkampf, der um sie ausgefochten wird, ihre lackierte Lade, kein unwichtiger beschriebenes Prunkstück denn der Schild des Achilles, sind eine ebenso geniale Parodie des heroischen Epos, als des Aristophanes Komödien oder Kleists ‚Zerbrochener Krug' würdige Parodien der großen Tragödien sind."[31]
In bestimmten Äußerungen der Kunst im 20. Jahrhundert scheint das Vischersche Moment der unentrinnbaren Tücke des Zufalls wieder auf: in der Wertschätzung des Objet trouvé, des manifestierten Zufalls, im gewollten Fließen des Traums und der écriture automatique, im Ready-Made, in der Aufmerksamkeit für Bagatellen, für den Riß im Ganzen, den Riß zwischen Denken und Handeln, in dem der Zufall haust. In all dem liegt ein Stück der Gegenwärtigkeit des 19. Jahrhunderts.

Gegenwart des Vergangenen

Gottfried Semper
Der Münchner Baumeister Ludwigs I., Leo von Klenze, setzte sich noch gegen Ende seines Lebens kritisch mit Sempers Bekleidungs- und Polychromie-Theorie auseinander. Er schreibt: „Wenn wir aber dieses Neue Krusten- und Hohlkörpersystem mit dem Bekleidungs- und Maskierungssystem, mit den Behauptungen, daß die Polychromie der letzte Grad der Vergeistigung desselben in der griechischen Architektur sei, zusammenhalten, so müßte am Ende der Stoffwechsel und das Funktionsübertragen von Holz auf Metall, von Metall auf Stein, von Stein auf die Beize und endlich auf die unstoffliche Farbe übertragen und die griechische Architektur der *Farbenstil* genannt werden. Es wäre damit dann die Ver-

söhnung von Struktur und Bekleidung in vergeistigendster Art erreicht, denn die *unstoffliche Farbe* wäre das *einzig Feste* am Hause."³²
Nun könnte man es ja als ein merkwürdiges Spiel der Geschichte auffassen, daß gerade in München am Beginn des 21. Jahrhunderts diese „unstoffliche Farbe als das einzig Feste am Hause" verwirklicht werden soll: im Fußballstadion von Herzog & de Meuron, der *Allianz-Arena*. Das Stadion besteht aus nichts als einer in wechselnden Farben leuchtenden Hülle. Soll und kann man darin eine aktuelle Erfüllung dessen sehen, was Semper im vierten Hauptstück des *Stil* so beschrieben hat: „Die Bekleidung ist in der späteren schon ausgebildeten chaldäo-assyrischen Baukunst das gemeinsam *konstruktive* und *ornamentale* Prinzip; das einzig Feste am Hause ist dessen Kruste, und rein technische Proceduren, die mit dem Bekleiden und Inkrustiren verbunden sind, wie das Weben, Säumen, Nähen, Sticken, Einlassen, das Niethen, Falzen, Löthen, Schiften, Runzeln der Krusten, in Gemeinschaft mit einigen statischen Momenten, [...] generiren das architektonische Kunstschema, und sogar das Ornament, das nur nebenbei zugleich symbolisch wird oder werden darf. Die Bekleidung tritt hier in rein technisch-realistischer Weise als formgebend auf; es entsteht eine Hohlkörperstruktur im wahren materiellen Sinne des Worts."³³

Direkt Bezug auf Semper nimmt ein Projekt der Gruppe *Archilab – Semper Museum,* das im Internet veröffentlicht ist.³⁴ Die Gruppe entwirft einen Pavillon – „making a virtue of a necessity". Dessen Design besteht aus vier Elementen in gesuchter Übereinstimmung mit Sempers *Die vier Elemente der Baukunst*. Der Erdwall oder die unteren Wandteile, die – Semper gemäß – das Gebäude schützen und herausheben sollen, hat eine wellenförmige Kontur und Textur. Die Struktur der Oberflächen ergibt sich aus einem mathematischen Design. Das wird mit dem Hinweis legitimiert, daß Semper selbst ja der Mathematik zugetan war; als Beispiel wird auf seine Schrift *Über die Bleigeschosse der Alten* verwiesen. Die oberen, nichttragenden Wandteile sind auf Flechtwerk reduziert. Ihr einziger Zweck ist die Bekleidung und der Raumabschluß. Ihre spezifische texturale Qualität ergibt sich aus algorithmischen Modulationen. Das Geflecht ist aufgefaßt wie ein fundamentales Motiv des Tätowierens und wird frei auf der Basis von periodischen Graphs gehandhabt. Dank der Lichteffekte ergeben die Gewebe ein inneres Gespinst, das seine Muster auf die weiße Umhüllung des Ausstellungsraumes projiziert. Das Dach ist unabhängig von den Wänden abgestützt und bekrönt den Pavillon.

Das Projekt *Semper Museum* derselben Gruppe gilt auch der Untersuchung von Knoten. Hier bezieht die Gruppe sich wiederum auf *Die vier Elemente*. Semper gemäß sei der Knoten das primäre Muster des Textilen. Knoten werden nun versuchsweise auf den Maßstab von Gebäuden übertragen. Im Knoten sah Semper, „ein Symbol der Urverkettung der Dinge. [...] Der Knoten ist vielleicht das älteste technische Symbol und der Ausdruck für die frühesten kosmogonischen Ideen, die bei den Völkern aufkeimten."[35] Damit sind Möglichkeiten einer topologischen Transformationsmorphologie angedeutet, die für die Emergenz von Formen für Objekte und Räume offen sind.

Als jüngstes Beispiel dafür, wie sich der Begriff der Theatralität in der Gegenwart architektonisch und stadträumlich ausformt, seien die Pläne zur Neubebauung von *Ground Zero* in New York genannt. Der preisgekrönte Entwurf von Daniel Libeskind ist aus dem Desaster des 11. September 2001 mit einer komplexen Symbolik zur pathetischen Architektur-Gebärde aufgeladen, die diejenige seines Jüdischen Museums in Berlin quantitaiv weit übersteigt.

Semper war Architekt der Theatralität, um Mallgraves Begriff noch einmal zu gebrauchen. Und in diesem Sinne verstehen sich auch die wenigen Entwürfe von Gebrauchsgegenständen. Seine Erfahrungen der „babylonischen Verwirrung" gegenüber den im Kristallpalast gezeigten Gegenständen führten ihn in seiner Schrift *Wissenschaft, Industrie und Kunst* zu grundsätzlichen Überlegungen, wie Reformen beschaffen sein müßten, die ihre unmittelbare Wirkung vor allem in mustergültigen Sammlungen der Kunstgewerbemuseen finden sollten. Das Konzept der Reform der Ausbildung von Kunsthandwerkern gründete sich aber auf Sempers Konzept historisch abgeleiteter Formen, die für ihn vorbildlich waren. Das unterschied ihn von seinem Nachfolger in London, Christopher Dresser, der sich stärker auf einen neuen Design-Begriff hin orientierte. Dabei hat Semper in seiner Analyse der Kunstindustrie durchaus die veränderten Bedingungen für industriell produzierte Gebrauchsdinge – neue Materialien, neue Technologien – gesehen. Zu einfach machten es sich allerdings Vertreter der sogenannten Moderne wie Walter Gropius und Peter Behrens, um nur zwei zu nennen, die sich mit dem oberflächlichen Vorwurf des Historismus und als „eilige Leser der Geschichte" auf ein „Kunstwollen" beriefen, um ihren eigenen Manifesten den Glanz des Neuen und Originellen zu verleihen.[36] Die Mißverständnisse reichen bis in die aktuelle Medientheorie, die sich in der Faszination an Oberflächen gerne auf Nietzsches Diktum beruft: „Oh diese Griechen! Sie verstanden sich darauf, zu *leben*: dazu thut Noth, tapfer bei der Oberfläche, der Falte, der Haut stehen zu bleiben, den Schein anzubeten, an Formen, an Töne, an Worte, an den ganzen Olymp des Scheins zu glauben! Diese Griechen waren oberflächlich – *aus Tiefe* !"[37] Dabei wird nicht mitwahrgenommen, aus welchen Zusammenhängen dies gesagt, und daß dies nicht ohne die intensive Auseinandersetzung Nietzsches mit Sempers Ästhetik formuliert worden ist.

Richard Wagner
Richard Wagners Architektur-Auffassung ist durch die Begegnung und die Auseinandersetzung mit Gottfried Semper bestimmt, in den Übereinstimmungen wie in den Differenzen. Das belegt Neumeyer in einem *Klangarchitekturen: Zukunftsarchitektur aus dem Geiste der Zukunftsmusik oder Richard Wagners,Architekturtheorie'* überschriebenen Kapitel seines Buches. Die Differenz in der Bewertung der äußeren Erscheinung von Architektur war schon im Vergleich von Sempers Münchner Theaterplänen mit dem Theater Wagners in Bayreuth dargestellt worden. Wagner wollte die Aufführung seines musikalischen Dramas ungestört von Architektur. Den „technischen Herd der Musik, das Orchester", wollte er unsichtbar machen. Wagners „Herd" hat aber nicht mehr, wie bei Semper, die Bedeutung „Embryo der Architektur", kultischer Mittelpunkt für die Menschen und damit Kern der Architektur zu sein, sondern, wie er sagt, „technischer Apparat der Tonhervorbringung", die man der Sichtbarkeit um der Magie des Hörens willen entzieht.[38] Die Bühne sei, schreibt Neumeyer, der eigentliche Herd des Wagnerschen Musikdramas. Für ihr Reich der „idealen Traumwelt" benötige Wagner „die ganze Wirklichkeit der sinnvollsten Täuschung", und zwar auf Dauer, aber eben nicht in Gestalt von Architektur.[39] In der radikalen Reduktion der Architektur aufs Funktionale, wie sie Wagner in Bayreuth realisiert, eine Vorwegnahme der „Verweigerung des architektonischen Rechtes auf Ausdruck als Dogma des modernen Funktionalismus" zu sehen, wie Neumeyer es als „Wagners Beitrag zur Architekturtheorie" nahelegt, ist dann doch zu viel der Ehre für Wagner und eine zu enge Einschätzung der Architektur des sogenannten Funktionalismus, was immer der Begriff bedeuten mag.
Der späte Nietzsche verurteilt in seiner Schrift *Der Fall Wagner* „die tyrannische Allmacht", mit der sich Wagner alle anderen Künste unterwirft; er erniedrige die Musik zur „Theater Rhetorik", sie diene ihm nur als Mittel zum Zweck, als „Suggestionsmittel"[40]. Damit ist ein Kunsterlebnis intendiert, in dem es, wie im Traum, „nichts deutlich Wahrnehmba-

res', sondern nur entrückte, im Schweben gehaltene Erscheinungen geben sollte. Dazu gehörte eine ‚wie geisterhaft erklingende Musik', die als eine Art Klangdunst, wie Wagner erläutert, ‚gleich den, unter dem Sitze der Pythia dem heiligen Urschoße Gaia's entsteigenden Dämpfen' aus dem mystischen Abgrund aufsteigen und den Zuschauer narkotisieren und in Trance versetzen sollte. Solchermaßen benebelt und in einen ‚begeisterten Zustand des Hellsehens versetzt', mochte der Theaterbesucher ‚das erschaute scenische Bild […] jetzt zum wahrhaftigsten Abbilde des Lebens selbst' nehmen."[41]

Friedrich Theodor Vischer
Wo, wie für Friedrich Theodor Vischer, „die Welt eine Erkältung des Absoluten", und das Wetter dafür ein Beleg sein konnte, „daß es keinen Gott gibt"[42], dort herrscht das Chaos des Zufalls im „unteren Stockwerk", sind Träume von einem „harmonischen Weltall" verflogen. Dort ist kein Platz, sich dem Medienrauschen hinzugeben. Der Vernunft wird eine kritische und skeptische Haltung abverlangt angesichts der Welt, so wie sie ist. Das Mißtrauen gegenüber dem Eigensinn der Dinge schärft zugleich die Sinne für deren Beschaffenheit, macht empfindlich und empfänglich für Abstürze vom Erhabenen ins Komische, vom Großen ins Kleine. Dem „im Ganzen und Großen" wie in der Bagatelle dem Alltäglichen auf der Spur zu sein und zu bleiben, dem galt Vischers wortgewaltiges Interesse – zeitlebens.
Willi Oelmüller hat am Ende seiner Studie zu *Friedrich Theodor Vischer und das Problem der Nachhegelschen Ästhetik* auch dessen Verhältnis zur Philosophie Schopenhauers und zu Wagner bearbeitet. Die Deutung der Kunst und des Ästhetischen sei bei Schopenhauer und Vischer in gewisser Weise vergleichbar. Auch für Schopenhauer sei die Kunst eine „kurze Feierstunde" und „momentane Losmachung vom Dienst des Willens", sie erlöse „nicht auf immer, sondern nur auf Augenblicke vom Leben." Zu dieser ästhetischen Erlösung sei aber nur fähig, wer „sich über alles Wollen und alle Individualität zum reinen Subjekt des Erkennens erhoben hat"[43]. Vischer wendet sich gegen Schopenhauers Schlußfolgerung des totalen Nihilismus. Er widerlege, so Oelmüller, nicht die Versuche und die Pflicht, an die Vernunft und Sittlichkeit trotz der Erfahrung zu glauben. „Die Vernunft bleibt für Vischer ein letztes Korrektiv."[44] Der Nihilismus ist für Vischer „ein Weltschmerz, eine Koketterie und Blasiertheit, die nicht anerkennen will, daß die endliche Vernunft zwar auf das Ganze verwiesen ist, daß sie dieses jedoch nie adäquat begreifen kann." Und dies

ist für den späten Vischer „eine durch schmerzliche Erfahrung gewonnene Erkenntnis geworden."[45] Das trennt ihn auch von Wagners Kunstphilosophie und vom Pathos Wagners, wie etwa dessen Verkündung des *Kunstwerks der Zukunft*. Oelmüller verweist aber noch auf einen tieferen Grund für die Differenz; er faßt dies in einer Charakteristik von Wagners Musikverständnis, das dieser selbst immer wieder formuliert hat, so zusammen: Wagner zufolge hätten erst Schopenhauer und Beethoven das allgemeine Verständnis über die Musik beseitigt; sie hätten gezeigt, „daß die Musik die unmittelbare Offenbarung des Wesens der Welt, des Willens selbst, sei und daß ‚im Musiker der Wille sofort über alle Schranken der Individualität hin sich einig fühlt'. Die ‚von der Musik ergriffenen' befänden sich in einem Zustand ‚somnambulen Hellsehens', in einem ‚Traum des tiefsten Schlafes' und in der ‚höchsten Ekstase des Bewußtseins der Schrankenlosigkeit'. In dieser Ekstase vollziehe sich die ‚Erlösung von der Schuld der Erscheinung'. Die ‚Offenbarung' der Musik bringe uns ‚das innerste Wesen der Religion, frei von jeder dogmatischen Begriffsdefinition, zum Bewußtsein.'"[46] Hier, in Wagners Bestimmung der „eigentlichen Wirkung der Musik", liegt ein Grund für deren Aktualität im Medien-Zeitalter. In Vischers *Widerlegung der Richard Wagnerschen Theorie* in seiner Ästhetik[47] wird die prinzipielle Differenz zu den ästhetischen Theorien deutlich. Oelmüller charakterisiert sie so: Die bei Wagner vollzogene Glorifizierung des Rausches und des Todes könne den Menschen nicht mehr vom Unvernünftigen und Zerstörenden befreien. Wagner führe den Menschen nicht aus der vernunftlosen Welt heraus, sondern tiefer hinein. Seine Kunst sei nicht eine List der Vernunft, sondern der Unvernunft und „daher Vischer zuwider"[48].

Gottfried Keller
Von ganz anderer Art war Vischers Verhältnis zu Gottfried Keller. Sie standen sich nahe in der Zürcher Zeit, und auch später noch. 1874 schreibt Vischer in der *Augsburger Allgemeinen Zeitung* eine ausführliche Besprechung von Kellers bis dahin erschienenen Werken, die so endet: „Denn, o Staatsschreiber von Zürich, Ihr schreibt staatsmäßig! Also mehr! Bald mehr!"[49] Zuvor hatte Vischer moniert, daß Keller auffallend wenig bekannt sei. „Rühmt man im Gespräch, mit welcher Freude man ihn gelesen, so entdeckt man mit Verwunderung häufig, daß Männer und Frauen, die sonst ganz wohl wissen, wo Schönes fließt, diesen Namen gar nicht kennen."[50]

Daß Vischer bei seiner Besprechung des *Grünen Heinrich* auf die dort geschilderte Situation des Münchner Kunstbetriebs, die er selbst ja gut kannte und zu der er auch mehrfach Stellung genommen hatte, nicht eingeht, mag verwundern. Man möchte sich vorstellen, wie er jene Geschichte vom Kritzelbild Heinrichs gelesen hat, von diesem Bild, das im Nichts endet, in der leeren Tafel.
Dazu sei noch eine Assoziation ins 20. Jahrhundert gewagt. *Eine Statue aus Nichts, aus Leere* hat Werner Spies einen Zeitungsartikel überschrieben.[51] Es geht darin um Picassos Entwürfe zu einem Denkmal für Apollinaire. Ausgangspunkt für Picassos Denken und Experimentieren ist ein Text Apollinaires „Le poète assassiné (der gemordete Dichter)", in dem ein Bildhauer (angespielt ist dabei deutlich auf Picasso) für einen gemordeten Dichter ein Monument errichten soll. Die Antwort des Bildhauers ist eine Statue aus Nichts, aus Leere. Daraus entwickelt Picasso Ende der zwanziger Jahre eine Reihe von Skizzen und Zeichnungen, die ein Konzept von Leere, von Abwesenheit von Materie umkreisen. Alberto Giacometti hatte in dieser Zeit eine Figur aufgebaut, die einen „unsichtbaren Gegenstand", die nichts zwischen den Händen hält, und Marcel Duchamp verschließt in einer Phiole die unsichtbare Luft von Paris.
Bereits 1841, also Jahre bevor der *Grüne Heinrich* dem Nichts in der Malerei konfrontiert wird, hatte Vischer in seiner *Kritik an Overbecks Triumph der Religion über die Künste* den Ideenmalern geraten, „künftig leere Flächen in einem Rahmen aufzustellen: darauf wäre dann zu sehen das Absolute = Zéro, die Idee der Ideen, der Urgrund, worin alle Kühe grau sind. Ohne alle Hyperbel, es müßte nach dieser Ansicht als die höchste Aufgabe des Malers konsequent diese aufgestellt werden, nichts zu malen."[52] Vischers ironische Zuspitzung wird sich im 20. Jahrhundert in einer Malerei realisieren, in der die Kühe grün (bei Kandinsky) oder violett (in der Werbung) sein werden. Zuvor schon, bei Hegel, waren sie in jene Nacht getaucht, worin alle Kühe schwarz sind.

Anmerkungen

Zum Vorwort

1 Nach Abschluß des Manuskripts wurde am 3. Juni 2003 in der Pinakothek der Moderne in München die Ausstellung *Gottfried Semper 1803-1879 Architektur und Wissenschaft* eröffnet. Katalog, hg. von Winfried Nerdinger und Werner Oechslin.
2 Vischer, Friedrich, Theodor, Kritische Gänge, hg. von Robert Vischer, Leipzig 1914, München 1920, Bd. 3, S. 353 (künftig zitiert: Vischer, KG)

Kapitel 1

1 Bloch, S. 104
2 Gregor-Dellin (Hg.), Wagner. Mein Leben, Bd. 2, S. 543. Ganz anders das Urteil Walter Benjamins in seiner großen Würdigung der Werke Gottfried Kellers. Benjamin, Gottfried Keller zu Ehren einer kritischen Gesamtusgabe seiner Werke; in: ders., Gesammelte Schriften, Bd. II.1, S. 283-295
3 Kellers Briefe, S. 138
4 Der erste Brief ist an Ernst Benedikt Kietz in Paris gerichtet; der zweite an Theodor Uhlig in Dresden; in: Richard Wagner, Sämtliche Briefe, Bd. 3, S. 403 406; und: S. 423-430. Die originale Schreibweise ist beibehalten.
5 Mayer, S. 58f, und: Gregor-Dellin (Hg.), Richard Wagner. Mein Leben, Bd. I, S. 378ff
6 Pierre, Joseph Proudhon galt ab 1840 als einer der führenden Theoretiker der europäischen Arbeiterbewegung. Er beeinflußte mit seiner These „Eigentum ist Diebstahl" Bakunin und die Anarchisten.
7 Stiftler wurden die Studenten der evangelischen Theologie genannt, die im sogenannten Stift, dem Studienseminar und Wohnheim an der Universität in Tübingen, wohnten und studierten. Repetent war die Bezeichnung für die im Stift tätigen Repetitoren – Absolventen, die unterrichteten und auch Aufsicht führten.
8 Gregor-Dellin (Hg.), Richard Wagner. Mein Leben, Bd. 1. S. 398ff
9 ebd., S. 400f
10 ebd.
11 Gregor-Dellin (Hg.): Richard Wagner. Mein Leben, S. 408
12 ebd., S. 409
13 ebd., S. 413
14 ebd., S. 414
15 In seiner Malerei schließt Carus an Caspar David Friedrich an, der zu der Zeit noch in Dresden lebt. Mit Carus, der auch mit Alexander von Humboldt, mit Ludwig Tieck, seit 1825 Dramaturg des Hoftheaters, und mit Franz Liszt, dem Förderer Wagners, mit Robert und Clara Schumann in Verbindung stand, besprach Semper auch seine Entwürfe für die Gemäldegalerie. Dazu: Semper Baumeister zwischen Revolution und Historismus, S. 45

16 Herrmann, S. 27; dort eine ausführliche Darstellung: Gottfried Semper im Exil, Paris London
17 zitiert nach: Herrmann, S. 34
18 zitiert nach: Petzet, S. 245
19 Zelinsky, S. 46
20 zur Vorgeschichte und zu Sempers Lehrtätigkeit: Herrmann, S. 62-74
21 Vischer, KG, Bd. 6, S. 458
22 ebd., S. 461
23 ebd., S. 459
24 ebd., S.464
25 Vischer, KG Bd. 2, S. 452-478
26 ebd., S. 478; und: Adorno, S. 118ff
27 zitiert nach: Schlawe, S. 144ff
28 Vischer, KG, Bd. 6, S. 488
29 ebd., S. 493
30 Schlawe, S. 232
31 Vischer, KG, Bd. 6, S. 494
32 „Der *Grüne Heinrich* kommt in die Stadt München „Ludwigs des Ersten (und erst recht des Zweiten) diesem Hollywood der ersten Gründerzeit", eine Stadt, die „in Wirklichkeit eine riesige Industrieanlage war, in der spezielle Güter und Dienstleistungen produziert und vervielfältigt wurden. Der König dieser Residenz war ein Großunternehmer wider Willen und gegen sein eigenes Bewußtsein. Was wie Schönheitskult aussah, war in Wirklichkeit die Ideologie einer umfassenden Vergoldungs-, Imitations- und Dekorfabrikation, mit der ein Jahrhundert sein Bedürfnis nach Nicht-Identität mit den eigenen Produktionsbedingungen befriedigte. [...] Neuschwanstein wie Bayreuth, das PR-Image der ‚heimlichen Hauptstadt mit Herz' bezeugen bis auf den heutigen Tag, daß die Herstellung gemütvoller Phantastik eines der Jahrhundertgeschäfte gewesen war, eine geniale Investition über den Tag hinaus." Muschg, S. 165
33 Keller, Ausgewählte Werke, Bd. 2, S. 276f
34 Ermatinger, Gottfried Kellers Leben, S. 206
35 Vischer, KG., Bd. 6, S. 499
36 Vischer, Lebensgang, KG, Bd. 6, S. 475ff
37 Vischer, KG, Bd. 6, S. 474
38 Vischer, Auch Einer, S. 531
39 Gregor-Dellin (Hg.), Richard Wagner. Mein Leben, Bd. 1, S. 175ff
40 ebd., S. 172
41 Zug der Zeit. Zeit der Züge, Bd. 2, S. 514
42 dazu: Wolfgang Kemp; und: Günter Metken, Künstler im Abteil, S. 515; und: Hermann Sturm, Das Abteil – eine Bildergeschichte
43 Das neue Buch der Erfindungen, Gewerbe und Industrien mit dem Ergänzungsband Der Weltverkehr und seine Mittel, von 1879 gibt darüber näheren Aufschluß. Auf dem Rhein sind 1872 bereits 77 Personendampfer, 58 Güterschiffe und Schlepper und noch 3 589 Segelschiffe zur Freude der Loreley unterwegs. Auf der Elbe sind es 40 : 30 : 4 905. Auf den Landstraßen fahren Pferdegespanne neben stetig wachsenden Schienensträngen. 1875 erstreckt sich das Eisenbahnnetz in Deutschland über 27 980 Kilometer, in der Schweiz sind es 2 066 Kilometer. Eine Statistik der Deutschen Reichspostverwaltung nennt für die Post (ohne Bayern und Württemberg) die folgenden Zahlen für 1871: „Zahl der Postanstalten 4927; Postbriefkästen 24 703; Zur Postbeförderung täglich

benutzte Eisenbahnzüge 2007; Postkurse auf der Landstraße 3393: Postverbindungen auf Wasserstraßen 100; Zurückgelegte Kilometer der Posten Briefpostgegenstände einschl. der Postanweisungen u. Zeitungsnummern 656,183,188; etc."
44 Asendorf, Ströme und Strahlen, S. 27

Kapitel 2

1 Warburg, S. 276

Zu Gottfried Keller

2 Keller, Ausgewählte Werke, Bd.1, Kapitel 10, S. 78-85
3 Keller, Ausgewählte Werke, Bd. 4, S. 134-209
4 Keller, Ausgewählte Werke, Bd. 1, S. 80-84
5 Theo Loosli, Fabulierlust und Defiguration
6 die Keller-Zitate zu: Die drei gerechten Kammacher; in: Keller, Die Leute von Seldwyla, Bd. 1, S.188-242
7 Loosli, S. 52
8 ebd., S. 95
9 dazu: Neumeyer, S. 181
10 am 26. Februar 1879; in: Kellers Briefe, S. 261
11 Jeziorkowski, Literarität und Historismus, S. 42f
12 die folgenden Zitate aus: *Sinngedicht*; in: Keller, Sämtliche Werke und ausgewählte Briefe, Bd. 2, Kapitel 8
13 Keller, Sämtliche Werke, Bd. 3, S. 990
14 ebd., S. 992
15 Brief an Wilhelm Baumgartner vom September 1851; Kellers Briefe, S. 88
16 Muschg, S. 281

Zu Richard Wagner

17 Wagner, Gesammelte Schriften und Dichtungen, Bd. 7, künftig zitiert: GSD
18 Schickling, S. 24; dazu auch: Die Wesendoncks und Richard Wagner; in: Langer/Walton, Minne, Muse und Mäzen, S. 117-131
19 Wagner, GSD, Bd. 3, S. 19
20 ebd., S. 2f; Wagners Mäzen, Otto Wesendonck, verdiente sein Geld in der Textil- und Seidenindustrie
21 ebd., S. 30
22 ebd., S. 32
23 Wagner, Das Kunstwerk der Zukunft; in: Wagner, GSD, Bd. 3, S. 42-177
24 ebd., S. 83
25 ebd., S. 102
26 Neumeyer, S. 146, Anm. 412
27 ebd., S. 142, Anm. 400
28 Wagner, GSD, Bd. 3, S. 103
29 ebd., S. 124
30 ebd., S. 129

31 ebd., S. 130
32 ebd., S. 134
33 ebd., S. 136f
34 ebd., S. 139f. Man muß auch diesen Text Wagners beim Wort nehmen und sollte ihn nicht abtun als überzogenes und phrasenhaftes Reden eines egomanen Künstlers des 19. Jahrhunderts.
35 ebd., S. 143
36 ebd., S. 147f
37 ebd., S. 150
38 Wagner: GSD, Bd. 4, S. 335
39 ebd., S. 343
40 Bermbach, S. 208
41 Wagner, Oper und Drama, GSD, Bd. 4, S. 203
42 ebd., S. 229
43 Wagner, GSD, S. 168f
44 Morris, S. 115. Das Zitat ist entnommen aus dem Buch von William Morris, *News from Nowhere*. 1890 gibt er den Roman in Fortsetzungen in seinem an Arbeiter und Sozialisten adressierten Blatt *Commonweal* heraus; 1891 erscheint der Roman als Buch und bereits 1892/1893 als Fortsetzungsroman in deutscher Übersetzung in der von Karl Kautsky redigierten Zeitschrift *Die Neue Zeit*, und 1892 als Buch, herausgegeben und mit einem Vorwort versehen von Wilhelm Liebknecht. Die Übersetzung stammt in großen Teilen von seiner Frau, Natalie Liebknecht. Morris hat sich, eigens die Sprache erlernend, auch für die Isländische Dichtung und Sagenwelt interessiert. 1871 und noch einmal 1873 reist er nach Island und übersetzt im Anschluß daran die isländische Version der *Volsunga Saga*, einige Jahre danach formuliert er daraus das Epos der isländischen Nibelungensage und publiziert sie 1878 unter dem Titel *Sigurd the Volsung and the Fall of the Nibelung*. Bereits 1857/59 hatte er zusammen mit Dante Gabriele Rossetti in der Oxford Union Debating Hall ein Deckengemälde ausgeführt. Thema: „How Sir Palomyds loved la Belle Iseult with exceeding great love out of measure, and how she loved not him but Sir Tristram." In dieser Zeit trifft er seine spätere Frau Jane Burden. Er malt sie als Isolde. Zur selben Zeit arbeitet Wagner an *Tristan und Isolde*

Zu Gottfried Semper

45 Gregor-Dellin (Hg.), Richard Wagner. Mein Leben, Bd. I, S. 334
46 Knoepfli, S. 274
47 Mallgrave, S. 72
48 Vgl. Anm. 43
49 Semper, Kleine Schriften, S. 263
50 dazu: Vogt, S. 184 und: Asendorf, Vom ‚Ichkristallwald' zum Kristallpalast; in: Asendorf, Batterien der Lebenskraft, S. 19-24
51 dazu: Peter Davey; in: Breuer, Arts & Crafts, S. 63ff
52 The Crystal Palace Exhibition, Illustrated Catalogue, S. 56
53 Quitzsch, S. 40
54 Vogt, S. 180-197; neuerdings auf dem Symposium *Sempers Kosmos*, veranstaltet vom Institut für Geschichte und Theorie der Architektur der ETH Zürich, 2002 in Zürich
55 Vogt, S. 183
56 ebd., S. 190

57 ebd., S 193f
58 ebd., S. 195; wie sehr Semper an naturwissenschaftlichen, physikalischen, mathematischen Problemen interessiert war, zeigt seine Studie Über die bleiernen Schleudergeschosse der Alten; dazu: Mallgrave, S. 239-241
59 Bd. 1: Die Textile Kunst für sich betrachtet und in Beziehung zur Baukunst, Frankfurt/M. 1860 und Bd. 2: Keramik, Tektonik, Stereotomie, Metallotechnik für sich betrachtet und in Beziehung zur Baukunst Frankfurt/M. 1863
60 Adrian von Buttlar; in: Semper, Stil, Bd. 1, S. 4
61 Semper, Stil, Bd. 1, S. XLII
62 ebd., S. XLIIf
63 ebd., S. VI
64 v. Buttlar, ebd., S. 6
65 Semper: Vorläufige Bemerkungen; in: Kleine Schriften, S. 219
66 dazu: Malgrave, S. 303
67 von Buttlar, in: Semper, Stil, Bd. 1, S. 9
68 Semper, Stil, Bd. 1, S. 445
69 dazu auch Rykwert, S. 229, Anmerkung 72
70 Rykwert, S. 222
71 Foucault, Die Ordnung der Dinge, S. 322f
72 ebd., S. 323
73 Semper, Der Stil, Bd. 1, S. VIf
74 von Buttlar, S. 9ff
75 Semper, Der Stil, Bd. 1, S. XLII
76 dazu: Foucault, S. 327
77 Semper, Der Stil, Bd. 1, S. 231/232, Anmerkung 2
78 Rykwert hat dies im einzelnen belegt und Sempers anhaltendes Interesse an den linguistischen Forschungen und Publikationen von Wilhelm von Humboldt, Jakob Grimm, Franz Bopp u. a. aufgewiesen. Rykwert, S. 219, 223-225; zu Bopp auch: Foucault, S. 342–359 und Malgrave, S. 168-175
79 Rykwert, S. 229
80 Rykwert, S. 247
81 Zu Christopher Dresser ausführlich: H. Sturm, Naturform als Gebrauchsform; in: ders., Der Ästhetische Augenblick, S. 196-210. Dort auch weitere Literaturangaben.

Zu Friedrich Theodor Vischer

82 Oelmüller, S. 7f
83 ebd., S. 77f
84 Vischer, KG, Bd. 5, S. 13
85 ebd., S. 15
86 Oelmüller, S. 88
87 ebd., S. 86
88 Vischer, KG, Bd. 5, S. 75
89 Oelmüller, S. 106
90 Vischer, KG, Bd. 4, S. 298
91 Semper, Der Stil, Prolegomena, S. XXII
92 dazu auch: Mallgrave, S. 291
93 Vischer, Ästhetik, Bd. II, S. 15

94 Oelmüller, S. 156
95 Vischer, Ästhetik, Bd. II, S, 363f
96 Vischer, KG, Bd. 4, S. 224
97 Oelmüller, S. 159f
98 ders., S. 163
99 Vischer, Über Zynismus und sein bedingtes Recht (1879); in: KG, Bd. 5, S.448
100 Auch Einer, Katalog Ludwigsburg, S. 96
101 Oelmüller, S. 173
102 Vischer, KG, Bd. 4, S. 237
103 Oelmüller, S. 184
104 ebd., S. 196; Zitate Wagner: ebd.
105 zitiert nach: Glasenapp, S. 251
106 Dazu auch: Oelmüller, S. 199
107 Kellers Briefe, S. 88, Jeziorkowski, S.189
108 Jeziorkowski, S.189
109 Schmidt und Streitfeld, Keller – Emil Kuh, Briefwechsel, S. 77f
110 Oelmüller, S. 200ff
111 Semper, Wissenschaft, Industrie und Kunst, S. 32
112 zitiert nach: Oelmüller, S. 102f
113 Kaegi, S. 598
114 Schlaffer/Mende, Marbacher Magazin, S. 3f
115 Ermatinger, Gottfried Kellers Leben, S. 399

Kapitel 3

1 Vischer, KG, Bd. 1, S. 161; dazu: Vischer, Das akademische Leben und die Gymnastik; in: KG, Bd 3
2 zitiert nach: Auch Einer, Katalog, Ludwigsburg, S. 8
3 Vischer, KG, Bd. 5, S. 340
4 Vischer, Vernünftige Gedanken über die jetzige Mode (1859); Mode und Zynismus. Beiträge zur Kenntnis unserer Kulturformen und Sittenbegriffe; darin: Wieder einmal über die Mode (1878) und: Über Zynismus und sein bedingtes Recht (1879)
5 Benjamin, Das Paris des Second Empire bei Baudelaire; in: Gesammelte Schriften Bd. I. 2, S. 580f
6 zitiert nach: Schlaffer/Mende, Marbacher Magazin, S. 45f
7 Marbacher Magazin, S. 36
8 Vischer, Wieder einmal über die Mode; in: KG, Bd. 5, S. 377
9 Bermbach, S. 182ff
10 Wagner, GSD, Bd. 3, S. 49
11 ebd., S. 56f
12 ebd., S. 58
13 ebd., S. 60
14 Vischer, Vernünftige Gedanken über die jetzige Mode; in: KG, Bd. 5, S. 363f
15 dazu: Malgrave, S. 179
16 Vischer, Aphorismen
17 Vischer, Die Paulskirche oder das unmögliche Lokal; in: KG, Bd. 3, Nachwort, S. 353
18 Vischer, KG, Bd. 5, S. 330

19 ebd., S. 333f
20 Vischer, Kunstbestrebungen der Gegenwart (1843), KG, Bd. 5, S. 71ff
21 Vischer, Ästhetik, Bd. III, S. 326
22 ebd., S. 388ff
23 ebd., S. 394
24 ebd., S. 395
25 Semper, Kleine Schriften, S. 263ff
26 ebd., S. 267
27 Semper, Vortrag „Über Baustile" in Zürich, 4. März 1869; ebd., S. 402
28 Gottfried Semper, Katalog Dresden, S. 316ff, dort ausführlich beschrieben und abgebildet.
29 The Crystal Palace Exhibition, S. 31
30 Gottfried Semper, Katalog Dresden, S. 327ff
31 Semper, Der Stil, Bd. II, S. 238; und: Gottfried Semper, Katalog Dresden, S. 328f
32 Vischer, Lyrische Gänge, S. 347
33 Klaus-Peter Arnold; in: Gottfried Semper, Katalog Dresden, S. 329
34 Semper, Wissenschaft, Industrie und Kunst, S. 31f
35 ebd., S, 40
36 ebd.
37 Semper, Der Stil, Bd. 2, S. 256ff
38 ebd.
39 Vogt, S. 195ff, und: Martin Fröhlich, Zürcher Bauten G. Sempers
40 Semper, Über Wintergärten, in: Kleine Schriften, S. 484-494
41 ebd., S. 485f
42 Semper, Der Stil, Bd. 2, S. 264f
43 Semper, Der Stil, Bd. 1, S. XXXVII
44 Heinrich Habel, Die Idee eines Festspielhauses; in: Petzet, hier S. 299ff
45 Wagner, Braunes Buch, S. 83
46 Habel, S. 303
47 zitiert nach: Neumeyer, S. 23, Anm. 40
48 zitiert nach: Habel., S. 304
49 ebd., S. 305
50 ebd.
51 ebd., S. 306
52 ebd., S. 309
53 ebd., S. 310
54 Habel unter Berufung auf: Eduard Semplinger, Richard Wagner in München, 1864–1870, Legende und Wirklichkeit, München 1933. hier: Habel, S. 310
55 dazu: Etienne-Louis Boullée, S. 85-94
56 Wagner hat dazu in seiner Autobiographie *Mein Leben* eine Bemerkung von Wille angeführt, dem die Pläne Sempers eine „interessante Aufgabe zu bieten schienen, da er annahm, es müsse einen Architekten etwas Neues dünken, ein Opernhaus für ein schwarzes Publikum zu entwerfen." Zitiert nach: Gregor-Dellin (Hg.), Richard Wagner. Mein Leben, Bd. I, S. 562
57 Boullée, S. 49; zur Dokumentation der Theaterprojekte von Gottfried Semper: Habel, S. 310-314; Semper, Baumeister zwischen Revolution und Historismus, S. 190 – 194; Biermann. Die Pläne für Reform des Theaterbaues bei Karl Friedrich Schinkel und Gottfried Semper; Mallgrave und Neumeyer gehen ebenfalls ausführlich darauf ein.

58 Habel, S. 312
59 ebd.
60 zitiert nach: Biermann, Die Pläne für Reform des Theaterbaues, S. 92f
61 dazu: Neumeyer, S. 104ff
62 zitiert nach: Barth, S. 249
63 Richard Wagner, Das Bühnenfestspielhaus zu Bayreuth. Nebst einem Berichte über die Grundsteinlegung desselben, Leipzig 1873, hier zitiert nach: Barth, S. 223
64 Bertolt Brecht wird später gleichfalls auf die exakte Dokumentation der modellhaft gedachten Inszenierungen seines epischen Theaters Wert legen. Dazu: Berliner Ensemble. Helene Weigel (Hg.),Theaterarbeit, Dresden 1952
65 Heinrich Porges in der Einleitung zu: Bühnenproben zu den Festspielen des Jahres 1876, Bayreuther Blätter, Mai 1880, S. 141-144; hier zitiert nach: Barth, S. 232f
66 Hanslick, Musikalische Stationen, Berlin 1880, S. 247f, hier zitiert nach: Barth, S. 234
67 Pierre Boulez, Divergenzen: vom Wesen zum Werk; in: Barth, Vorwort, S. 9
68 an Louis Spohr am 10. Juni 1843 über die Kasseler Aufführung; zitiert nach: Petzet, S. 23
69 Petzet, S. 27
70 zitiert nach: Petzet, S. 283
71 ebd.
72 Shaw, S. 181f
73 zitiert nach: Petzet, S. 88. Schon Heinrich von Kleist hatte sich anläßlich eines Pferdes auf der Bühne zu folgender *Korrespondenz-Nachricht* veranlaßt gesehen: „Herr Unzelmann," dem die Direktion verboten hatte, auf der Bühne zu improvisieren, „fügte sich diesem Befehl: als aber ein Pferd, das man bei der Darstellung eines Stücks auf die Bühne gebracht hatte, inmitten der Bretter, zur großen Bestürzung des Publikums, Mist fallen ließ, wandte er sich plötzlich, indem er die Rede unterbrach, zu dem Pferde und sprach: ‚Hat dir die Direktion nicht verboten zu improvisieren?' – Worüber selbst die Direktion, wie man versichert, gelacht haben soll."
74 zitiert nach Petzet, S. 242
75 ebd., S. 201
76 zitiert nach Petzet, S. 238
77 Er ließ von Heinrich und August Spieß ausführen: *Der Fliegende Holländer* (1867); *Tristan und Isolde* (1866), von Eduard Ille: *Lohengrin* (1863), *Die Meistersinger* (1866), die *Niflunga-Saga* (1867). Sie zeigen Szenen aus dem *Fliegenden Holländer*, aus *Lohengrin* und aus *Tannhäuser*. Caspar Clemens Zumbusch gestaltet in seinem Auftrag den *Fliegenden Holländer, Tristan, Lohengrin, Tannhäuser, Walther von Stolzing, Siegfried* und *Parsifal* als Marmor-Statuetten, die der König bei sich aufstellt und wovon er Repliken als besondere Würdigung verschenkt. Die Tristan Statuette erinnert an die oft kopierte *Christusstatue* von Thorwaldsen.
78 Petzet, S. 295
79 Semper hatte 1869 die Kuppel des Berliner Domes ironisch als „kolossale mittelalterliche Pickelhaube" bezeichnet.
80 Vischer, Kunstbestrebungen der Gegenwart, in: KG, Bd. 5, S. 56-87
81 Mallgrave, S. 293
82 Ranke, S. 191f
83 dazu: Malgrave, S. 356
84 Barth, S. 227f

85 zitiert nach: Winfried Ranke: Franz von Lenbach, S. 188, dort die Abbildung eines merkwürdigen, skizzenhaften Doppelporträt von Lenbach, das die Köpfe von Moritz von Schwind und Gottfried Semper aus einem dunklen Grund herausarbeitet.; ebd. S. 169. Ein weiteres Porträt von Lenbach, um 1870 entstanden, heute im Museum der Stadt Wien, zeigt den alternden Semper. Er blickt konzentriert und melancholisch aus dem Bild.
86 Barth, S. 229
87 über das Publikum bei der Premiere in Bayreuth, der Bericht eines Berliner Journalisten, in: Barth, S. 233
88 Mallgrave, S. 10
89 Gregor-Dellin, S. 196
90 zitiert nach Barth, S. 242
91 Gregor-Dellin (Hg.), Richard Wagner. Mein Leben, Bd. 2, S. 666
92 Farner: Gustave Doré, S. 172
93 Kohn, Die Zerstörung Jerusalems durch Titus, S. 150 – 157
94 Vischer, KG, Bd. 5, S. 41
95 Kohn, S. 156
96 Wagner, GSD, Bd. 5, S. 85
97 Farner, S. 352f
98 Gregor-Dellin, S. 187

Alltag & Kult

1 Brief vom 13. Januar 1856 an Ludmilla Assing (sie ist Schriftstellerin, Nichte Varnhagens und Herausgeberin seiner nachgelassenen Werke); in: Kellers Briefe, S. 128
2 dazu: Langer und Walton, Minne, Muse und Mäzen. Otto und Mathilde Wesendonck und ihr Züricher Künstlerzirkel
3 Hans Erismann hat die Geschichte des Ereignisses rekonstruiert; Erismann, S. 210–214
4 Gregor-Dellin (Hg.), Richard Wagner. Mein Leben, S. 575. Zu Sempers Taktstock: Dorothea Schröder, Nibelungenring und mystischer Knoten. Gottfried Sempers Taktstock für Richard Wagner; in: Jahrbuch des Museums für Kunst und Gewerbe Hamburg, 1990/1991, Bd. 9/10, S. 115-122
5 zitiert nach: Ermatinger, Gottfried Kellers Leben, S. 377
6 Erismann, S. 205f
7 Ermatinger, Gottfried Kellers Leben, S. 434f
8 Erismann, S. 206
9 Gregor-Dellin (Hg.), Richard Wagner. Mein Leben, Bd. 2, S. 554
10 Keller am 6. Februar 1856 an Hermann Hettner; zitiert nach: Ermatinger, Gottfried Kellers Briefe und Tagebücher, S. 398f
11 Keller am 8. März an Lina Duncker, ebd., S. 434f
12 ebd., S. 398f
13 ebd., S. 441
14 Ermatinger, Gottfried Kellers Leben, S. 378
15 Erismann, S. 106
16 Schlawe, S. 255
17 Keller am 11. November 1857 an Hermann Hettner; zitiert nach: Ermatinger, Gottfried Kellers Leben, S. 460

18 ebd., S. 500
19 Ermatinger, Gottfried Kellers Leben, S. 375
20 Musil, S. 59
21 Metken, „Wahn, Wahn! Überall Wahn!" Max Klingers unvollendetes Wagnerdenkmal nebst Vorstufen und Folgen, S. 50. Dort auch zahlreiche Abbildungen.
22 ebd., S. 63
23 ebd., S. 54
24 ebd., S. 55
25 Zelinsky, S. 228
26 Vischer, KG, Bd. 4, S. 107
27 ebd., S. 109. Schlaffer/Mende verweisen darauf, daß Vischer in der Karikatur „ein aufklärerisch-kritisches Medium" entdeckt habe, „das um den Preis der Schönheit etwas leistet, was die idealischen, auf Ewigkeit und Ganzheit ausgerichteten Künste nicht vermögen: ,tiefste Blicke in das Wesen der Zeit' zu werfen." Schlaffer/Mende, Marbacher Magazin, S. 44
28 Vischers Aufsätze über die Mode und Teile des *Auch Einer* seien „in Sprache umgesetzte Karikaturen. Wie dicht das Ideale und die Karikatur beieinanderliegen können, treibt er in seiner ,Faust II'-Parodie erbarmungslos heraus. Als unvergleichliche Inkarnation des Erhabenen und Komischen, war er sich selbst der beste Karikaturist." Schlaffer/Mende, Marbacher Magazin, S. 44
29 dazu: Wagner Parodien, Ausgewählt und mit einem Nachwort versehen von Dieter Borchmeyer und Stephan Kohler
30 Wagner: GSD, Bd. 3, S. 210
31 Adorno, Versuch über Wagner, S. 95;
32 Wagner, GSD, Bd. 4, S.103. Auch Paul Klee benutzte in seinen Notaten zum *Bildnerischen Denken* das biologische Muster von Zeugung und Zellteilung für den „Urvorgang der Formbildung. [...] Die Genesis als formale Bewegung ist als wesentliche am Werk. Im Anfang das Motiv, Einschaltung der Energie, Sperma. Werke als Formbildung im materiellen Sinne: urweiblich. Werke als formbestimmendes Sperma: urmännlich." Dazu: Hein, Die Brücke ins Geisterreich, S. 180ff
33 Adorno, S. 126. Übrigens zog auch Vischer mit „Demokratenhut" und ausdrücklich gegen den Zylinder als Kopfbedeckung, mit Bart und einer Art Havelock ins Frankfurter Parlament.
34 ebd., S. 126f
35 Dazu auch: Franziska Specht, Die mißbrauchten Kinder im „Ring des Nibelungen": Wotan – Götterrabenvater; in: Gondroms Festspiel Magazin, 1991, S. 46-50
36 Semper, Kleine Schriften, S. 508-516
37 Vischer, Auch Einer, Katalog, S. 233
38 Richard-Wagner-Handbuch, S. 609
39 dazu: Haverkamp, S. 108 – 114
40 zitiert nach: Haverkamp, S. 112f
41 zur Biografie von Karl Ernst Osthaus und zur Geschichte des Folkwang-Museums: Karl Ernst Osthaus Leben und Werk; und: Der westdeutsche Impuls 1900–1914. Die Folkwang-Idee des Karl Ernst Osthaus
42 Joseph Arthur de Gobineau, Essai sur l'inégalité des races humaines (1853/1855) gilt als eines der Hauptwerke des deutschen Chauvinismus und Antisemitismus.
43 Julius Langbehn (1851-1907) erregte durch sein 1890 erschienenes Buch, Rembrandt als Erzieher. Von einem Deutschen, erhebliches Aufsehen. Darin polemisiert er gegen

Materialismus, Industrialisierung, propagiert die kulturelle Wiedergeburt des deutschen Volkes. Seine Wirkung auf nationalistische und konservative Kreise war erheblich. Im Jahr des Erscheinens 1890 erreicht das Buch bereits seine 6. Auflage.
44 in: Karl Ernst Osthaus, S. 130
45 zitiert nach: Barth, S. 192
46 Metken; in: Der Hang zum Gesamtkunstwerk, S. 77
47 ebd., S. 78
48 Neumeyer, S. 95
49 Bericht der Frankfurter Allgemeinen Zeitung von Susanne Kaiser über die Darstellung einer Londoner Forschergruppe in einer Online-Ausgabe von Nature Neuroscience
50 Kittler, S. 94
51 Wagner: GSD, Bd, 3, S. 105ff
52 Kittler, S. 103
53 zitiert nach Adorno, Versuch über Wagner, S.102
54 Dominik Keller, Gesamtkunstwerke, S. 399
55 dazu: Kittler; und: Norbert Bolz, Theorie der neuen Medien
56 Frapan, S. 7ff
57 z. B. im Katalog einer Ausstellung des Richard-Wagner-Museums und der Bayreuther Festspiele 1995: Richard Wagner und die Erotik. Erlösung durch Liebe; dort: Richard Wagner und die Frauen, S. 23-36
58 dazu: Andrea Hauser Vischers Männerphantasien; in: Auch Einer, Katalog
59 zitiert nach: Auch Einer, Katalog, S. 149
60 Schlawe, S. 174
61 Schlaffer/Mende, S. 28 S. 142-154
62 Vischer, KG, Bd. 6, S. 444
63 zitiert nach: Auch Einer, Katalog, S. 148
64 Schlaffer/Mende, S. 28
65 Andrea Hauser, Vischers Männerphantasien; in: Auch Einer, Katalog, S. 145
66 Das Inventar vermachte der Sohn Robert Vischers Geburtsstadt Ludwigsburg. Teile davon sind heute im Städtischen Museum Ludwigsburg ausgestellt. Andrea Berger-Fix hat die Wohnung Vischers und besonders dessen Arbeitszimmer ausführlich anhand der Fotografien beschrieben und als Gelehrtenstube des 19. Jahrhunderts auch unter Berufung auf die Beschreibung von Ilse Frapan interpretiert; in: Auch Einer, S. 83-91
67 Köhler, Friedrich Nietzsche und Cosima Wagner, S. 40, 188ff
68 Friedrich Schiller, Über Anmut und Würde, 1753
69 Ein französischer Journalist schrieb 1847: „Unter den Wunderwerken der Kunst aus dem Besitze der Frankfurter Sammler nimmt nach hiesiger Meinung die Statue der Ariadne von Dannecker den ersten Platz ein. Dies Bildwerk gehört Herrn Bethmann, und ihm verdankt Herr Bethmann seine große Berühmtheit. Sein Name ist historisch geworden. Er steht in allen Reisehandbüchern, in allen Werken über Deutschland. [...] Ganz Europa hat Herrn Bethmann schon besucht und kennt seinen Namen. [...] Man sollte wirklich meinen, es genüge, eine Statue zu kaufen und sie dem Publikum zu zeigen, um berühmt zu werden." Zitiert nach: Johann Heinrich Dannecker, S. 294
70 zitiert nach: Johann Heinrich Dannecker, S. 70
71 zitiert nach: Johann Heinrich Dannecker, S. 294
72 Vischer, KG, Bd. 4, S. 17
73 Gregor-Dellin, S. 113

74 Jeziorkowski, S. 212, Anm. 129; und: Ders., Bildungskatastrophe unter Mitwirkung Richard Wagners, S. 59-66
75 Vischer, Auch Einer, Katalog, S. 30, 400
76 Das Marbacher Magazin publizierte dazu eine Reihe von Heften: Vom Schreiben, Heft 69/1994; Vom Schreiben 2. Der Gänsekiel oder Womit schreiben? Und Heft 74/1996, Vom Schreiben 4. Im Caféhaus oder Wo schreiben?
77 Arno Schmidt, Der Platz an dem ich schreibe
78 vom 15. November 1872, zitiert nach: Ermatinger, Bd. 3, S. 265
79 Weizsäcker, Pathosophie, S. 19
80 ebd., S. 19
81 ebd., S. 45
82 Vischer, Mein Lebensgang, KG, Bd. 6, S. 509
83 Vischer, Auch Einer, Katalog, S. 179
84 Schlawe, S. 95
85 Vischer, Mein Lebensgang, KG, Bd. 6, S. 512
86 Vischer, Auch Einer, Katalog S. 183ff
87 ebd., S. 15f
88 ebd., S. 78
89 zum Bezug auf das Zürcher Polytechnikum: ebd., S. 108
90 zitiert nach: Barth, S. 226
91 Gregor-Dellin (Hg.), Richard Wagner, Mein Leben, Bd. 2, S. 774ff und 781ff
92 ebd., S. 781
93 dazu: Benjamin, Das Passagen-Werk. Aufzeichnungen und Materialien das Interieur, die Spur; S. 283-292; und: Asendorf, Batterien der Lebenskraft. Das Interieur oder die Dinge im bürgerlichen Alltag, S. 86-99
94 Köhler, S. 70ff
95 dazu: Mallgrave, S. 367f; Neumeyer, S. 28ff
96 Adorno, Musikalische Schriften II, Wagners Aktualität, S. 545

Kapitel 5

1 Shaw, S. 151f
2 Gregor-Dellin (Hg.), Richard Wagner, Mein Leben, Bd. 2, S. 544. Vielleicht hat Wagner zugesehen, wie Semper die Knoten als Illustration zum Stil zeichnete; c.f. den Cover diese Buches.
3 Schlaffer/Mende, S. 3
4 Mallgrave, S. 16
5 ebd., S. 17
6 ebd., S. 18
7 zitiert nach Neumeyer, S. 61
8 zitiert nach Neumeyer, S. 115
9 Vischer, Ästhetik, Bd. 5, S. 74
10 Neumeyer, S, 96f
11 Mallgrave, S. 361
12 ebd., S. 366
13 Die Quadriga hat die Katastrophe des Zweiten Weltkriegs überstanden.
14 zur Ikonographie und den Themenkreisen: Magirius, Gottfried Sempers Zweites Dresdner Hoftheater

15 ebd., S. 154
16 Wagner, Das Kunstwerk der Zukunft, GSD, Bd. 3, S. 152, und; Neumeyer, S. 102ff
17 dazu: Melderis, Raum Zeit Mythos. Richard Wagner und die moderne Naturwissenschaft
18 zitiert nach Barth, S. 215
19 Felix Weingartner, Lebenserinnerungen, 1923; hier zitiert nach: Barth, S. 244. Später hat der Film auf diese Weise Zug- oder Autofahrten simuliert, indem die Landschaft außen vorbeigezogen wurde.
20 Neumeyer, S. 109
21 zitiert nach: Schivelbusch, S. 54
22 Felix Weingartner, Lebenserinnerungen, 1923, hier zitiert nach: Barth, S. 244
23 zitiert nach: Schivelbusch, S. 54
24 Vischer, KG, Bd. 4, S. 460-488
25 Loosli, S. 241
26 Oelmüller, S. 17f
27 Vischer, Auch Einer, S. 359f
28 Neumeyer, S. 53
29 auch Werner Oechslin führt im Interesse an der Frage nach dem Ganzen diese Stelle bei Semper an; Oechslin, Das Ganze: Wege und Irrwege; in: *Scholion*, S. 35
30 Semper, Der Stil, S. XXII
31 Philipp Witkop, Zur Einführung; in: Witkop (Hg.), Die Leute von Seldwyla. Erzählungen von Gottfried Keller, Bd. 1, S. 13
32 zitiert nach: Adrian von Buttlar, Klenzes Beitrag zur Polychromie; in: Ein Griechischer Traum. Leo von Klenze der Archäologe, S. 222
33 Semper, Der Stil, Bd. I, S. 443
34 http://www.objectile.com/archilab/constr.htm
35 Semper, Der Stil, Bd. 1, S. 180
36 Werner Oechslin hat diese Problematik in einem Artikel deutlich gemacht: Oechslin, Gottfried Semper und die Moderne
37 Nietzsche, Vorrede zur 2. Ausgabe der Fröhlichen Wissenschaft
38 Neumeyer, S.100
39 ebd., S.103
40 dazu: Neumeyer, S. 1001
41 Neumeyer, S. 102; die kenntlich gemachten Zitate aus: Wagner, Das Bühnenspielhaus zu Bayreuth
42 Schlawe, S. 118
43 Schopenhauer; zitiert in: Oelmüller, S. 192
44 ebd., S. 193
45 ebd., S. 195
46 Oelmüller, S. 196; die gekennzeichneten Zitate von Wagner, ebd.
47 Vischer, Ästhetik, Bd. VI, S. 356
48 Oelmüller, S. 20049 Vischer, KG, Bd. 6, S, 240-292
50 ebd., S. 292
51 FAZ vom 8. Januar 2000
52 Vischer, KG, Bd. 5, S. 15

Literatur

Gottfried Keller

Benjamin, Walter, Gottfried Keller. Zu Ehren einer kritischen Gesamtausgabe seiner Werke; in: ders., Gesammelte Schriften, hg. von Rolf Tiedemann und Hermann Schweppenhäuser, Frankfurt/M. 1977, Bd. II.1., S. 283-295
Ermatinger, Emil, Gottfried Kellers Leben, Bd. 1, Stuttgart und Berlin ²1916
Ermatinger, Emil (Hg.), Gottfried Kellers Briefe und Tagebücher, 1830-1861, Bde. 2 und 3, Stuttgart und Berlin 1916
Frey, Adolf, Erinnerungen an Gottfried Keller, Zürich und Stuttgart 1979
Jahn, Jürgen (Hg.), Der Briefwechsel zwischen Gottfried Keller und Hermann Hettner, Berlin und Weimar 1964
Jeziorkowski, Klaus, Literarität und Historismus. Beobachtungen zu ihrer Erscheinungsform im 19. Jahrhundert am Beispiel Gottfried Kellers, Heidelberg 1979
Keller, Gottfried, Die Leute von Seldwyla, hg. von Philipp Witkop, 3. Aufl., Berlin o. J.
Keller, Gottfried, Ausgewählte Werke, Bde. 1-4, Leipzig 1925
Keller Gottfried, Sämtliche Werke und ausgewählte Briefe, hg. von Clemens Heselhaus Bd. 2 und 3, München ³1957/1958
Kellers Briefe, Nationale Forschungs- und Gedenkstätten der Klassischen Deutschen Literatur in Weimar (Hg.), Berlin und Weimar 1967
Kriesi, Hans Max, Gottfried Keller als Politiker, Frauenfeld und Leipzig 1918
Loosli, Theo, Fabulierlust und Defiguration. „Phantastische" Spiele der Einbildungskraft im Prosawerk Gottfried Kellers, Bern 1991
Luck, Rätus, Gottfried Keller als Literaturkritiker, Bern 1970
Muschg, Adolf, Gottfried Keller, München ²1977
Schmidt, Irmgard und Streitfeld, Erwin (Hg.), Gottfried Keller – Emil Kuh, Briefwechsel, Zürich 1988

Gottfried Semper

Biermann, Franz Benedikt, Die Pläne für Reform des Theaterbaues bei Karl Friedrich Schinkel und Gottfried Semper, Berlin 1928
Buttlar, Adrian von, Gottfried Semper als Theoretiker; in: Gottfried Semper, Der Stil in den tektonischen Künsten oder praktische Ästhetik, Bd. 1, Frankfurt/M. 1860, Nachdruck: Mittenwald 1977, Bd. I, S. 1-26
Fröhlich, Martin, Zürcher Bauten Gottfried Sempers; in: Gottfried Semper und die Mitte des 19. Jahrhunderts. Symposium vom 2.-6. Dezember 1974. Institut für Geschichte und Theorie der Architektur an der ETH Zürich, hg. von A. M. Vogt, C. Roeble, M. Fröhlich, Basel, Stuttgart 1976, S. 84-94

Habel, Heinrich, Sempers städtebauliche Planungen im Zusammenhang mit dem Richard-Wagner-Festspielhaus in München; in: Gottfried Semper und die Mitte des 19. Jahrhunderts. Symposium vom 2.-6. Dezember 1974. Institut für Geschichte und Theorie der Architektur an der ETH Zürich, hg. von A. M. Vogt, C. Roeble, M. Fröhlich, Basel, Stuttgart 1976, S. 134-152

Herrmann, Wolfgang, Gottfried Semper im Exil, Paris London 1849-1855. Zur Entstehung des „Stil" 1840-1877, Basel 1978

Knoepfli, Albert, Zu Tische in der Aula des Semperschen Polytechnikumgebäudes. Zu den Zürcher Kreisen der frühen Semperzeit; in: Gottfried Semper und die Mitte des 19. Jahrhunderts. Symposium vom 2.-6. Dezember 1974. Institut für Geschichte und Theorie der Architektur an der ETH Zürich, hg. von A. M. Vogt, C. Roeble, M. Fröhlich, Basel, Stuttgart 1976, S. 256-274

Lankheit, Klaus, Gottfried Semper und die Weltausstellung London 1851; in: Gottfried Semper und die Mitte des 19. Jahrhunderts. Symposium vom 2.-6. Dezember 1974. Institut für Geschichte und Theorie der Architektur an der ETH Zürich, hg. von A. M. Vogt, C. Roeble, M. Fröhlich, Basel, Stuttgart 1976, S. 1-94

Magirius, Heinrich, Gottfried Sempers Zweites Dresdner Hoftheater. Entstehung Künstlerische Ausstattung Ikonographie, Wien, Köln, Graz, Leipzig 1985

Mallgrave, Harry, Francis, Gottfried Semper. Ein Architekt des 19. Jahrhunderts, übersetzt von Joseph Imorde und Michael Gnehm, Zürich 2001; englische Ausgabe: Gottfried Semper. Architect of the Nineteenth Century, London 1996

Neumeyer, Fritz, „Der Klang der Steine". Nietzsches Architekturen, Berlin 2001

Oechslin, Werner, Das Ganze: Wege und Irrwege; in: Scholion, Bulletin I/2002, Stiftung Bibliothek Werner Oechslin (Hg.), Einsiedeln, S. 19-51

Oechslin, Werner, Gottfried Semper und die Moderne. Gedanken zu einer Umwertung des 19. und 20. Jahrhunderts; in: Neue Zürcher Zeitung, 25/26. Mai 2002

Quitzsch, Heinz, Gottfried Semper – Praktische Ästhetik und politischer Kampf. Im Anhang: Die vier Elemente der Baukunst. Braunschweig 1981

Riegl, Alois, Stilfragen. Grundlegung zu einer Geschichte der Ornamentik (1893), Berlin 2 1923

Ders., Historische Grammatik der bildenden Künste, hg. von K. M. Swoboda u. O. Pächt, Graz, Köln 1966 (Buchmanuskript von 1897/98)

Rykwert Joseph, Semper und der Begriff des Stils; in: Rykwert, Ornament ist kein Verbrechen, Köln 1982, S. 214-253

Semper, Gottfried, Der Stil in den tektonischen Künsten oder praktische Ästhetik. Ein Handbuch für Techniker, Künstler und Kunstfreunde. Bd. 1: Die textile Kunst für sich bearbeitet und in Beziehung zur Baukunst; Bd. 2: Keramik, Tektonik, Stereotomie, Metallotechnik für sich behandelt und in Beziehung zur Baukunst. Frankfurt/M. 1860, Nachdruck: Mittenwald 1977

Ders., Kleine Schriften, hg. von Hans und Manfred Semper, Berlin und Stuttgart 1884, Nachdruck: Mittenwald 1979

Ders., Wissenschaft, Industrie und Kunst und andere Schriften über Architektur, Kunsthandwerk und Kunstunterricht, (1852), hg. von Hans M. Wingler, Mainz 1966

Semper Gottfried, 1803-1879 Baumeister zwischen Revolution und Historismus, Katalog der Ausstellung im Albertinum zu Dresden, Staatliche Kunstsammlungen Dresden, München 1979

Semper, Gottfried, Vorläufige Bemerkungen über bemalte Architektur und Plastik bei den Alten. Altona 1834; in: Kleine Schriften, hg. von Manfred und Hans Semper, Kleine Schriften, Berlin, Stuttgart 1884, Nachdruck: Mittenwald 1979
Semper, Manfred, Das Münchner Festspielhaus. Gottfried Semper und Richard Wagner, Hamburg 1906
Stilstreit und Einheitskunstwerk. Muskauer Schriften, Bd. 1
Vogt, Adolf Max, Gottfried Semper und Joseph Paxton; in: Gottfried Semper und die Mitte des 19. Jahrhunderts. Symposium vom 2.-6. Dezember 1974. Institut für Geschichte und Theorie der Architektur an der ETH Zürich, hg. von A. M. Vogt, C. Roeble, M. Fröhlich, Basel, Stuttgart 1976, S. 180-197

Friedrich Theodor Vischer

Auch Einer, Katalog der Ausstellung, Städtisches Museum Ludwigsburg, 1987
Benjamin Walter, Das Paris des Second Empire bei Baudelaire. Die Moderne; in: Walter Benjamin, Gesammelte Schriften, Abhandlungen, hg. von V. Rolf Tiedemann und Hermann Schweppenhäuser, Bd. I. 2, Frankfurt/M. 1974
Brustgi, Franz Georg, Friedrich Theodor Vischer. Freiheit des Geistes. Eine Auswahl aus seinem Gesamtwerk und den Briefen, Stuttgart 1976
Frapan, Ilse, Vischer-Erinnerungen, Äußerungen und Worte. Ein Beitrag zur Biographie Fr. Th. Vischer's, Berlin ²1889
Haverkamp, Wendelin, Aspekte der Modernität. Untersuchungen zur Geschichte des „Auch Einer" von Friedrich Theodor Vischer, Aachen 1981
Oelmüller, Willi, Friedrich Theodor Vischer und das Problem der Nachhegelschen Ästhetik, Stuttgart 1959
Schlaffer, Heinz und Mende, Dirk, Friedrich Theodor Vischer, 1807-1887; in: Marbacher Magazin, 44/1987, Sonderheft
Schlawe, Fritz, Friedrich Theodor Vischer, Stuttgart 1959
Vischer, Friedrich, Theodor, Altes und Neues. Stuttgart 1882
Vischer, Friedrich, Theodor, Über das Erhabene und Komische und andere Texte zur Ästhetik. Mit einer Einleitung von Willi Oelmüller, Frankfurt/M. 1967
Vischer, Friedrich, Theodor, Ästhetik oder Wissenschaft des Schönen. Die Kunstlehre/Bildnerkunst/Malerei, hg. von Robert Vischer, München ²1922, Nachdruck: Hildesheim 1975, 6 Bde.
Vischer, Friedrich, Theodor, Auch Einer. Eine Reisebekanntschaft, (1879), Stuttgart und Leipzig ²⁶1904, hier zitiert nach der Ausgabe: Frankfurt/M. 1987, mit einem Nachwort von Otto Borst
Vischer, Friedrich, Theodor, Kritische Gänge. Robert Vischer (Hg.), Leipzig ²²1914, Bd. 1, München 1920, Bd. 3; München 1922, Bde. 4, 5, 6
Vischer, Friedrich, Theodor Lyrische Gänge und andere poetische Werke, hg. von Gustav Keyßner, Stuttgart 1980
Vischer, Robert (Hg.): Briefwechsel zwischen Eduard Mörike und Friedrich Theodor Vischer, München 1926

Richard Wagner

Adorno, Theodor, W., Versuch über Wagner; in: Adorno, Die musikalischen Monographien (1971), Frankfurt/M. ²1990

Adorno, Theodor, W., Wagners Aktualität; in: Adorno: Musikalische Schriften III. Frankfurt/M. 1978, S. 543-565

Altmann, Wilhelm, Richard Wagners Briefe nach Zeitfolge und Inhalt. Ein Beitrag zur Lebensgeschichte des Meisters, Leipzig 1905, Neudruck: Niederwalluf bei Wiesbaden 1971

Barth, Herbert, Mack, Dietrich, Voss, Egon, Wagner. Sein Leben, sein Werk und seine Welt in zeitgenössischen Bildern und Texten, Vorwort von Pierre Boulez, Wien 1975

Bauer, Oswald, Georg, Richard Wagner. Die Bühnenwerke von der Uraufführung bis heute. Vorwort von Wolfgang Wagner. Frankfurt/M. 1982

Bermbach, Udo, Der Wahn des Gesamtkunstwerks. Richard Wagners politisch ästhetische Utopie, Frankfurt/M. 1994

Bolz, Norbert, Theorie der neuen Medien, München 1990

Borchmeyer, Dieter, Wege des Mythos in der Moderne, Richard Wagner „Der Ring des Nibelungen." Eine Münchner Ringvorlesung, München 1987

Erismann, Hans, Richard Wagner in Zürich, Zürich 1987

Geck, Martin, Die Bildnisse Richard Wagners, München 1970

Glasenapp, Carl, Friedrich, Wagner-Enzyklopädie. Leipzig 1891 (Nachdruck: Georg Olms Verlag, Hildesheim 1977)

Gregor-Dellin, Martin (Hg.), Richard Wagner. Mein Leben. 2 Bde. München 1969

Gregor-Dellin, Martin, Richard Wagner. Eine Biographie in Bildern. München 1982

Gregor-Dellin, Martin (Hg.), Richard Wagner, Ein deutscher Musiker in Paris. Novellen und Aufsätze (1840 und 1841). Kassel 1987

Habel, Heinrich, Die Idee eines Festspielhauses; in: Petzet, Detta und Petzet Michael, Die Richard Wagner-Bühne König Ludwigs II. München. Bayreuth, München 1970 S. 298-328

Kittler, Friedrich, Weltatem. Über Wagners Medientechnologie; in: Diskursanalysen 1, Medien, hg. von F. A. Kittler, M. Schneider, S. Weber, Opladen 1987, S. 94-107

Köhler, Joachim, Friedrich Nietzsche und Cosima Wagner. Die Schule der Unterwerfung, Reinbek bei Hamburg 1998

Mayer, Hans, Richard Wagner in Selbstzeugnissen und Bilddokumenten, Reinbek bei Hamburg 1959

Melderis, Hans, Raum-Zeit-Mythos. Richard Wagner und die modernen Naturwissenschaften, Hamburg 2001

Petzet, Detta und Petzet, Michael, Die Richard Wagner-Bühne König Ludwigs II. München, Bayreuth. Mit Beiträgen von Martin Geck und Heinrich Habel, München 1970

Richard Wagner und die Erotik. Erlösung durch Liebe, Katalog der Ausstellung des Richard-Wagner-Museums und der Bayreuther Festspiele in Zusammenarbeit mit der BayrischenVereinsbank, München 1995

Richard Wagner und die katalanische Moderne, Katalog der Ausstellung des Richard-Wagner-Museums und der Bayreuther Festspiele in Zusammenarbeit mit der Bayrischen Vereinsbank, München 1998

Richard-Wagner-Handbuch, hg. von Ulrich Müller und Peter Wapnewski, Stuttgart 1986

Richard Wagner, Sämtliche Briefe, Bd. 3, Leipzig 1975

Röckl, Sebastian, Ludwig II. und Richard Wagner 1864 1865, München 1903, Reprint: München 1986

Schickling, Dieter, Abschied von Walhall. Richard Wagners erotische Gesellschaft, Stuttgart 1983

Shaw, Bernard, The Perfect Wagnerite (1898); deutsch: Ein Wagner-Brevier. Kommentar zum Ring des Nibelungen, aus dem Englischen von Bruno Vondenhoff, mit einem Vorwort von Joachim Kaiser, Frankfurt/M. ^{6}1991

Thierbach, Erhart (Hg.), Die Briefe Cosima Wagners an Friedrich Nietzsche, I. Teil, 1869-1871, 12. Jahresgabe der Gesellschaft der Freunde des Nietzsche Archivs, 1938, Reprint 1975

Veltzke, Veit, Der Mythos des Erlösers. Richard Wagners Traumwelten und die deutsche Gesellschaft 1871-1918, Schriftenreihe des Preußen-Museums Nordrhein-Westfalen 3, Stuttgart 2002

Wagner, Richard, Gesammelte Schriften und Dichtungen, 10 Bde., Leipzig ^{3}1897, (abgekürzt zitiert: GSD)

Ders., Alle Libretti, Vollständige Texte und Bilddokumente zu allen 13 Opern. Mit Einführung und einem Nachwort von Dieter Zöchling, Dortmund 1982

Wagner, Richard, Das Braune Buch. Tagebuchaufzeichnungen 1865 bis 1882, vorgelegt und kommentiert von Joachim Bergfeld, Zürich 1975

Wagner Parodien, Ausgewählt und mit Nachwort versehen von Dieter Borchmeyer und Stephan Kohler, Frankfurt/M. 1983

Zelinsky, Hartmut, Richard Wagner. Ein deutsches Thema. Eine Dokumentation zur Wirkungsgeschichte Richard Wagners 1876-1976, Frankfurt/M. 1976

Allgemeine Literatur zum Thema

Alfred Rethel, Des Meisters Werke, hg. von Josef Ponten, Stuttgart und Leipzig 1911

Andree, Rolf, Arnold Böcklin. Die Gemälde, Basel 1977

Andrews, Keith, Die Nazarener, München 1974

Asendorf, Christoph, Batterien der Lebenskraft. Zur Geschichte der Dinge und ihrer Wahrnehmung im 19. Jahrhundert, Giessen 1984

Ders., Ströme und Strahlen. Das langsame Verschwinden der Materie um 1900, Giessen 1989

Benjamin, Walter, Das Passagenwerk, hg. von Rolf Tiedemann, Frankfurt/M. 1983, Bd. 1

Ders., Gesammelte Schriften, hg. von Rolf Tiedemann und Hermann Schweppenhäuser, Frankfurt/M. 1974, Bd. I. 2

Bloch, Ernst, Erbschaft dieser Zeit (1935), Frankfurt/M. 1979

Berliner Ensemble, Helene Weigel (Hg.), Theaterarbeit, Dresden 1952

Breuer, Gerda, Arts and Crafts. Von Morris bis Mackintosh – Reformbewegung zwischen Kunstgewerbe und Sozialutopie, Katalog der Ausstellung, Institut Mathildenhöhe Darmstadt 1994

Das neue Buch der Erfindungen, Gewerbe und Industrien. Rundschau über Schiffahrt und Welthandel. Industrie-Ausstellungen und die Pariser Weltausstellung im Jahre 1878. Ergänzungsband: Der Weltverkehr und seine Mittel, Leipzig und Berlin 1879

Der Hang zum Gesamtkunstwerk. Europäische Utopien seit 1800. Katalog der Ausstellung, hg. von Harald Szeemann, Zürich, Düsseldorf, Wien, 1983

Der westdeutsche Impuls 1900 – 1914. Kunst und Umweltgestaltung im Industriegebiet. Die Folkwang-Idee des Karl Ernst Osthaus, Karl Ernst Osthaus Museum Hagen, 1984
Die Nazarener in Rom. Ein deutscher Künstlerbund der Romantik, Deutsche Ausgabe des Ausstellungskatalogs I Nazareni a Roma, hg. von Klaus Gallwitz, München 1981
Dresser, Christopher, Principles of Decorative Design (London 1873); Reprint: London 1973
Dresser, Christopher, Ein Viktorianischer Designer, 1834-1904, Katalog der Ausstellung, Christopher Dresser, Kunstgewerbemuseum Köln, Köln 1981
Dresser, Christopher, Popular Manual of Botany. A Development of the Rudiment of the Botany, London 1860
Dresser, Christopher, Pottery Glass Metalwork. An Exhibition arranged by Richard Dennis and John Jesse, Katalog der Ausstellung, London 1972 (mit Verzeichnis der Schriften von Christopher Dresser)
Durant, Stuart, Christopher Dresser und die Botanik seiner Zeit; in: Dresser, Katalog der Ausstellung: Christopher Dresser, Kunstgewerbemuseum Köln, Köln 1981
Ders., Christopher Dresser, London 1993
Dürck-Kaulbach, Josefa, Erinnerungen an Wilhelm Kaulbach und sein Haus, München 1917
Ein Griechischer Traum. Leo von Klenze der Archäologe, Katalog der Ausstellung, Glyptothek München 1985
Etienne-Louis Boullée. Architektur. Abhandlungen über die Kunst, hg. von Beat Wyss, Einführung und Kommentar: Adolf Max Vogt, Übersetzung aus dem Französischen von Hanna Böck, Zürich und München 1987
Farner, Konrad, Gustave Doré der industrialisierte Romantiker (1962), deutsche Ausgabe München 1975
Freud, Sigmund, Zur Psychopathologie des Alltagslebens. Über Vergessen, Versprechen,Vergreifen, Aberglaube und Irrtum (1904), Frankfurt/M. 1954
Friedrich Gilly und die Privatgesellschaft junger Architekten 1772-1800, Katalog der Ausstellung, Berlin-Museum 1984
Foucault, Michel, Die Ordnung der Dinge. Eine Archäologie der Humanwissenschaften. (Le mots et les choses, 1966) übersetzt von Ulrich Köppen, Frankfurt/M. 1871
Hein, Peter Ulrich, Die Brücke ins Geisterreich. Künstlerische Avantgarde zwischen Kulturkritik und Faschismus, Reinbek bei Hamburg 1992
Johann Heinrich Dannecker, Monographie in 2 Bänden, hg. von Christian von Holst, Katalog zur Ausstellung, Staatsgalerie Stuttgart, 1987
Joppien, Rüdiger, Christopher Dresser – ein viktorianischer Designer zwischen Historismus und Moderne; in: Katalog der Ausstellung, Christopher Dresser, Kunstgewerbemuseum Köln, Köln 1981
Kaegi, Werner, Jacob Burckhardt. Eine Biographie, Die Zeit der Klassischen Werke, Basel 1956, Bd. III
Karl Ernst Osthaus. Leben und Werk, Recklinghausen 1971
Keller, Dominik, „Gesamtkunstwerke" in der amerikanischen Kinolandschaft der zwanziger Jahre; in: Der Hang zum Gesamtkunstwerk. Europäische Utopien seit 1800, Katalog der Ausstellung, hg. von Harald Szeemann, Zürich, Düsseldorf, Wien, 1983, S. 395-400
Kemp Wolfgang, Die doppelte Natur des Schönen. Aus der Nähe betrachtet: „Die Reisegefährtinnen" von August Egg; in: art 2/91, S. 82-88, 113.
Max Klinger 1857-1920, hg. von Dieter Gleisberg, Katalog der Ausstellung, Van der Heydt-Museum Wuppertal 1992

Koetschau, Karl, Alfred Rethels Kunst vor dem Hintergrund der Historienmalerei seiner Zeit, Düsseldorf 1929
Kohn Matthias, „Die Zerstörung Jerusalems durch Titus." Interpretation eines Gemäldes von Wilhelm von Kaulbach – oder die Grenzen des hermeneutischen Vergnügens; in: Kunst lehren und lernen, hg. vom Funktionsbereich Kunst und Designpädagogik der Universität Essen, Essen 1986
Lammel, Gisold, Adolph Menzel und seine Kreise, Dresden 1993
Langer, Axel, Walton, Chris, Minne, Muse und Mäzen. Otto und Mathilde Wesendonck und ihre Zürcher Künstlerzirkel, Museum Rietberg, Zürich 2002
Metken Günter, „Wahn, Wahn! Überall Wahn!" Max Klingers unvollendetes Wagnerdenkmal nebst Vorstufen und Folgen; in: Max Klinger 1857-1920, hg. von Dieter Gleisberg, Katalog der Ausstellung, Van der Heydt-Museum Wuppertal 1992, S. 50-55
Metken Günter, „Die Wiedergeburt des Musikdramas aus dem Geiste der Kunstgeschichte; in: Der Hang zum Gesamtkunstwerk. Europäische Utopien seit 1800. Katalog der Ausstellung, hg. von Harald Szeemann, Zürich, Düsseldorf, Wien, 1983, S. 70-83
Ders., Günter, Künstler im Abteil. Gemalte Physiologie des Zugreisens; in: Zug der Zeit. Zeit der Züge, Deutsche Eisenbahn 1835-1985. Katalog der Ausstellung, hg. von der Eisenbahnjahr Ausstellungsgesellschaft mbH, Nürnberg, Bd. 2, Berlin 1985
Morris, William, Kunde von Nirgendwo (News from Nowhere, 1890). Eine Utopie der vollendeten kommunistischen Gesellschaft aus dem Jahre 1890. Mit einem Vorwort von Wilhelm Liebknecht, hg. von Gerd Selle, Köln 1974
Musil, Robert, Denkmale; in: Musil, Nachlaß zu Lebzeiten, Hamburg 1962, S. 95-63
Pochat, Götz, Der Symbolbegriff in der Ästhetik und Kunstwissenschaft, Köln 1983
Ranke, Winfried, Franz von Lenbach. Der Münchner Malerfürst, Köln 1986
Rauschenbach, Bernd, Arno Schmidt & Design. Wenn sich eine Briefklammer derart sperrt, daß soll man achten, Darmstadt 1970
Rethel, Alfred, Des Meisters Werke, hg. von Josef Ponten, Stuttgart und Leipzig 1911
Revolutionsarchitektur. Boullée. Ledoux. Lequeu. 1728-1799, 1736-1806, 1757-1825, Katalog der Ausstellung der Akademie der Künste Berlin, Berlin 1971
Schad, Martha, Ludwig II., München ^{3}2001
Schindler, Herbert, Nazarener. Romantischer Geist und christliche Kunst im 19. Jahrhundert, Regensburg 1982
Schivelbusch, Wolfgang, Geschichte der Eisenbahnreise. Zur Industrialisierung von Raum und Zeit im 19. Jahrhundert, Frankfurt/M. 1977
Schmidt, Arno, Der Platz an dem ich schreibe. 17 Erklärungen zum Handwerk des Schriftstellers. Eine Edition der Arno Schmidt Stiftung, Bargfeld 1993
Sternberger, Dolf, Venus von Milo; in: Sternberger, Panorama oder Ansichten vom 19. Jahrhundert (1938), Frankfurt/M. 1981, S. 79-81
Sturm, Hermann, Pandoras Box: Design. Zu einer Gestaltung des Nützlichen; in: Kunstform International, Bd. 130, 1995, S. 71-143
Ders., Der Ästhetische Augenblick, München 1997
Ders., Dinge im Fluss. Fluss der Verzeichnungen, Frankfurt/M. 2002
Ders., Das Abteil – eine Bildergeschichte; in: Der Deutschunterricht, Jg. LIV Heft 4/2002, S. 56-67
Szeemann, Harald, Monte Verità. Berg der Wahrheit. Lokale Anthropologie als Beitrag zur Wiederherstellung einer neuzeitlichen sakralen Topographie, Katalog der Ausstellung, Ascona 1978

The Crystal Palace Exhibition. Illustrated Catalogue, London 1851. Reprint: New York 1970

Wackenroder, Wilhelm, Heinrich, Herzensergießungen eines kunstliebenden Klosterbruders (1797); in: Wackenroder, Schriften, Hamburg 1968

Weizsäcker, Victor von, Pathosophie, Göttingen 1956

Warburg, Aby, Heidnisch-antike Weissagung in Wort und Bild zu Luthers Zeit (1920 in den Sitzungsberichten der Heidelberger Akademie der Wissenschaften veröffentlicht); hier zitiert nach: Dieter Wuttke (Hg.): Ausgewählte Schriften und Würdigungen, Baden-Baden 1992

Zug der Zeit. Zeit der Züge, Deutsche Eisenbahn 1835 – 1985. Katalog der Ausstellung, hg. von der Eisenbahnjahr Ausstellungsgesellschaft mbH, Nürnberg, 2 Bde., Berlin 1985

Quellentexte

T 1 „Eine übernatürliche Kraft scheint unsren Weltteil erfassen, aus dem alten Geleise herausheben und in eine neue Bahn schleudern zu wollen. Ja, wir erkennen es, die alte Welt, sie geht in Trümmer, eine neue wird aus ihr entstehen, denn die erhabene Göttin Revolution, sie kommt dahergebraust auf den Flügeln der Stürme, das hehre Haupt von Blitzen umstrahlt, das Schwert in der Rechten, die Fackel in der Linken, das Auge so finster, so strafend, so kalt, und doch, welche Glut der reinsten Liebe, welche Fülle des Glücks strahlt dem daraus entgegen, der es wagt, mit festem Blicke hineinzuschauen in dies dunkle Auge! Sie kommt dahergebraust, die ewig verjüngende Mutter der Menschheit, vernichtend und beseligend fährt sie dahin über die Erde, und vor ihr her saust der Sturm und rüttelt so gewaltig an allem von Menschen Gefügtem, daß mächtige Wolken des Staubes verfinsternd die Lüfte erfüllen, und wohin ihr mächtiger Fuß tritt, da stürzt in Trümmer das in eitlem Wahne für Jahrtausende Erbaute, und der Saum ihres Gewandes streift die letzten Überreste hinweg! Doch hinter ihr, da eröffnet sich uns, von lieblichen Sonnenstrahlen erhellt, ein nie geahntes Paradies des Glückes, und wo ihr Fuß vernichtend geweilt, da entsprossen duftende Blumen dem Boden, und frohlockende Jubelgesänge der befreiten Menschheit erfüllen die noch vom Kampfgetöse erregten Lüfte!"
Richard Wagner, Flugschrift *Die Revolution*, 1849
Und am Ende der Schrift: „Näher und näher wälzt sich der Sturm, auf seinen Flügeln die Revolution; weit öffnen sich die wieder erweckten Herzen der zum Leben Erwachten, und siegreich zieht ein die Revolution in ihr Gehirn, in ihr Gebein, ihr Fleisch, und erfüllt sie ganz und gar. In göttlicher Verzückung springen sie auf von der Erde, nicht die Armen, die Hungernden, die vom Elend Gebeugten sind sie mehr, stolz erhebt sich ihre Gestalt, Begeisterung strahlt von ihrem veredelten Antlitz, ein leuchtender Glanz entströmt ihrem Auge, und mit dem himmelerschütternden Rufe: ‚ich bin ein Mensch!' stürzen sich die Millionen, die lebendige Revolution, der Mensch gewordene Gott, hinab in die Täler und Ebenen und verkünden der ganzen Welt das neue Evangelium des Glückes!"
Richard Wagner, Flugschrift *Die Revolution*, 1849

T 2 „Sie hatte einen Gültbrief von siebenhundert Gulden […] in einer kleinen lackierten Lade liegen, wo sie auch die Zinsen davon, ihren Taufzettel, ihren Konfirmationsschein und ein bemaltes und vergoldetes Osterei bewahrte; ferner ein halbes Dutzend silberne Teelöffel, ein Vaterunser, mit Gold auf einen roten, durchsichtigen Glasstoff gedruckt, den sie Menschenhaut nannte, einen Kirschkern, in welchen das Leiden Christi geschnitten war und eine Büchse aus durchbrochenem und mit rotem Taffet unterlegtem Elfenbein, in welcher ein Spiegelchen war und ein silberner Fingerhut; ferner war darin ein anderer Kirschkern, in welchem ein winziges Kegelspiel klapperte, eine Nuß, worin eine kleine Muttergottes hinter Glas lag, wenn man sie öffnete, ein silbernes Herz, worin ein Riechschwämmchen steckte, und eine Bonbonbüchse aus Zitronenschale, auf deren Deckel eine Erdbeere gemalt war, und in welcher eine goldene

Stecknadel auf Baumwolle lag, die ein Vergißmeinnicht vorstellte, und ein Medaillon mit einem Monument von Haaren; ferner ein Bündel vergilbter Papiere mit Rezepten und Geheimnissen, ein Fläschchen mit Hoffmannstropfen, ein anderes mit Kölnischem Wasser und eine Büchse mit Moschus; eine andere, worin ein Endchen Marderdreck lag, und ein Körbchen, aus wohlriechenden Halmen geflochten, sowie eines, aus Glasperlen und Gewürznägelein zusammengesetzt; endlich ein kleines Buch, in himmelblaues geripptes Papier gebunden mit silbernem Schnitt, betitelt: Goldene Lebensregeln für die Jungfrau als Braut, Gattin und Mutter; und ein Traumbüchlein, ein Briefsteller, fünf oder sechs Liebesbriefe und ein Schnepper zum Aderlassen; [...] dies alles war in der lackierten Lade enthalten, wohl verschlossen, und diese war wiederum in einem alten Nußbaumschrank aufgehoben, dessen Schlüssel die Züs Bünzlin allfort in der Tasche trug."
Gottfried Keller, *Die drei gerechten Kammacher*

T 3   Hat die „brüderliche Menschheit" sich erst einmal in der Gemeinschaft der Sorge ums Dasein entledigt, „und sie – wie der Grieche dem Sklaven – der Maschine zugewiesen, diesem künstlichen Sklaven des freien, schöpferischen Menschen, dem er bis jetzt diente wie der Fetischanbeter dem von seinen eigenen Händen verfertigten Götzen, so wird all' sein Thätigkeitstrieb sich nur noch als künstlerischer Trieb kundgeben.
Nur *starke* Menschen kennen die *Liebe,* nur die Liebe erfaßt die *Schönheit*, nur die Schönheit bildet die *Kunst*. Die Liebe der Schwachen unter sich kann sich nur als Kitzel der Wollust äußern; die Liebe des Schwachen zum Starken ist Demuth und Furcht; die Liebe des Starken zum Schwachen ist Mitleid und Nachsicht; nur die Liebe des Starken zum Starken ist Liebe, denn sie ist freie Hingebung an Den, der uns nicht zu zwingen vermag. In jedem Himmelsstriche, bei jedem Stamme, werden die Menschen durch die wirkliche Freiheit zu gleicher Stärke, durch die Stärke zur wahren Liebe, durch die wahre Liebe zur Schönheit gelangen können: die Thätigkeit der Schönheit aber ist die Kunst." [...] „Ihr leidenden Mitbrüder jedes Theiles der menschlichen Gesellschaft, die ihr in heißem Grollen darüber brütet, wie ihr aus Sklaven des Geldes zu freien Menschen werden möchtet, begreift unsere Aufgabe, und helft uns die Kunst zu ihrer Würde zu erheben, damit wir euch zeigen können, wie ihr das Handwerk zur Kunst, den Knecht der Industrie zum schönen selbstbewußten Menschen erhebet, der der Natur, der Sonne und den Sternen, dem Tode und der Ewigkeit mit verständnisvollem Lächeln zuruft: *auch ihr seid mein, und ich bin euer Herr!* Würde dann unter all den veränderten und verändernden Bedingungen und Voraussetzungen die Erziehung „immer mehr zu einer künstlerischen, so werden wir einst so weit alle selbst Künstler sein."
Richard Wagner, *Die Kunst und die Revolution*

T 4   *„Tanzkunst, Tonkunst* und *Dichtkunst* [...] eine mit der anderen liebevoll Arm in Arm bis an den Nacken verschlungen; dann bald diese bald jene einzelne, wie um den anderen ihre schöne Gestalt in voller Selbständigkeit zu zeigen, sich aus der Verschlingung lösend, nur noch mit der äußersten Handspitze die Hände der anderen berührend; jetzt die eine, vom Hinblick auf die Doppelgestalt ihrer festumschlungenen beiden Schwestern entzückt, dieser sich neigend; dann zwei, vom Reize der einen hingerissen, huldigungsvoll sie grüßend, – um endlich Alle, fest umschlungen, Brust an Brust, Glied an Glied, in brünstigem Liebeskusse zu einer einzigen, wonnig lebendigen Gestalt zu verwachsen. – Das ist das Lieben und Leben, Freuen und Freien der Kunst, der Einen, immer sie selber und anderen, überreich sich scheidenden und überselig sich

vereinigenden. Dies ist die freie Kunst. Der süß und stark bewegende Drang in jenem Reigen der Schwestern, ist der *Drang nach Freiheit;* der Liebeskuß der Umschlungenen, *die Wonne der gewonnenen Freiheit.*"
Richard Wagner, *Das Kunstwerk der Zukunft*

T 5 „Mein Buch – das nun ‚Oper und Drama' heißen soll, ist noch nicht fertig: es wird mindestens doppelt so stark als das Kunstwerk der Zukunft [...] I. Darstellung des Wesens der Oper bis auf unsere Tage, mit dem Resultate, ‚die Musik ist ein gebärender Organismus – also ein weiblicher.' – II. Darstellung des Wesens des Dramas von Shakespeare bis auf unsere Tage: ‚Resultat, der dichterische Verstand ist ein zeugender Organismus, die dichterische Absicht der befruchtende Same, der nur in der Liebeserregung entsteht und der Drang zur Befruchtung eines weiblichen Organismus ist, der den Samen – in der Liebe empfangen – gebären muß.' – III. (Hier fange ich jetzt erst an) ‚Darstellung des Gebärungsaktes der dichterischen Absicht durch die vollendete Tonsprache.'"
Richard Wagner, Brief an Uhlig, Dezember 1850

T 6 „Die Kunst oder das Arbeitsvergnügen, wie man das nennen sollte, [...] entstand von selbst, aus einer Art von Instinkt des Volks, das nicht länger verzweifelt zu mühevoller und aufreibender Überanstrengung getrieben war und nun die Arbeit, welche es in der Hand hatte, so gut und so ausgezeichnet zu machen strebte, als nur irgend möglich. Nachdem das so eine Zeitlang fortgegangen war, erwachte allmählich ein Sehnen nach Schönheit in dem Geist der Menschen; sie fingen an, die Gegenstände, die sie anfertigten, zu verzieren, anfänglich zwar noch ungeschickt und plump; nachdem sie sich aber einmal ernstlich an die Arbeit gemacht hatten, ging es immer besser. [...] Auf diese Weise und durch langsames Voranschreiten fanden wir mehr und mehr Vergnügen an unserer Arbeit, und dann wurden wir uns bald dieses Vergnügens bewußt; wir pflegten es und sorgten, daß wir zur Genüge hatten – damit war alles gewonnen, und wir waren glücklich."
William Morris, *Kunde von Nirgendwo*

T 7 „Das religiöse Ideal soll durch Mittel sehr moderner Art, durch ‚stimulantia' gerettet werden. Jene eigene feine Sinnlichkeit, welche mit der Trunkenheit sentimentaler Verzückung zusammenfällt, jene Vermischung von Magdalene und Pompadour, jene schuldige Unschuld, jene kokette Naivität, all jener Theatereffekt, der das spätere sechzehnte, siebzehnte, achtzehnte Jahrhundert bezeichnet, ist das Mittel, das der moderne Katholizismus aufbietet. Die Kirchenmusik wird zur Opernmusik, die ernste Glocke selbst lernt Menuett tanzen, dem Bildhauer stehen Ballett-Tänzer und- Tänzerinnen, die Architektur lernt hüpfen, daß ihr die gewickelten Haare in die Lüfte flattern, Mätressen blicken schwimmend in lüsternen Tränen aus dem Rahmen und runzliche, vettelhafte Alte, heilige Hieronymus, Franziskus usw. schmachten mit der Verzückung begehrlicher Impotenz nach ihnen."
Zur Darstellung der Overbeckschen Madonna: „Ja, sie ist schön, diese Madonna, diese reine Taube sonder Galle. Und doch – es ist etwas Vielliebchen und Vergißmeinnicht."
Ein unverkennbarer Zug sei in den neueren Madonnen, „man sieht ihnen eben die Zeit an, wo es Stammbücher, viele Spiegel, Modejournale und Titelkupfer von Taschenbüchern gibt. [...] Eure Madonnen sind in einer Pension, in einer Töchterschule aufgewachsen, ein Jährchen wenigstens, ja sie trinken Tee, wenig, aber etwas. Diese hier hält ja gar eine Schreibfeder in der Hand; gebt acht, sie nimmt ein Blatt aus einem Album

mit Rokokoarabesken am Rande und schreibt etwas aus Jean Paul darauf – nein schönes Mädchen, ich glaube es nicht, daß dieses Kind Ihr Kind ist, Sie sind zu sittlich, auch hat der Heilige Geist einen anderen Geschmack, etwas derber; einen Zimmermann hätten Sie schwerlich geheiratet; vielmehr ein Ideal von einem sittlichen, höchst musterhaften jungen Mann, angestellt etwa beim Kirchen- und Schulwesen, irgend einen Oberhofprediger, der Glockentöne geschrieben hat – den würd ich Ihnen empfehlen. Aber wie frevle ich! Das Bild ist doch so schön! Und ich habe doch recht; eine Madonna ist für uns eine Unmöglichkeit," […] „ein kastrierter Raffael."
Friedrich Theodor Vischer, *Die Münchner Kunst*

F 8 „Der ganze Inhalt unserer Kunstlehre erspart uns eine Widerlegung der R. Wagnerschen Theorie von einer Verbindung sämtlicher Künste im Theater, von einem Kunstwerke, das Drama, Oper, Tanz und hiemit lebendige Plastik, Gemälde und architektonische Schönheit gleichzeitig in der Art sein soll, daß wenigstens die ersteren dieser Künste zu gleichen Teilen in der Verbindung wiegen. Jede Kunst hat das ganze Schöne auf ihre Weise und es gibt daher keine andere richtige Verbindung von Künsten als eine solche, worin entschieden Eine Kunst herrscht, die andere oder die andern nur mitwirken; die Verschüttung dieser festen Grundsätze ist moderner Überreiz und führt praktisch zum überladenen, phantastischen Opernpompe."
Friedrich Theodor Vischer, *Ästhetik*, Bd. VI

T 9 „Nur Interessierte können leugnen, daß unter dem Namen Wein und Bier tagtäglich Meere von Gift in die Adern unseres Volkes sich ergießen. Gift: wir wollen immerhin glauben, daß Gifte im eigentlichen Sinne des Wortes, […] nur selten das Fälschungsmittel bilden; dieses besteht meist aus Stoffen, die an sich nicht Gifte sind, von denen zum Teil nicht nachgewiesen werden kann, […] Wir wollen solche Stoffe, die, an sich nicht Gift, doch in dieser Verbindung und häufig genossen, schädlich wirken, Halbgifte nennen. Wo aber die Beimischung dieser Halbgifte straflos bleibt, da kann auch der Anwendung eigentlicher Gifte nicht gesteuert werden. […] Über die Halbgiftmischungen ist noch zu sagen: die Trinker fallen davon allerdings nicht sogleich tot um, leider aber kann uns keine Statistik zeigen, wie viele Menschen an Krankheiten sterben, an denen sie nicht gestorben wären, wenn sie nicht jahrelang tagtäglich mit schnödem Surrogatgebräu Magen, Nervensystem und Hirn verschleimt, verdumpft, geschwächt, gelähmt hätten. Am übelsten ist der Teil des Volkes daran, der nach der Wohlfeilheit gehen muß, wiewohl damit nicht gleich gesagt sein soll, daß Bier und Wein mit dem Preis immer auch an Reinheit steigen; höchstens etwas mehr Wahrscheinlichkeit ist bei teurem Preise vorhanden: die Gewinnwut unserer Zeit weiß keine Grenze: gesteigerter Preis soll reines Getränk verbürgen; die Steigerung genügt nicht, in kurzem heißt es: ‚Willst du reines, so mußt du noch mehr zahlen!' Und so geht in unabsehbarer Skala der wilde Schwindel weiter."
Friedrich Theodor Vischer, *Die (vorläufig) letzte Handlung des deutschen Reichskanzlers*

T10 „Der Hahn am Schlosse des Schießgewehrs schnappt vor, schlägt auf, entzündet das Feuer: das Schnappen mag durch eine Fischform symbolisiert werden, oder mehr als pickender Stoß aufgefaßt durch das Bild des Raubvogels, dagegen bezeichnet der Drache zugleich den Entzündungsprozeß; so belebt sich die Waffe und es liegt in dem treffenden Spiele des Schmucks dieselbe Poesie wie in Beilegung persönlicher Namen,

wodurch bei den alten Völkern jede Waffe zu einem persönlichen Wesen wurde, wodurch die Glocke, das Schiff noch heute beseelt vorgestellt wird. Dagegen mag durch die Bemerkung, daß es sehr schwer ist, für den Mechanismus des Zündnadelgewehrs eine passende symbolische Verzierung zu erfinden, sogleich auf den schweren Kampf hingewiesen werden, welchen in der modernen Zeit der Kunstsinn mit der Nacktheit zu bestehen hat, die der unendliche Fortschritt der mechanischen Erfindungen mit sich bringt."
Friedrich Theodor Vischer, *Ästhetik*, Bd. III, § 596

T11 Aus der Extrabeilage der Neuen Zeitschrift für Musik 1876, Richard Wagner's Bühnenfestspiele in Bayreuth: „Für den zu scenischen Effecten bei Verwandlungen und dergl. als: aufsteigende Nebel, herabsinkende Wolken etc. verwendeten Dampf sind in einem besonderen Kesselhause 2 Stück Locomotivkessel aufgestellt, die in einem Hauptrohre den Dampf zu einem in der ersten Untermaschinerie befindlichen Dampfsammler führen, von welchem sich derselbe in einer Netzleitung unter dem ganzen Bühnenboden verzweigt. Durch 12 Stück Gummispiralschläuche wird der Dampf von den auf der Bühne regulirbaren Ventilen abgenommen und zu den einzelnen Verbrauchsstellen geleitet. Oefter hat derselbe, farbig beleuchtet, die bei den Aufführungen vorkommenden Verwandlungsscenen vollständig zu decken. Durch drei an den tiefsten Stellen der Leitung placirte Condensationstöpfe wird derselbe so wasserfrei als möglich gemacht. – Eine zweigliedrige auf dem Terrain der Untermaschinerie 37 Fuß unter dem Bühnenboden stehende Dampfpumpe saugt das Wasser aus dem 52 Fuß tiefen, 8 Fuß Durchmesser haltenden Brunnen und fördert dasselbe in zwei, 130 Fuß darüber in den massiven Eckthürmen aufgestellte, je 40 Ohm haltende eiserne Reservoirs. Durch von unten schließende Schwimmerventile sind die Steigröhren auch zugleich als Fallröhren verwendet, an welchen auch Bühnenboden und Obermaschinerie 8 Stück Feuerhähne mit je 20 Meter Feuerschlauch angebracht sind, die durch 8 Mitglieder der Bayreuther Feuerwehr und 1 Führer während der Proben und Aufführungen bedient werden."
Paul Lindau: Nüchterne Briefe aus Bayreuth, in: Petzet, S. 242

T12 „Nun denn, ihr deutsche Künstlerjugend, köstliche Pfänder der Liebe und Weisheit eurer Lehrer und Erzieher, die ihr wohl exerziert seid, nicht nur in der Kunst, sondern auch vor allem in der Kunst, auf allerhöchstes Verlangen mit patentierten Zündhölzchen Begeisterung für beliebige Kunstepochen in euch anzufachen und nach Gutdünken zu vertuschen, wohlan denn! Heraus mit der Begeisterung für das Werk, was das einige Deutschland als Symbol seines Zustandes schaffen will! Gehet hin und werdet zu Steinträgern am Kölner Dombau, es braucht nur Hände, nur menschlichen Mechanismus, die Idee ist ja schon seit 600 Jahren fertig, überdem ist das Steintragen ein herrliches Mittel zur christlichen Demut! – – Ihr Architekten werdet Steinklopfer, und wenn euch die Richtung der Zeit noch etwas Saft gelassen, so laßt euch zu Mörtel zerstampfen, oder meißelt und klopft so lange fort für die erhabene Idee, bis euer bißchen eigenes Leben erloschen ist und ihr erstarrt und versteinert, gleich so mancher verzerrten Fratze des Mittelalters, als Verzierung in die Mauer des Doms eingelassen werden könnt! [...] Ihr größten Hebel des Fortschritts, Altertumsforscher und Rezensenten, wenn ihr den Riesenbau durch unaufhörliches journalistisches Spektakeln und Schreien endlich bis zum Dache gebracht, so laßt euch als Dachtraufen einmauern, ihr werdet darin zur Ehre der großen Idee euren eigentlichen angeborenen Beruf erkennen! Euer stets offener Mund, euer oft so hohles Innere und leerer Bauch wird euch vortrefflich als

Rinnsteine qualifizieren! Es gilt ja gleich, ob das Wasser dieses oder jenes Jahrhunderts durch euch hindurchläuft, ihr spuckt es hinunter auf die dumme Welt und beruft euch auf den Einfluß vom Himmel und daß ein Naturgesetz euch dazu zwingt! usw."
Friedrich Theodor Vischer, Kritische Gänge, Bd. 5

T13 „Das Denkmal baut sich auf in Ringform. Der Ring ist das Symbol der äußersten Vollendung, der innersten Gottbeziehung. [...] Wer die tiefe geistige Bedeutung des Ring-Symboles erfaßt hat, des tatsächlichen Kreislaufes der unerhörten Ströme des Lebens, der begreift auch erst über die gegenständliche Bedeutung hinaus den Namen, den Wagner seiner gewaltigen Trilogie gegeben hat und findet auch in dieser scheinbaren Nebensächlichkeit Wagners Genialität aufs neue erstaunlich bestätigt. Als 12 Meter hohe steinerne Mauer baut sich dieser Ring auf, als eine materialisierte Schwingungsgrenze, die ihren Ursprung im geistigen Zentrum hat. [...] Sie schafft aber auch nach innen den ‚heiligen Raum', der durch das namenlose Mysterium geweiht ist, durch die Schöpfung, die Ur-Zeugung, in deren Erfahrung sich die Seele innig beglückt. [...] Namenlos ist der Mittelpunkt des Raumes: Er ist das Geheimnis selbst; der Ort, an dem – bar jeden Scheins – der Ur-Gedanke selbst west. [...] Die Stätte der Erscheinung Gottes ist geadelt und geweiht durch das unsichtbare Feuer, das alle äußeren Formen vernichtet. [...] In dieser geistigen Feuersäule, die unsichtbar in der Mitte des Raumes schwebt, kann selbst der Genius nicht weilen. Seine Gestalt ist aus dem Zentrum herausgerückt. Aber er weilt in ihrer Nähe. Sinnlich abgerufen von der Welt erscheint er versunken im Anschaun Gottes und empfängt von Ihm die Gnade seines lebendigen Wortes. [...] Zur Darstellung der Figur des Meisters: Wer an solchem Werke nicht das einzig erhabene Verständnis bemerkt, das es schuf, an dem sind alle wörtlichen Beschreibungen und begeisterten Schilderungen verloren. Seien wir dankbar, daß es sich nur der Seele erschließt, dem Verstande aber verschlossen bleibt. Über dem Wunder der geistigen Empfängnis blaut die himmlische Flut des Äthers, die grenzenlose Unmittelbarkeit des Ewigen. [...] Durch die Tore strahlt vom Zentrum aus die himmlische Spannung nach allen Richtungen hinaus in die Welt." Die Figuren aus Wagners Opern wollen als Bruchstücke einer „gewaltigen Idee", des Gedankens der Erlösung verstanden werden. Ihr einheitlicher Sinn faßt sich zusammen in dem einen Sinn des Weltlebens überhaupt. Dieser besteht im Kampfe gegen das materielle Bewußtsein. Dieser Wahrheit entsprechend erscheint an bedeutender Stelle über dem Haupte des Meisters die Darstellung dieses gewaltigen, erdumfassenden Kampfes im Menschen, der wider das Tier streitet: Siegfried, der den Drachen tötet! Siegfried als völkische Vorahnung des lichtesten Weltgedankens, der jugendliche, der kraftvolle Geist, der im Siege den Frieden gibt, indem er die schwerfällige Leidenschaft des träge niederziehenden Quaders endgültig überwindet! – –"
Karl Ernst Lange (1924); in: Zelinsky, S. 228

T14 „Die menschliche Schönheit teilt sich als Gattung in die männliche und weibliche. Jene drückt durch die Strenge, womit die Masse des Körpers bezwungen und zu scharfer Bestimmtheit gebunden ist, die als Einsicht und Wille tätige, diese durch den ununterbrochenen Fluß der weicheren und rundlichen Umrisse, in welchen die freiere Fülle des Stoffes spielt, die in Naturdunkel versenkte, in ungeschiedener Einheit der Empfindung webende Persönlichkeit, die Bestimmung des Empfangens aus: dort Erhabenheit oder Würde, hier Anmut. Diese Gegensätze ergänzen sich durch Bildung und durch Tausch der Liebe." Im Kommentar zu diesem Paragraphen: „Die ganze weibliche Gestalt ist

vor Allem wesentlich durch das Becken und die dadurch gegebne Breite der Hüfte bestimmt. Daher müssen sich die ausgebogenen Schenkel gegen das Knie hin wieder einbiegen, und von da biegt sich das Schienbein sanft wieder aus. Über der breiten Hüfte erscheint die Taille doppelt schlank; die Brust durfte sich, da so viel Stoff an die Hüfte abgebogen war, nicht mächtig ausbilden, und die Brüste sprechen die Bestimmung zum Säugen wie die Hüfte die zum Empfangen, Schwangergehen und Gebären aus. Die Schulter hat daher einen schnelleren Fall; auf dem schlankeren und längeren Halse ruht der sanfte, mit niedrigerer Stirn gebildete Kopf. Die ernährende Tätigkeit, bestimmt, in leichtem Säftelauf den empfangenen Keim zu speisen, setzt überall das reichere Fett ab und vermittelt so jeden Übergang durch sanft schwellende Hügel, Rundungen, Einsenkungen. Durch diesen herrschenden Ausdruck der Geschlechtsbestimmung ist das Weib ungleich mehr Naturwesen als der Mann mit der höheren Stirn, den schärferen Zügen, den stärkeren, eckiger abstehenden Schultern, der breiten Brust, der schmäleren Hüfte, den geraden Beinen; er erscheint durch seine Geschlechtsteile zum Zeugen, durch das Gepräge seiner ganzen Gestalt aber zum freien Handeln, zur Allgemeinheit des geistigen Zwecks bestimmt. Das Weib gleicht den Elementartieren, der Mann den freieren Landtieren."
Friedrich Theodor Vischer, Ästhetik, Bd. 2

T15 Am Ende des Romans berichtet A. E. von einem Traum, in dem er von Neapel aus auf den Monte Pellegrino wollte, um in der „Grotte der wahren Rosalia Kühlung zu suchen". Der Berg sei jetzt „umgekehrt im Meer drunten", der Ätna habe ihn weg- und umgedrückt, belehrt ihn ein Zwerg. Der Träumende sinkt in kühle Tiefen und steht schließlich vor einem reich geschmückten Hochaltar. Der Zwerg schließt den Schrein auf und – „Hat sich der Himmel aufgetan? Vor mir wölbte sich die blaue Grotte von Capri, nicht Bild, nicht Gemälde, sondern Wirklichkeit. [...] Eine Erhöhung des Felsens ragt aus dem Wasser, wie zur natürlichen Ruhestätte gebildet, auf weißer Decke, die darüber sich breitet und faltenreich niederfällt, in weißem Gewande, das Haupt auf weißem Schlummerkissen ruht ein Weib, mir entgegengekehrt, das Angesicht mir gegenüber, halbgeschlossen sind die Augen, Friede wohnt auf ihrer Stirne, ein seliges Lächeln umspielt ihre Lippen, Verklärung ist dies Antlitz." Magisches Licht scheint von der Frau auszugehen, „mondscheingleich das Blau, das vor lauter Leuchtkraft wie Rot auf das Auge wirkt, zu sanfter Kühle ermäßigt." Er scheint die Frau zu erkennen, flüstert ihren Namen: [...] „Nun sprach sie, – es war jener grundgute Ton, der mir einst ins Herz des Herzens gedrungen –: ‚Nicht wahr, hier es ist gut, still und kühl?' – ‚Ja, du Gute,' sagte ich, ‚aber das ist ein Ort für Reine, da darf ich nicht bleiben; verzeih', verzeih', daß ich hier eingedrungen; aber du glaubst nicht, o, du glaubst nicht, wie fürchterlich es droben aussieht im Tale der Schrecken.' Wie vorher ruhten diese Augen auf mir mit dem Blick der Güte und des Mitleids, den keine Zunge nennt. Dann hob sie langsam den Arm, bot mir die schneeweiße Hand und sagte: ‚Reiche die deine, das kühle Lichtblau hat alles abgewaschen.' Zitternd hob ich die Hand und faßte die ihre. Sie war kalt, aber nie im Leben hat der Druck einer warmen, lebendigen Hand einen Menschennerv und ein Menschenherz so selig durchzittert, wie mich die Berührung dieser weichen, zarten Finger, die wie aus Schnee gerundet schienen. Ich hielt sie fest und flüsterte: ‚Ewig.' ‚Ja, ewig', hauchte sie. Ich glaubte sie noch zu halten, als ich erwachte. Dieses Erwachen! Hinweggespült aus meiner hämmernden Brust ist der Krampf und Brand des Lebens, sanft geht mein Puls. Ich bin frei."
Friedrich Theodor Vischer, *Auch Einer*

T16 [...] „es war eines der ordinärsten, in der Tat gemeinsten Produkte der horologischen Industrie, ganz Zwiebel. „Statt dieses redlichen, treuen Wesens [...] fungierte früher eine goldene Repetieruhr, die, ich kann es sagen, ihr Stück Geld gekostet hatte; sie vergalt dieses Opfer jahraus jahrein mit Tücken jeder Art, ging nie recht, benützte arglistig jede Gelegenheit, zu fallen, sich zu verstecken, Gläser zerbrachen so viele, daß es mich bald an den Bettelstab gebracht hätte, endlich setzte sie sich mit dem Haken der goldenen Uhrenkette in Einverständnis, in Verschwörung. Mit dem Haken, mein Herr, hat es nämlich eine eigene Bewandtnis. Das Tendenziöse, was im Objekt überhaupt liegt – darüber wäre einiges zu sagen, mein Herr, aber das ist von langer Hand –, das Tendenziöse spricht sich so offenkundig in der Galgenphysiognomie der Haken aus, daß man im Umgang mit diesen hämischen Gesichtern leicht unvorsichtig wird; man denkt: dich kenne ich ja, dich verrät deine griffige, vor sich selbst warnende Bildung, du wirst mich nicht überlisten; eben darüber wird man im Gegenteil fahrlässig. Ganz umgekehrt verhält es sich bei so manchen anderen Objekten. Wer sollte zum Beispiel einem simplen Knopf seine Verruchtheit ansehen?" Und nun folgt eine Geschichte, wie das Verhaken eines Knopfes an einer Hochzeitstafel Unheil anrichtete. Man erinnert sich an Vischers Ungeschick an der Kaffeetafel bei Wesendoncks. Das Ende der goldenen Uhr also ist unausweichlich: [...] „der Haken schlich in einer Nacht über das Tischchen, worauf ich die Uhr achtsam gelegt, leise hinüber nach dem Bett, nestelte sich in eine Naht des Kissenüberzugs ein, das Kissen war mir überflüssig, ich hob es rasch und warf es an das Fußende des Bettes, die Uhr nun natürlich mit; in einem prächtigen Bogen schwang sie sich an die Wand und fiel mit zersplittertem Glase nieder. Es war genug. Ich zertrat sie feierlich, [...] der Kobold gab dabei einen Ton von sich, einen Pfiff wie eine verfolgte Maus, ich kann schwören, daß es ein Laut war, der nicht im Umfang der physikalischen Natur liegt. Nun, dann habe ich mir hier diese bescheidene Zeigerin der Zeit um niederträchtig geringes Geld gekauft; betrachten Sie die Gute: bemerken Sie den Ausdruck von Biederkeit in diesen schlichten Zügen; seit zwanzig Jahren dient sie mir – unberufen, unberufen ! – treu und ehrlich, ja ich kann sagen, nicht einen Verdruß hat sie mir bereitet."
Friedrich Theodor Vischer, *Auch Einer*
Vischer wäre nicht Vischer, wenn nicht auch die Frauen im tückischen Kosmos eine Rolle zu spielen hätten. Noch einmal A. E.: „Nun, neulich träumte mir schrecklicherweise, ich habe eine Frau, ich lachte sie aus, daß sie die Zeitung unaufgeschnitten lese und jahrelang eine Schublade dulde, die nicht geht. Hierauf hielt sie mir eine Geduldspredigt und verlangte, ich solle zur Übung dieser Tugend an meinem Rock statt Knopflöcher und Knöpfe Schrauben und Schraubenmüder tragen, die sich ja ganz elegant von blau angelaufenem Metall herstellen ließen, oder auch Pfröpfe, und ich könnte jedes Mal, wenn ich den Rock öffnen wolle, jene mit einem Schraubenschlüssel, diese mit einem Pfropfzieher aufmachen. – O was! Ein Weib ist fähig, über einen Schrank einen Teppich so zu legen, daß er über die oberste Schublade überhängt und nie oft dieses gezogen und geschlossen wird, sich einklemmt! Mein Herr, das Weib hat *Zeit* für den Kampf mit dem Racker Objekt, sie *lebt* in diesem Kampf, er ist ihr Element; ein Mann darf und soll keine Zeit hierfür haben, er braucht seine Geduld auf für das, was der Geduld *wert* ist."
Friedrich Theodor Vischer, *Auch Einer*

T17 „Der Fußboden des großen, den Blick nach dem Garten gewährenden Zimmers, ist mit einem dunkelrot und schwarz gemusterten Teppich bedeckt, während ein zweiter, in

bunten, matten Farben über jenem ausgebreitet liegt. Die roth bekleideten Wände dieses Salons sind mit Bücherregalen bedeckt, auf denen kostbar gebundene Werke in der höchsten Ordnung sich an einanderreihen. [...] Gegenüber dem Arbeitstische befindet sich ein kostbarer Flügel. Im Übrigen füllt das Gemach ein reiches Möblement in ungezwungener, geordneter, genialer Unordnung. Hier in einer lauschigen Ecke ein mit gelbem Atlas überzogener Fauteuil. Dort eine carmoisinrote Causeuse, in deren weichem Polster man förmlich versinkt; dem Kamin gegenüber erblicken wir ein reizendes kleines Sofa mit buntgemustertem Seidendamast überzogen, davor ein ovales Tischchen mit lang herabhängender himmelblauer Atlasdecke, in welche silberne Blumen eingewebt sind; dazwischen lugen hervor kleine Tischchen, Puffs und Stühle in mannigfacher Gestalt, ein Blumentisch, reich vergoldet, mit köstlichen exotischen Pflanzen und über dem allem schwebt von dem Plafond herab ein prachtvoller Kronleuchter, welcher abends mit seinem strahlenden Lichte diesem bunten Gemenge einen anheimelnden Glanz verleiht."
Susanne Weinert, Gouvernante bei Wagner

T18 „Die künstlerische Absicht, welche die neuere Musik in dem verfolgt, was jetzt, sehr stark aber undeutlich, als ‚unendliche Melodie' bezeichnet wird, kann man sich dadurch klar machen, daß man in's Meer geht allmählich den sicheren Schritt auf dem Grunde verliert und sich endlich dem wogenden Elemente auf Gnade und Ungnade übergiebt: man soll schwimmen. In der bisherigen älteren Musik mußte man, im zierlichen oder feierlichen oder feurigen Hin und Wieder, Schneller und Langsamer, *tanzen*: wobei das hierzu nöthige Maass, das Einhalten bestimmter gleichwiegender Zeit- und Kraftgrade von der Seele des Zuhörers eine fortwährende *Besonnenheit* erzwang: auf dem Widerspiele dieses kühleren Luftzuges, welcher von der Besonnenheit herkam, und des durchwärmten Athems musikalischer Begeisterung ruhte der Zauber der Musik. – Richard Wagner wollte eine andere Art *Bewegung der Seele*, welche, wie gesagt, dem Schwimmen und Schweben verwandt ist. Vielleicht ist dies das Wesentlichste aller seiner Neuerungen. Sein berühmtes Kunstmittel, diesem Wollen entsprungen und angepaßt – die ‚unendliche Melodie' – bestrebt sich alle mathematische Zeit- und Kraft-Ebenmäßigkeit zu brechen, mitunter selbst zu verhöhnen, und er ist überreich in der Erfindung solcher Wirkungen, welche dem älteren Ohre wie rhythmische Paradoxien und Lästerreden klingen. Er fürchtet die Versteinerung, die Krystallisation, den Uebergang der Musik in das Architektonische."
Friedrich Nietzsche, *Menschliches, Allzumenschliches*

Bildnachweise

Für die angeführten Quellen vgl. das Literaturverzeichnis im Anhang

Seite 70
oben links: Mallgrave, Semper, S. 324
oben rechts: Neumeyer, „Der Klang der Steine", S. 14
unten links: Auch Einer, S. 155
unten rechts: Schmidt, I. und Streitfeld, E., Gottfried Keller – Emil Kuh Briefwechsel. S. 53

Seite 71
oben links: Langer/Walton, Minne, Muse und Mäzen, S.128
unten links: Gregor-Dellin, Richard Wagner, S. 142
oben rechts: Martin Geck, Die Bildnisse Richard Wagners, Abb. 25 C
unten rechts: Langer/Walton, Minne, Muse und Mäzen, S. 13

Seite 72
oben links: Semper, Der Stil, Bd. 2, S. 57
oben rechts: Neumeyer, Fritz, „Der Klang der Steine", S. 14
unten rechts: Zelinsky, Richard Wagner – ein deutsches Thema, S. 87

Seite 73
oben und Mitte links: Gregor-Dellin, Richard Wagner, S. 182
Mitte rechts: Barth, Wagner. Sein Leben, sein Werk, Abb. 252
unten: Barth, Wagner. Sein Leben, Abb. 251

Seite 74
oben: Der Hang zum Gesamtkunstwerk, S. 171
Mitte: Gregor-Dellin, Richard Wagner. Eine Biographie in Bildern, S. 183
unten: Petzet, Die Richard Wagner-Bühne König Ludwigs II.
Abb. 3, S. 180

Seite 75
oben: Gregor-Dellin, Richard Wagner. Eine Biographie in Bildern, Abb. 149
unten: Petzet, Die Richard Wagner-Bühne König Ludwigs II. Abb. 34

Seite 76
oben: Schindler, Nazarener. Romantischer Geist und christliche Kunst, S. 85
unten: Andrews, Die Nazarener, Tafel 52

Seite 77
oben links: Marbacher Magazin 44/1987, S. 29
oben rechts: Auch Einer, Katalog, S. 147
unten: Auch Einer, Katalog, S.144

Seite 78
Marbacher Magazin 44/1987, Innenseite und Rückseite Umschlag

Seite 79
oben: Das Buch der Erfindungen, S. 159
unten: Zug der Zeit. Zeit der Züge, Bd. 2, S. 531

Seite 80
links: Semper, Der Stil, Bd. 2, S. 238
rechts: Semper Gottfried, 1803-1879 Baumeister zwischen Revolution und Historismus, S. 328

Seite 81
oben: The Crystal Palace Exhibition. Illustrated Catlogue, S.31
unten: Semper Gottfried, 1803-1879 Baumeister zwischen Revolution und Historismus, S. 318

Seite 82
links oben: Dresser, Principles of Decorative Design, S. 139
links Mitte: Dresser, Principles of Decorative Design, S. 140 und S. 97
links unten: Dresser, Principles of Decorative Design, S. 123
rechts oben: Semper, Der Stil, Bd. 2, S. 112
rechts unten: Semper, Der Stil, Bd. 2, S. 4

Seite 83
oben: Mallgrave, S. 233
unten: Mallgrave, S. 275

Seite 84
linke Reihe von oben nach unten: Petzet, Die Richard Wagner-Bühne König Ludwigs II., S. 736; Mallgrave, S. 358; Gregor-Dellin, Richard Wagner, S. 132; Petzet, Die Richard Wagner-Bühne König Ludwigs II., S. 760;
rechte Seite von oben nach unten: Neumeyer, S. 134; Biermann, Die Pläne für die Reform des Theaterbaues bei Karl Friedrich Schinkel und Gottfried Semper, Abb. 21; Der Hang zum Gesamtkunstwerk, S. 169

Seite 85
links oben: Mallgrave, Gottfried Semper, S. 370
rechts oben: Geck, Die Bildnisse Richard Wagners, S. 53
links unten: Marbacher Magazin 44/1987, S. 90
rechts unten: Andree, Arnold Böcklin. Die Gemälde, Farbtafel 42

Bauwelt Fundamente
(lieferbare Titel)

1 Ulrich Conrads (Hg.), Programme und Manifeste zur Architektur des 20. Jahrhunderts
2 Le Corbusier, 1922 – Ausblick auf eine Architektur
3 Werner Hegemann, 1930 – Das steinerne Berlin
12 Le Corbusier, 1929 – Feststellungen
14 El Lissitzky, 1929 – Rußland: Architektur für eine Weltrevolution
16 Kevin Lynch, Das Bild der Stadt
50 Robert Venturi, Komplexität und Widerspruch in der Architektur
53 Robert Venturi, Denise Scott Brown und Steven Izenour, Lernen von Las Vegas
56 Thilo Hilpert (Hg.), Le Corbusiers „Charta von Athen". Texte und Dokumente. Kritische Neuausgabe
73 Elisabeth Blum, Le Corbusiers Wege
83 Christoph Feldtkeller, Der architektonische Raum: Eine Fiktion
85 Ulrich Pfammatter, Moderne und Macht
86 Christian Kühn, Das Schöne, das Wahre und das Richtige. Adolf Loos und das Haus Müller in Prag
90 Gert Kähler (Hg.), Dekonstruktion? Dekonstruktivismus?
92 Adolf Max Vogt, Russische und französische Revolutionsarchitektur 1917 · 1789
100 Magdalena Droste, Winfried Nerdinger, Hilde Strohl, Ulrich Conrads (Hg.), Die Bauhaus-Debatte 1953
103 Franziska Bollerey (Hg.), Cornelis van Eesteren. Urbanismus zwischen „de Stijl" und C.I.A.M.
104 Gert Kähler (Hg.), Einfach schwierig
105 Sima Ingberman, ABC. Internationale Konstruktivistische Architektur 1922-1939
106 Martin Pawley, Theorie und Gestaltung im Zweiten Maschinenzeitalter

107 Gerhard Boeddinghaus (Hg.), Gesellschaft durch Dichte
108 Dieter Hoffmann-Axthelm, Die Rettung der Architektur vor sich selbst
109 Françoise Choay, Das architektonische Erbe: eine Allegorie
112 Gerda Breuer (Hg.), Ästhetik der schönen Genügsamkeit oder Arts & Crafts als Lebensform
113 Rolf Sachsse, Bild und Bau
114 Rudolf Stegers, Räume der Wandlung. Wände und Wege
115 Niels Gutschow, Ordnungswahn
116 Christian Kühn, Stilverzicht. Typologie und CAAD als Werkzeuge einer autonomen Architektur
118 Thomas Sieverts, Zwischenstadt
119 Beate und Hartmut Dieterich, Boden – Wem nutzt er? Wen stützt er?
121 Hans-Eckhard Lindemann, Stadt im Quadrat. Geschichte und Gegenwart einer einprägsamen Stadtgestalt
122 Peter Smithson, Italienische Gedanken – weitergedacht
123 André Corboz, Die Kunst, Stadt und Land zum Sprechen zu bringen
124 Gerd de Bruyn, Fisch und Frosch – oder die Selbstkritik der Moderne
125 Ulrich Conrads (Hg.), Die Städte himmeloffen
126 Werner Sewing, Bildregie. Architektur zwischen Retrodesign und Eventkultur
128 Elisabeth Blum, Schöne neue Stadt
129 Hermann Sturm, Alltag & Kult

Christian Kühn

Das Schöne, das Wahre und das Richtige

Adolf Loos und das Haus Müller in Prag

Adolf Loos war einer der ersten, die Anfang des 20. Jahrhunderts unbedingte Wahrheit in der Architektur forderten. Was meint Loos mit Wahrheit? Nach einer genauen Analyse seines berühmten Hauses Müller in Prag (1930) diskutiert die Studie unterschiedliche Auffassungen des Wahrheitsbegriffs in der frühen Moderne und kontrastiert sie derjenigen von Loos.

2., durchgesehene Auflage
112 Seiten, 52 sw-Abbildungen, Broschur
(BF 86) ISBN 3-7643-6495-5
Architektur/Baugeschichte

Le Corbusier

1929

Feststellungen zu Architektur und Städtebau

Diese 10 Vorträge Le Corbusiers mit dem Titel „Précisions" sind eine faszinierende Anleitung zum Bauen: Feststellungen zu Natur, Ort, Klima, Größe und Ordnung. Wie 1929 in Buenos Aires, so folgt man auch heute gebannt den „bestürzenden Sprüngen der Logik", mit denen die Vorstellungen und Ideen Corbusiers Form gewinnen. Ein Zeugnis lebendigen Geistes!

247 Seiten, Broschur
(BF 12) ISBN 3-7643-6357-6
Architekturtheorie

Bei Fragen zur Produktsicherheit wenden Sie sich bitte an:
If you have any questions regarding product safety,
please contact:

Birkhäuser Verlag GmbH
Im Westfeld 8
4055 Basel, Schweiz
productsafety@degruyterbrill.com